Aspectos do Folclore Brasileiro

Mário de Andrade
Aspectos do Folclore Brasileiro

Estabelecimento do texto, apresentação e notas
Angela Teodoro Grillo

Edição coordenada por
Telê Ancona Lopez

São Paulo
2019

global
editora

Copyright © 2019 by Global Editora
1ª Edição, Global Editora, São Paulo 2019

Jefferson L. Alves – diretor editorial
Gustavo Henrique Tuna – gerente editorial
Flávio Samuel – gerente de produção
Helô Beraldo – editora assistente
Jefferson Campos – assistente de produção
Erika Nakahata – assistente editorial e revisão
Flavia Baggio – preparação de texto
Alice Camargo – revisão
Tathiana A. Inocêncio – projeto gráfico
Mauricio Negro – capa, a partir de aquarela do viajante Carlos Julião (1740-1811), *Coroação da Rainha negra na Festa de Reis*, Acervo da Fundação Biblioteca Nacional – Brasil

Texto estabelecido no projeto que visa à edição fidedigna de obras de Mário de Andrade, desenvolvido no Instituto de Estudos Brasileiros da Universidade de São Paulo (IEB-USP) pela Equipe Mário de Andrade, sob a coordenação de Telê Ancona Lopez, valendo-se de documentos no acervo do escritor, organizado na instituição.

Nossos agradecimentos a Carlos Augusto de Andrade Camargo e Leandro Raniero Fernandes.

Obra atualizada conforme o
NOVO ACORDO ORTOGRÁFICO DA LÍNGUA PORTUGUESA.

CIP-BRASIL. CATALOGAÇÃO NA PUBLICAÇÃO
SINDICATO NACIONAL DOS EDITORES DE LIVROS, RJ

A565a

Andrade, Mário de
  Aspectos do folclore brasileiro / Mário de Andrade ; estabelecimento do texto, apresentação e notas Angela Teodoro Grillo ; edição coordenada por Telê Ancona Lopez. - 1. ed. - São Paulo : Global, 2019.
  240 p. ; 23 cm.

  Inclui bibliografia
  ISBN 978-85-260-2442-7

  1. Folclore - Brasil. I. Grillo, Angela Teodoro. II. Lopez, Telê Ancona. III. Título.

19-56368
CDD: 398.0981
CDU: 398(81)

Vanessa Mafra Xavier Salgado – Bibliotecária – CRB-7/6644

global editora
Direitos Reservados

global editora e distribuidora ltda.
Rua Pirapitingui, 111 – Liberdade
CEP 01508-020 – São Paulo – SP
Tel.: (11) 3277-7999
e-mail: global@globaleditora.com.br
www.globaleditora.com.br

Colabore com a produção científica e cultural.
Proibida a reprodução total ou parcial desta obra sem a autorização do editor.

Nº de Catálogo: **4032**

Acervo Iconographia

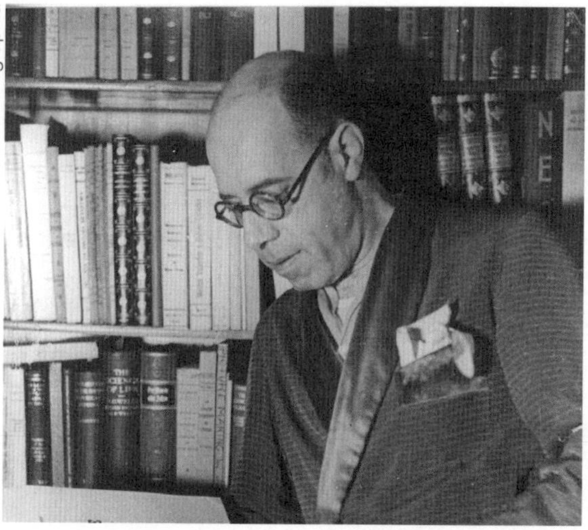

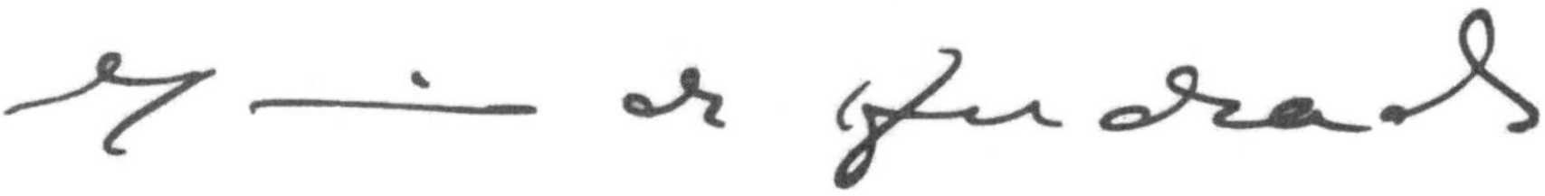

Sumário

Uma história recuperada: o volume 13 das Obras Completas
de Mário de Andrade – *Angela Teodoro Grillo* 9

MÁRIO DE ANDRADE

O folclore no Brasil 23

Estudos sobre o negro

    Cinquentenário da Abolição 83
    A superstição da cor preta 107
    Linha de cor 115

Nótulas folclóricas 121

ESTUDOS CONVIDADOS

Mário de Andrade, folclorista – *Maria Laura
Viveiros de Castro Cavalcanti* 147

Mário de Andrade, africanista – *Ligia Fonseca Ferreira* 171

DOSSIÊ

Lembrete do autor sobre a publicação de "O folclore no Brasil" 201
Nota de trabalho no manuscrito *Preto* 202
Nota de trabalho no manuscrito *Preto* 203
Plano para a comemoração do Cinquentenário da Abolição
em São Paulo [1938] 205
Sugestões para a comemoração do Cinquentenário da Abolição
[na Capital Federal – 1938] 211
Bibliografia de Mário de Andrade para "Estudos sobre o negro" 219
Exemplar de trabalho de "A superstição da cor preta"
    exibindo acréscimo ao texto 231
Manuscrito *Anotações folclóricas*, 1942 234

UMA HISTÓRIA RECUPERADA: O VOLUME 13 DAS OBRAS COMPLETAS DE MÁRIO DE ANDRADE

Angela Teodoro Grillo[1]

Em 1943, a convite da Livraria Martins Editora, Mário de Andrade planeja suas Obras Completas. Éditos e inéditos perfazem uma primeira lista de dezenove títulos. No ano seguinte, divide a concretização desse plano com Oneyda Alvarenga, musicóloga por ele formada a quem confiara, em 1935, a Discoteca Municipal, quando dirigia o Departamento de Cultura da Municipalidade de São Paulo, na gestão do prefeito Fábio Prado. Sendo assim, os escritos literários ficam sob o cuidado do autor, e a matéria etnográfica, que ele reunira e estudara, torna-se encargo da discípula. Em 25 de fevereiro de 1945, Mário falece, sem que Oneyda tivesse esclarecido certas dúvidas a respeito da parte que lhe cabia. Evitara tocar no assunto, pois o legado lhe trazia sempre a ideia indesejada da morte do mestre.[2]

O plano das Obras Completas, arquitetado por Mário de Andrade, mostra-se nos volumes lançados em junho, setembro e dezembro de

---

[1] Doutora pela Faculdade de Filosofia, Letras e Ciências Humanas da Universidade de São Paulo.
[2] ALVARENGA, Oneyda. *Mário de Andrade, um pouco*. São Paulo: José Olympio, 1974. p. 12.

1944 – *Pequena história da música, Macunaíma* e *Amar, verbo intransitivo.* Compõe-se de:

1. *Obra imatura*
2. *Poesias completas*
3. *Amar, verbo intransitivo*
4. *Macunaíma*
5. *Os contos de Belazarte*
6. *Ensaio sobre a música brasileira*
7. *Música, doce música*
8. *Pequena história da música*
9. *Namoros com a medicina*
10. *Aspectos da literatura brasileira*
11. *Aspectos da música brasileira*
12. *Aspectos das artes plásticas no Brasil*
13. *Aspectos do folclore brasileiro*
14. *O baile das quatro artes*
15. *Os filhos da Candinha*
16. *O sequestro da dona ausente*
17. *Contos novos*
18. *Danças dramáticas*
19. *Modinhas e lundus imperiais*

Ainda em 1944 ou no início de 1945, o plano atinge vinte títulos com a entrega dos originais de *O empalhador de passarinho* ao editor José de Barros Martins. O livro sai em 1946 e entra no rol das Obras Completas, que, até 1956, anuncia títulos concluídos e inéditos. Na década seguinte, sobrevirão substituições, na impossibilidade de recompor o traçado primitivo que, em vários casos, jogava com obras inacabadas. Vale dizer, os amigos empenhados na organização das edições desconheciam alguns manuscritos.

Oneyda Alvarenga relata que, em meados dos anos de 1950, ela e Gilda de Mello e Souza tinham procurado na casa de Mário, na Barra Funda paulistana, soluções para problemas na execução do plano original das Obras Completas. Dessa busca resultara o compromisso da musicóloga: preparar *Aspectos do folclore brasileiro*, conforme a disposição do conteúdo anunciada no plano: "O folclore no Brasil", "Estudos sobre o negro" e "Nótulas folclóricas". Oneyda não consegue, porém, identificar os manuscritos da segunda parte:

> Os "Estudos sobre o negro", nº 2, não posso imaginar quais seriam e o exame dos arquivos nada revelou sobre eles. [...] Que restaria pois para formar esses "Estudos sobre o negro"? Nada, nem ao menos um plano de estudo a fazer. E sobre tanta obscuridade ainda paira uma pergunta sem resposta possível: seria incluída neles a conferência "Música de feitiçaria no Brasil", excluída do segundo plano do *Na pancada do Ganzá*, não mencionada no rol das Obras Completas, mas que Mário pretendia transformar em trabalho sério?[3]

Em 1963, os realizadores das edições póstumas, convencidos da inexistência dos "Estudos sobre o negro", pela primeira vez interferem na lista original das Obras Completas. O volume 13, *Aspectos do folclore brasileiro*, torna-se *Música de feitiçaria no Brasil*, aberto por esta nota de um editor ciente da dificuldade enfrentada pela preparadora do texto:

> Na relação dos volumes que deveriam integrar esta edição das suas Obras Completas, Mário de Andrade destinou o nº 13 a um livro que iria chamar-se *Aspectos do folclore brasileiro* e compreenderia três partes:
> 1. "O folclore no Brasil"
> 2. "Estudos sobre o negro"
> 3. "Nótulas folclóricas"
> Dessas partes, a única positivamente identificável agora, e realizada, é a primeira, trabalho escrito para o *Manual bibliográfico de estudos brasileiros*, onde foi publicado (Rio [de Janeiro:] Gráfica Editora Sousa, 1949). A segunda

---

3 ALVARENGA, Oneyda. Op. cit., p. 20.

não foi encontrada e parece não ter sido feita. Quanto às "Nótulas folclóricas", tudo leva a crer devessem ser formadas pela reunião e continuação de notas como as que Mário de Andrade publicou, com o título "Do meu diário", no seu rodapé "Mundo Musical", da *Folha da Manhã* de São Paulo.

Pois que essas "Nótulas" e "O folclore no Brasil" são pequenos para formar sozinhos um livro, achou-se mais adequado: reservá-los para futuros volumes, em que possam ser conjugados a trabalhos afins, também de pequena extensão; destinar o volume 13 à conferência "Música de feitiçaria no Brasil" de que Mário de Andrade não fez menção aparente na lista das suas Obras Completas, e aos importantes documentos musicais de cuja colheita essa conferência resultou.

Ainda em 1963, outra mudança se impõe. *Padre Jesuíno de Monte Carmelo* toma o lugar d'*O sequestro da dona ausente*, como volume 16. No ano seguinte, *Modinhas imperiais e lundus*, o volume 9, reduz-se às modinhas e uma nota do editor explica que Mário de Andrade não deixara os lundus devidamente prontos para o prelo.[4]

Durante minha participação no projeto temático FAPESP/IEB e FFLCH-USP, coordenado pela Profa. Telê Ancona Lopez, *Estudo do processo de criação de Mário de Andrade nos manuscritos de seu arquivo, em sua correspondência, em sua marginália e em suas leituras*, defrontei-me com os documentos que constituem, de fato, as três partes de *Aspectos do folclore brasileiro*. Estão em três diferentes dossiês, que são *O folclore no Brasil*, *Preto* e *Anotações folclóricas*. É interessante recuperar a história de cada uma das três partes formadoras desse livro almejado, lembrando que a palavra "aspectos", nas Obras Completas, significa reunião harmônica de trabalhos independentes. É assim que o escritor ali organiza quatro volumes:

---

[4] No livro, a nota do editor esclarece: "Mário de Andrade programou em suas obras completas um volume de *Modinhas imperiais e lundus*. No entanto, ele não chegou a organizar a parte relativa aos 'Lundus', razão por que apresentamos neste volume apenas as MODINHAS, conforme edição de 1930." (V. ANDRADE, Mário de. *Modinhas imperiais*. São Paulo: Livraria Martins Editora, 1964. p. 3).

Aspectos da literatura brasileira, da música brasileira, das artes plásticas no Brasil e do folclore brasileiro.[5]

O primeiro ensaio programado para *Aspectos do folclore brasileiro* é a recensão "O folclore no Brasil", feita para o *Handbook of Brazilian Studies*, a convite dos coordenadores da obra, Rubens Borba de Moraes, diretor da Biblioteca Municipal de São Paulo e subdiretor dos Serviços Bibliotecários da ONU, ao lado de William Berrien, professor da Universidade de Harvard e representante do American Council of Learned Societies, entidade patrocinadora da publicação prevista para o ano seguinte. Mário de Andrade entrega-lhes uma datilografia do texto, datada de outubro de 1942, e conserva em seu arquivo, no dossiê homônimo, a cópia carbono rasurada a tinta, a ela justapondo esta nota que explica a ausência de trechos, quando o livro vem à luz, em 1949:

> Desta redação, pra ser publicada nos *States*, a pedido do Rubens e do Berrien, foram retirados os itens de critério de organização bibliográfica do fichário que estão nas p. 20, 21 e 22 que estão aqui.
> Também foi retirado o ataque a Afrânio Peixoto das p. 2 e 3, sendo a passagem modificada como vai nesta p. 2 que ficou substituindo portanto as p. 2 e 3 do estudo.
> Com isto concordei de bom gosto mas protestei contra a retirada dos critérios do fichário.

O critério metodológico do fichário excluído em 1949 e revelado agora, nesta edição de *Aspectos do folclore brasileiro*, reporta-se à seleção dos dados na bibliografia subordinada à recensão.

Análise minuciosa dos estudos do populário em nosso país, "O folclore no Brasil" denuncia a leviandade dos pesquisadores na recolha dos

---

5   *Aspectos da literatura brasileira* (1943), *Aspectos da música brasileira* (1965) e *Aspectos das artes plásticas no Brasil* (1965). Na "Advertência" de *Aspectos da literatura brasileira*, o único título publicado em vida, Mário de Andrade explicita o sentido de *aspectos*: "Reuni neste volume alguns dos ensaios de crítica literária escritos mais ou menos ao léu das circunstâncias e do meu prazer. Espero que se reconheça neles, não o propósito de distribuir, que considero mesquinho na arte da crítica, mas o esforço apaixonado de amar e compreender."

documentos, pautada sobretudo por parâmetros de beleza, bem ao gosto burguês. A crítica firma-se nos resvalos de nomes consagrados como Afrânio Peixoto. O "ataque" a Peixoto, em 1942, aprofunda a questão da fidelidade levantada na crônica "Uma grande inocência", na coluna de Mário de Andrade, Vida Literária, no *Diário de Notícias* do Rio de Janeiro, em 2 de abril, 1939. Discorrendo livremente sobre o amadorismo que fazia do folclore "uma ciência subalterna", o texto mexera em vespeiro ao tocar nos descaminhos do autor de *Miçangas*:

> O sr. Afrânio Peixoto foi quem nos deu a prova mais contundente disso, naquele artigo lastimável em que confessa com a maior desenvoltura, serem da própria lavra dele várias dezenas dos documentos que expôs no seu livro sobre quadrinhas populares; é espantoso.[6]

No *Handbook* a sair no exterior, não seria de bom tom criticar um nome benquisto nos meios oficiais, além de membro da Academia Brasileira de Letras. Mário aceita o expurgo, mas a presente edição dos *Aspectos do folclore brasileiro* não. Restitui o trecho que não aparece riscado na versão do estudo que lhe serve de base.

Quanto à parte segunda do livro, chamada "Estudos sobre o negro" no rol das Obras Completas, a análise dos documentos componentes do dossiê *Preto* evidencia ter sido essa a escolha do escritor, ao atribuir um novo título à pesquisa de quase vinte anos sobre a presença e a contribuição do negro no Brasil e em outras partes do mundo, ali depositada. Além disso, o confronto de *Preto* com o dossiê *Música de feitiçaria no Brasil* apurou a existência de dois conjuntos autônomos, o que invalida a hipótese de Oneyda Alvarenga. Os "Estudos sobre o negro" não foram por ela descobertos entre os papéis de seu mestre porque a vida não dera a ele tempo para levar o novo título ao manuscrito *Preto*. Essa escolha teria materializado, ali, a substituição de uma palavra do cotidiano da época – *preto* – pela denominação mais correta, do ponto de vista antropológico – *negro*.

---

6 ANDRADE, Mário de. Uma grande inocência. *Diário de Notícias*. Rio de Janeiro, 2 abr. 1939.

O título "Estudos sobre o negro", cabe especular, corresponderia ao propósito do autor de juntar e expandir, em um ensaio de fôlego, as cogitações expostas na conferência preparada para a comemoração do Centenário da Abolição da Escravatura, em 1938, e nos artigos "A superstição da cor preta" e "Linha de cor", divulgados respectivamente na revista *Publicações Médicas*, no número de junho-julho de 1938, e n'*O Estado de S. Paulo*, em 29 março de 1939. Além disso, o dossiê *Preto* atesta: estavam à disposição desse projeto, em todas as fases detectadas na escritura e naquelas por ocorrer, 346 notas de pesquisa que derivam de diálogos do escritor-leitor com a etnografia; com autores que lhe apoiaram ideias ou lhe forneceram subsídios.

No dossiê *Preto*, a conferência sem título original, batizada no projeto temático *Cinquentenário da Abolição*, Mário de Andrade a datilografou em seus últimos dias de diretor do Departamento de Cultura da Municipalidade de São Paulo, cargo por ele ocupado de 31 de maio de 1935 ao dia 9 desse mesmo mês, em 1938. O texto da conferência, com a data 7 de maio de 1938, visa à leitura perante uma plateia, no dia 10, ao lado de outro conferencista, Francisco Lucrécio, um dos fundadores da Frente Negra Brasileira.[7] Naquele momento, o diretor do departamento luta pela concretização de pelo menos uma parte do grande plano que concebera para celebrar a Abolição ao lado das associações negras paulistanas, entre 28 de abril e 13 de maio de 1938. Pensara em dois eventos simultâneos, na esfera municipal e federal. Os jornais da cidade especificam o programa: doze dias de conferências em mesas-redondas e, no próprio 13 de maio, uma congada nas ruas da Pauliceia. Como bem se vê, o plano prima pela audácia. Até então, memorava-se a Lei Áurea com a Prova 13 de Maio, corrida pedestrianista, seguida da romaria ao túmulo de Luís Gama e Antônio Bento, no Cemitério da Consolação, promovidas pelo Clube Negro de Cultura Social. As mesas-redondas, com participação de intelectuais brancos e negros – Arthur Ramos, Mário de Andrade, Cas-

---

7   Francisco Lucrécio, cirurgião-dentista, está entre os fundadores da Frente Negra Brasileira (FNB). Na comemoração do Departamento de Cultura, em 10 de maio de 1938, fez a conferência *A liberdade e o negro*.

siano Ricardo, Justiniano Costa, Lino Guedes e Fernando Góes[8] –, têm lugar no Palácio do Trocadero, sede do Departamento de Cultura, bem perto do Teatro Municipal, que acolhe o ápice do festejo, a sessão solene em 2 de maio. A imprensa dá cobertura diária. Tudo vai bem até que, em 3 de maio, Ademar de Barros, interventor do Estado Novo em São Paulo, troca o prefeito Fábio Prado por Francisco Prestes Maia.

Mário de Andrade demite-se em 11 de maio; passa o cargo a Francisco Pati, que, no dia seguinte, encerra oficialmente o ciclo de debates.[9] Os jornais notificam apenas a palestra de Francisco Lucrécio, na mesa-redonda em 10 de maio; tudo leva a crer que Mário não esteve lá. Pati cancela a congada do 13 de maio, mas o número 47 da *Revista do Arquivo Municipal*, que marca maio de 1938, sai dedicado ao Cinquentenário da Abolição, conforme o primeiro diretor do departamento arquitetara. Acolhe o discurso dele transferindo o cargo a Pati que, conforme a praxe, logo assume a revista. Esse número 47 estampa as conferências de Cassiano Ricardo – *O negro no bandeirismo paulista* –, a de Pedro Calmon – *A abolição* – bem como as de Arthur Ramos – *O negro e o folclore cristão no Brasil*, *Castigos de escravos* e *O espírito associativo do negro*. Arthur Ramos, intelectual alagoano, autoridade nos estudos sobre o negro, era figura da admiração de Mário, que com ele manteve importante interlocução epistolar. O número não publica, todavia, o trabalho dos conferencistas vinculados às associações negras – Francisco Lucrécio, Justiniano Costa, Lino Guedes e Fernando Góes.

No Arquivo Mário de Andrade, o manuscrito *Cinquentenário da Abolição* guarda os planos traçados para o festejo na cidade de São Paulo e no Rio de Janeiro, então capital da República. Planos bem mais ambiciosos do que as atividades efetivamente programadas, como os jornais paulistanos informam. Propõem uma abrangente discussão sobre o negro no âmbito etnográfico, antropológico, histórico, apoiada em apresentações artísticas: música, dança e exposições. O primeiro plano mira São

---

8   A Fernando Góes, Mário dedicará seu livro de crônicas, *Os filhos da Candinha*, em 1943.

9   O texto de entrega de cargo do diretor do Departamento de Cultura encontra-se na *Revista do Arquivo Municipal*, a. 4, nº 47. São Paulo, 1938, p. 252-253.

Paulo; um datiloscrito de onze fólios, cópia carbono azul, determina a participação de setores da municipalidade – Diretoria de Expansão Cultural, Divisão de Turismo e Divertimentos Públicos, Parques Infantis e a Discoteca Pública; inclui a Sociedade de Etnografia e Folclore, fundada por Mário de Andrade e Dina Lévi-Strauss. Prevê conferências, concurso de peças para banda sobre a Abolição e concerto ao ar livre. Implica ainda uma grande apresentação sinfônica de música negra dirigida por Souza Lima e exposição iconográfica afro-brasileira. Os parques infantis encenariam a dança dramática dos congos. A Congada de Atibaia desfilaria pelas ruas do centro de São Paulo, culminando com a coroação do rei negro, na Praça da Sé, "pelo Prefeito, se ele tiver coragem", de acordo com o manuscrito.

O segundo plano vale como resposta à carta de 23 de janeiro, 1938, na qual o ministro da Educação e Saúde, Gustavo Capanema, consulta o diretor do Departamento de Cultura: "Os seus trabalhos aí muito me interessam. Também eu vou preparar uma comemoração do Cinquentenário da Abolição. Não acha interessante que nos articulemos, para que todas as festas tenham uma certa unidade de sentido?"[10] Em 26 de fevereiro, Mário é então convidado a "Fazer parte da comissão do programa de comemoração do Cinquentenário da Abolição e escrever uma conferência sobre o negro em um determinado aspecto de nossa cultura".[11] Entusiasmado, ele redige, para o Ministério da Educação e Saúde, suas *Sugestões para a comemoração do Cinquentenário da Abolição* – datiloscrito, cópia carbono, com rasuras e lembretes de ordem pessoal a grafite, em seis folhas de papel sulfite.[12]

Ambos os planos são fundamentais para se dimensionar a multidisciplinaridade da discussão; o segundo, especialmente, alcançando todos os

---

10 Carta de 23 de janeiro de 1938 remetida por Gustavo Capanema a Mário de Andrade. (Arquivo Mário de Andrade, IEB-USP).

11 Carta de 26 de fevereiro de 1938 remetida por Gustavo Capanema a Mário de Andrade. (Arquivo Mário de Andrade, IEB-USP).

12 Frase nesse documento salvaguardado no manuscrito *Cinquentenário da Abolição*. (Arquivo Mário de Andrade, IEB-USP).

meios de comunicação da época. Na capital do país, além de conferências e concertos de música negra, haveria publicação de livros e revistas, programação especial nas rádios, exposições de objetos de arte, religiosos e ligados ao cotidiano da escravidão, assim como confecção de mapas estatísticos sobre a contribuição do negro à civilização brasileira. O encerramento, em uma sessão solene presidida pelo ministro, homenagearia os abolicionistas residentes no Rio.

As festividades na capital do país em nada cumpriram o que sonhara Mário de Andrade, como se deduz do Decreto-Lei nº 427, assinado pelo presidente Getúlio Vargas e pelo ministro Gustavo Capanema, no *Diário Oficial* de 13 de maio de 1938:

> Regula a comemoração do cinquentenário da Lei Áurea.
> O Presidente da República, usando das atribuições que lhe confere o art. 180 da Constituição, decreta:
> Art. 1º Será comemorado, no dia 13 de maio de 1938, o cinquentenário da Lei Áurea que aboliu o regime da escravidão em todo o território do País.
> Art. 2º Em sinal de reconhecimento da Nação para, com a Princesa Izabel, augusta signatária da Lei Áurea, o Governo Federal, por intermédio do Ministério da Educação e Saúde, providenciará para que os seus restos mortais, bem como os do Conde d'Eu, seu preclaro consorte, sejam transferidos da Europa para o Brasil, e ainda, com a cooperação dos poderes municipais do Distrito Federal e dos particulares, para que lhe seja erigido, em praça pública, na capital do País, um monumento que recorde o glorioso feito a que se acha vinculado o seu nome.
> Art. 3º Em todas as escolas primárias, secundárias, normais e profissionais da República, em um dos dias da semana do cinquentenário da Lei Áurea, serão feitas preleções sobre as grandes figuras da história pátria, de cuja atuação e influência decorreu a abolição da escravatura, bem como sobre a significação política e moral desse magno acontecimento.
> Art. 4º Revogam-se as disposições em contrário.

O tom ácido de Mário de Andrade no ensaio/conferência *Cinquentenário da Abolição*, usado como provocação para aprimorar o rigor nas análises produzidas pelos intelectuais negros, atenua-se nos artigos "A superstição da cor preta", em julho de 1938, e "Linha de cor", de 1939, dirigidos a um outro tipo de público. Os três textos, além de captarem a tensão do momento em que se inserem, discutem o preconceito de cor na esfera do folclore, assunto absolutamente novo. Ancorado em fartíssimos exemplos de apodos recolhidos em suas leituras e em campo, o etnógrafo analisa a questão social do preconceito de cor apoiado no exame de superstições milenares ligadas à cor negra espelhando o medo da noite, e ao exorcismo do mal por meio dos bodes expiatórios. Então, a malícia extrema do domínio do branco teria sido ligar, ao negro, o mal e a degradação, temidos por todos os homens, fazendo com que até ele mesmo assimilasse esse movimento de repulsa, isto é, endossasse os apodos. Os artigos acima referidos, "A superstição da cor preta" e "Linha de cor", estrategicamente aproveitam trechos importantes da conferência inédita na veiculação mais larga e imediata, pela imprensa. Esta edição dos *Aspectos do folclore brasileiro*, ao trazer esses artigos conserva esse dado da história de um texto que afrontou corajosamente um preconceito, muito forte naquele momento, no Brasil.

Deve-se ressaltar que, em 1938, isto é, quando da redação da conferência e do primeiro artigo, Mário de Andrade, apesar de ter constatado a existência do preconceito, separa-o da questão da linha de cor, ao ponto de afirmar: "Por felicidade, entre nós, negro que se ilustre pode galgar qualquer posição". No entanto, no ano seguinte, apura sua análise, desde o título "Linha de cor", considerando:

> Mas se formos auscultar a pulsação mais íntima da nossa vida social e familiar, encontraremos entre nós uma linha de cor bastante nítida, embora o preconceito não atinja nunca, entre nós, as vilanias sociais que pratica nas terras de influência inglesa. Mas, sem essa vilania, me parece indiscutível que o branco no Brasil concebe o negro como um ser inferior.[13]

---

13 ANDRADE, Mário de. Linha de cor. *O Estado de S. Paulo*. São Paulo, 29 mar. 1939.

Quanto à terceira parte de *Aspectos do folclore brasileiro*, as "Nótulas folclóricas" designam dezenove pequenas crônicas que formam o manuscrito de 1942 *Anotações folclôricas*, título em que o acento circunflexo reconhece a raiz inglesa da palavra. Trata-se de um autógrafo a tinta preta, rasuras a grafite e a tinta vermelha, ocupando 24 dos 103 fólios pautados de uma caderneta de capa preta (15,7 cm x 23,2 cm).

O editor José de Barros Martins, ao se interrogar sobre as "Nótulas folclóricas" determinadas por Mário para o volume XIII das Obras Completas, vincula esses textos à série "Do meu diário", no rodapé Mundo Musical na *Folha da Manhã*. Mas não menciona os títulos "O fado" e "Aboiar", publicados em 15 de julho de 1943, "Tapera da Lua" e "Canidé-Yune", em 25 de maio de 1944, e "Mas porém", em 2 de fevereiro de 1945 (no manuscrito, 5 de outubro, 1944).

Esse conjunto heterogêneo, agora integralmente recuperado, abraça diferentes manifestações populares – musicais, expressões da fala brasileira, gírias, lendas e superstições. Advêm da coleta efetuada pelo pesquisador em sua biblioteca e em campo, obrigando-se a não interferir na transcrição da matéria encontrada, conforme o método por ele defendido em "O folclore no Brasil".

Aspectos do folclore brasileiro, além de concorrer para a compreensão do folclore na obra de Mário de Andrade polígrafo, contribui para os estudos da questão racial no Brasil. As três partes, mesmo com as respectivas redações originalmente independentes, dispõem um conjunto coerente. "O folclore no Brasil" congrega ideias teóricas e críticas; "Estudos sobre o negro" esmiúça um aspecto da sociedade brasileira; e as "Nótulas folclóricas" põem em prática um método para a pesquisa etnográfica.

Esta edição pauta-se pela norma ortográfica vigente no país. Consigna apenas a idiossincrasia "desque" com o valor de "desde que", marca do ritmo da frase e do projeto linguístico de Mário de Andrade, vinculado à língua portuguesa falada no Brasil.

Mário de Andrade

O FOLCLORE NO BRASIL[1]

A situação dos estudos do Folclore no Brasil ainda não é boa. Embora já apareçam, em certos centros culturais do país, tendências idealistas que se propõem a encarar o folclore respeitosamente como ciência, elas esbarram diante de dificuldades que, se não conseguem prejudicar de todo essas tendências, lhes diminuem enormemente a eficácia.

Do lado das forças oficiais, a indiferença é vasta, muito embora uma das nossas universidades já se adorne com uma cadeira de Folclore Musical. Aliás também as cátedras e cursos de Sociologia, na ausência de cadeiras auxiliares, às vezes se alastram para os campos da Etnografia e do Folclore. Pior porém que a indiferença oficial, repetindo o que já disse alhures, é a tradição religiosa de "caridade", de auxílio a pobres e doentes, que nos legaram os nossos antepassados e é lei arraigada da riqueza particular brasileira. Não há dúvida que o nosso organismo de proteção

---

1   Nota da edição: O estudo *O folclore no Brasil* foi redigido em outubro de 1942; destinava-se ao *Handbook of Brazilian Studies*, coordenado por Rubens Borba de Moraes e William Berrien, com apoio financeiro do American Council of Learned Societies. A publicação do livro, prevista para 1943, foi adiada por força do ingresso dos Estados Unidos na Segunda Guerra Mundial. Em 1949, com o título "Folclore", saiu no *Manual bibliográfico de estudos brasileiros* (Rio de Janeiro: Gráfica Editora Souza), obra organizada pelos mesmos pesquisadores; foi reposta em circulação pelo Senado Federal (Brasília: Senado Federal, 1998).
MA deixou esta nota/explicação no manuscrito *O folclore no Brasil*. Como o ataque a Afrânio Peixoto e os critérios de recenseamento da bibliografia foram mantidos por ele nesse manuscrito, a edição optou por transcrevê-los na íntegra.
Nota MA: "Notas// Desta redação, pra ser publicada/ nos *States*, a pedido do Rubens e do/ Berrien, foram retirados os itens/ de critério de organização biblio-/ gráfica do fichário que estão nas/ p. 20, 21 e 22 que estão aqui.// Também foi retirado o ataque/ a Afrânio Peixoto das p. 2 e 3,/ sendo a passagem modificada/ como vai nesta p. 2 que ficou/ substituindo portanto as p. 2 e/ 3 do estudo.//Com isto concordei de bom/ gosto mas protestei contra a reti-/ rada dos critérios do fichário."

e defesa social ainda não é completo, mas os nossos milionários, mesmo quando não descendentes de portugueses nem vindos de famílias tradicionais, ainda não sabem brincar de proteger as ciências nem as artes, como os seus luminosos colegas da América do Norte. São raríssimos os casos, entre nós, de milionários que se lembrem de distrair um pouco das suas rendas para proteger as iniciativas científicas, e nos faltam por completo as "fundações" que se preocupam de aplicar bem o dinheiro que sobrou das ambições pessoais.

Ainda há outra praga, não sei se universal, mas que se especializou entre nós em prejudicar o folclore. É que além da indiferença dos governos e dos milionários, o folclore científico sofre no Brasil a concorrência impudica do amadorismo, escandalosamente protegido pelas casas editoras e o aplauso do público. Um exemplo basta para demonstrar esta confusão: é geral entre os cantores improvisados de rádio, disco e mesmo concerto, se intitularem "folcloristas" só porque usam e abusam da canção popular, consertando-lhes os textos, modificando-lhes as melodias em proveito de "maior facilidade vocal" como já me foi dito, deformando-lhes por completo a instrumentação e a harmonização. E como "folcloristas", tanto eles como certos antologistas de cantigas e anedotas populares, cheios da boa vontade mas ignorantes, são aceitos unanimemente, não só pelos anúncios e *managers*, como pelo público educado e pela crítica dos jornais. A concorrência da cultura científica ainda não é suficientemente forte e consciente, para estabelecer qualquer espécie de policiamento, que ao menos possa pôr de sobreaviso o estudioso. Ainda faz pouco eu via um ilustre professor estrangeiro, radicado em nosso meio, tomar como documento de origem afro-brasileira, uma quadrinha tradicional ibérica, baseado numa obra que tinha todas as aparências de seriedade científica e era ardente de honestidade. Por onde se prova que o desejo de honestidade nem sempre coincide com a própria honestidade.

Ainda há mais. A falta de policiamento cultural permite, mesmo entre estudiosos a que não seria justo negar valor, abusos da mais ácida ingenuidade. Quero lembrar um caso que infelizmente precisa ser denunciado ao estudioso estrangeiro, porque pode levar a muitas confusões.

Trata-se do professor Afrânio Peixoto, com suas *Trovas populares brasileiras*, publicadas em 1919. Dada a importância real de outras obras desse polígrafo e a sua responsabilidade, foi com verdadeiro estupor que se pôde ler num outro livro seu, publicado doze anos depois, as *Miçangas*, que das mil quadrinhas recolhidas nas *Trovas populares*, duzentas e cinquenta eram falsas, inventadas pelo próprio antologista. Esse artigo incluído nas *Miçangas* teve publicação de mesma data, feita em Portugal, pois foi escrito para uma polianteia organizada em homenagem ao grande cientista português Leite de Vasconcelos.

A burla do professor Afrânio Peixoto não fora feita por exclusiva vaidade. Pelo menos assim pensava ele. Fora, o que é pior, imaginada com intenções científicas. Fora um "ensaio de literatura experimental", como ele mesmo afirma. Nesse artigo das *Miçangas*, em que se alude a bom gosto, a organização de colheitas folclóricas debaixo do critério de beleza; em que está dito que numa coleção de seis mil quadrinhas o antologista só considerara "publicáveis" umas oitocentas, porque o restante "não prestava para nada" (sic): o professor Afrânio Peixoto conta que "tinha uma ideia" (como se fosse só dele!), de que as trovas populares eram de autores eruditos quando bonitas. E afirma jubiloso ter provado que sim, pois ele mesmo incluíra entre as quadrinhas que supunha anônimas, algumas peças de autores conhecidos, como Augusto Oil. Mostra ainda que Ronald de Carvalho, iludido pelas *Trovas populares*, citara uma das quadrinhas de que justamente ele, Afrânio Peixoto, era o autor; e que um amigo, a quem contara a burla e propusera que a descobrisse, teve 50% de enganos. Depois de tais e tão graciosos resultados, o professor Afrânio Peixoto conclui satisfatoriamente para nós todos que essa experiência "era inútil, se ele se contentara, como devia talvez (sic), com a lição do ilustre Mestre" Leite de Vasconcelos. E cita o mestre português, num texto em que este também explica o que se deve entender por "criação coletiva" popular. O que fica de tudo isto é que nos sobra um livro com mil *Trovas populares brasileiras*, garantido por um nome ilustre, no qual os estudiosos estrangeiros e nacionais se apoiarão por ser de uma autoridade incontestável. Livro que no entanto é falso. Os seus documentos só poderão servir de comprovação e nunca de prova. E assim mesmo, com muita dúvida, porque, entusiasmado como estava pelo critério de beleza, é muito provável que o professor Afrânio Peixoto tenha "consertado", segundo o seu critério pessoal, muitas das peças que expôs. Cesteiro que faz um cesto, faz um cento...[2]

Mais alguns casos de leviandade semelhante eu poderia citar. Mas ao passo que a obra amável de tais autores encontra o aplauso, é procurada pelo público e aceita de braços abertos pelo movimento editorial, personalidades mais bem-dotadas e orientadas, como Luiz Heitor Corrêa de Azevedo[3] e Luís da Câmara Cascudo,[4] são desmilinguidas pelos governos e institutos em mil outras ocupações. E disso resulta a deficiência ou parcimônia da obra folclórica deles.

Em resumo: o Folclore no Brasil, ainda não é verdadeiramente concebido como um processo de conhecimento. Na maioria das suas manifestações, é antes uma forma burguesa de prazer (leituras agradáveis, audições de passatempo) que consiste em aproveitar exclusivamente as "artes" folclóricas, no que elas podem apresentar de bonito para as classes superiores.

---

[2] Nota da edição: A presença no manuscrito datiloscrito, cópia carbono rasurada a tinta preta por MA, de duas versões do trecho em que analisa com severidade a atuação de Afrânio Peixoto como pesquisador, implica a existência de duas páginas 2 no datiloscrito. MA conservou junto de sua versão original do trecho que vai de "Ainda há mais" até "faz um cento" a segunda versão, que representa a substituição feita para o *Manual bibliográfico de estudos brasileiros* atenuando a crítica a Afrânio Peixoto, no texto publicado: "Ainda há mais. A falta de policiamento cultural permite, mesmo entre estudiosos a que não seria justo negar valor, abusos de bem ácida ingenuidade. O Prof. Afrânio Peixoto não hesitou em invalidar o seu volume de *Trovas populares brasileiras* introduzindo nele 250 quadrinhas de sua autoria. O sr. Gustavo Barroso reivindica para o bailado dos congos do Ceará a celebração da histórica rainha africana Ginga Nbangi, que até agora só foi encontrada na Paraíba, num documento único, provavelmente de participação erudita."

[3] Nota da edição: Luiz Heitor Corrêa de Azevedo (1905-1992), musicólogo; professor da cátedra de Folclore no Instituto Nacional de Música; diretor executivo da *Revista Brasileira de Música*; representante do Brasil na Divisão de Música da União Pan-Americana em Washington. Em 1951, trabalhou no comissariado de música da Unesco, em Paris.

[4] Nota da edição: Luís da Câmara Cascudo (1898-1986), conceituado estudioso do folclore, historiador, antropólogo, advogado, jornalista e professor da Universidade Federal do Rio Grande do Norte. Autor do *Dicionário do folclore brasileiro* (1952). Dedicou-se ao estudo de cultura brasileira. Acompanhou MA na viagem dele como Turista Aprendiz no Nordeste, 1928-29. Sobre a correspondência entre eles V. MORAES, Marcos Antonio de (Org.). *Câmara Cascudo e Mário de Andrade*: cartas, 1924-1944. Organização, pesquisa documental/iconográfica, estabelecimento de texto e notas de Marcos Antonio de Moraes. São Paulo: Global, 2010.

Na verdade este "folclore" que conta em livros e revistas ou canta no rádio e no disco, as anedotas, os costumes curiosos, as superstições pueris, as músicas e os poemas tradicionais do povo, mais se assemelha a um processo de superiorização social das classes burguesas. Ainda não é a procura do conhecimento, a utilidade de uma interpretação legítima e um anseio de simpatia humana.

Também no Brasil, e como reflexo das suas tendências, foi o movimento intelectual do Romantismo que chamou a atenção dos escritores para as manifestações tradicionais populares e provocou as primeiras colheitas sistemáticas de documentos. Estas colheitas, organizadas em geral por críticos de literatura, poetas e jornalistas, foram dirigidas apenas para as manifestações da vida espiritual, canções, poesia, provérbios e ainda a linguística, ignorando por completo a vida material e a organização social. Quanto às sistematizações, de primeiro só se seguiram as por assim dizer instintivas, obedientes a puras inclinações pessoais, escolhas de gêneros largos, este se dedicando à colheita de quadrinhas ou de textos de qualquer poesia cantada ou dançada, outro aos contos, aquele em dicionarizar brasileirismos de linguagem.

Quem primeiro organizou colheitas sistemáticas de documentos, e iniciou simultaneamente o seu estudo técnico, foi Sílvio Romero, com as antologias *Cantos* e *Contos populares do Brasil*, datadas de 1882 e 1884, respectivamente, e as duas obras importantes de 1888, *Estudos sobre a poesia popular do Brasil* e *História da literatura brasileira*. Antes dele, certos autores como o novelista romântico José de Alencar, assim como Celso de Magalhães, tinham apenas publicado pequenas contribuições esparsas em jornais e revistas sobre a nossa poesia popular.

A obra de Sílvio Romero, mesmo os seus estudos sobre poesia popular, refletem mais a curiosidade apaixonada e o polimorfismo do escritor que uma tendência para encarar sistematicamente o folclore. É também muito mais uma simples obra de colheita, pessoal ou por colaboração, especialmente no ramo da poesia e do conto. Por vezes a documentação vem acompanhada de pequenas descrições muito imprecisas tecnicamente, e pequenos comentários e conclusões bastante apressadas. Embora as suas antologias pareçam pelos títulos se referir a todo o Brasil, na verdade se restringem a duas regiões: o Nordeste, quanto a contos e poesia cantada, e ao Rio Grande do Sul, quanto à coleção de quadrinhas. Este não é o mal. Quem porém tenha algum conhecimento da maneira com que o povo canta, não pode deixar de se inquietar um bocado com a perfeição técnica tanto de metrificação como de linguagem desses documentos. Mesmo que se aceite como legítimas as correções de pronúncia, dada a verdadeira impossibilidade de registrar as mil e uma variantes de dicção por meio da escrita, e isto interessar mais propriamente à fonética, parece certo que os documentos foram "consertados" tanto sob o ponto de vista da técnica da poesia como quanto à inteligibilidade dos textos.

Estou longe de querer negar a honestidade do trabalho de Sílvio Romero, a seriedade das suas antologias e o seu valor imprescindível. Os defeitos que apresenta são mais propriamente defeitos da época e também da não especialização. O mal maior é que, escudados em tão grande autoridade e não lhe compreendendo o espírito e a época, muitos escritores de literatura e jornalistas lhe seguiram, não a lição, mas os processos. Improvisaram-se folcloristas do dia para a noite, dezenas e dezenas de indivíduos, sem o menor conhecimento técnico, com a quase única intenção de mostrar que o povo era muito divertido e proporcionava leitura agradável. Alguns se preocuparam especialmente em mostrar como o homem rural do Brasil era inteligentíssimo e espirituoso (*witty*). Em certas coletâneas de poesias, desafios, emboladas e anedotas, o povo brasileiro nos aparece dotado de tamanha vivacidade espiritual, contando e cantando só coisas engraçadas (e realmente muito cômicas, é incontestável) que só servem para dar uma ideia falsa da nossa psicologia popular e das nossas tradições. Não há dúvida nenhuma que o povo brasileiro é também muito esperto e tem respostas, poesias, cantigas de grande comicidade, mordacidade e fineza de observação. Não há dúvida ainda que a temática da poesia tradicional portuguesa, talvez ao contato do negro e do ameríndio, veio se enriquecer de muito maior variedade de assuntos no homem do Brasil. É também inegável que, com os textos dos sambas cariocas, que são obra popularesca urbana e não exatamente folclórica, o povo da cidade do Rio de Janeiro criou uma demonstração de psicologia regional, de uma originalidade, de um interesse poético, de uma graça, que eu considero incomparáveis, diante da produção congênere universal, tango, rumbas, blues, fados, valsas, canções napolitanas. Mas além disto não ser folclore, não autoriza a demonstração psicológica de certos antologistas, só preocupados com a comicidade e os golpes de espírito brilhante, de boa acolhida editorial. De forma que se um professor Afrânio Peixoto, fixado no critério da beleza, entre seis mil documentos só consegue salvar oitocentos, jogando fora o resto por "não prestar para nada", tenho a certeza de que outros antologistas terão feito o mesmo, baseados no critério da comicidade.

Enfim, o valor verdadeiro da obra de Sílvio Romero não foi compreendido, e o seu exemplo deu origem a toda uma orientação deplorável de folcloristas mais ou menos improvisados, recolhedores sem a honestidade do Mestre, descritores deficientes e levianos dos nossos costumes tradicionais, folcloristas imaginando que Folclore significava apenas poesias, contos, provérbios e anedotas.

Amigo de Sílvio Romero, e lhe seguindo a orientação, logo se salientou Melo Morais Filho, apaixonado de tradições populares, cuja obra, de uma leviandade técnica bem grande, é no entanto imprescindível, por ser muito mais completa que a de Sílvio Romero. Em seguida se distinguiram, na mesma orientação, Pereira da Costa com o seu já excelente *Folclore pernambucano*, Carlos Góes com a antologia das *Mil quadras*, Gustavo Barroso e poucos mais, que nos deram antologias boas, bordadas de comentários mais utilizáveis.

Ainda nesta orientação cumpre lembrar a coletânea de 81 contos populares de João da Silva Campos, que além do seu valor próprio, se tornou um verdadeiro "caso" do Folclore brasileiro, por causa do prefácio que lhe ajuntou o ilustre professor Basílio de Magalhães. Para acentuar o valor da coletânea nova, o professor Basílio de Magalhães decidiu-se a recensear tudo quanto já se escrevera contendo matéria folclórica brasileira. Embora este recenseamento demonstre a infatigável e inquietante generosidade do ilustre professor, a verdade é que resultou da sua valiosa pesquisa, uma espécie de história bibliográfica do folclore brasileiro. A obra do professor Basílio de Magalhães, principalmente na sua segunda edição de 1939, muito mais abundante que a bibliografia proposta nesta seção, é indispensável a quantos queiram conhecer a maioria dos livros especializados, artigos de revista ou jornal, romances, poemas, contos, etc. que de alguma forma contêm matéria boa e ruim referente às nossas tradições populares.

Ao lado desta orientação mais generalizada, a que se atiraram os literatos, críticos de literatura e escritores de ficção, na maioria em puro estado adâmico de ciência, outra muito mais nobre se originava dos cientistas brasileiros, etnólogos, filólogos, naturalistas, médicos, que, impregnados do método das suas ciências, imprimiram aos estudos de Folclore, entre nós, direção mais perfeita. Esta orientação, pode-se dizer que principiou mesmo antes da obra de Sílvio Romero, com o livro de Couto de Magalhães, *O selvagem*, de meados do século passado e logo em seguida com a *Poranduba amazonense* de Barbosa Rodrigues. Na verdade estas duas obras importantes estudam os ameríndios brasileiros, mas vários dos mitos e costumes expostos e estudados nelas foram incorporados às nossas tradições populares, como o Saci e o Boitatá. Aliás o general Couto de Magalhães foi o primeiro a nos dar um exemplo delicioso de leviandade, se prestando a vítima dum embuste que prova bem a hesitação de método científico que ainda prevalece entre nós. É o caso de Rudá ou Perudá, deus da procriação, que ele arrolou entre as entidades míticas cultuadas pelos índios do Brasil, nos fornecendo sobre esse deus descrição, fundamento astronômico, mitos anexos e cantos cultuais.[5] Tudo com tão saboroso rigor científico, que Rudá se tornou um engasgo da etnografia brasileira. Métraux, que incontestavelmente conhecia o livro de Couto de Magalhães, chegou a eliminá-lo da sua bibliografia sobre *La réligion des Tupinambas*, com injustiça sensível. E a verdade é que se nenhum outro etnógrafo conseguiu encontrar Rudá entre os nossos índios, ainda não se descobrira nenhuma prova decisória da sua inautenticidade. Creio ter conseguido uma. Recentemente o folclorista português Jaime Cortesão, no seu livro sobre *O que o povo canta em Portugal*, compila um esconjuro, recitado pelas mulheres portuguesas que têm seus maridos fora do lar.

---

5   Nota da edição: MA utiliza, neste seu trabalho, matéria da primeira de suas *Anotações folclóricas* ou *Nótulas folclóricas*.

Esse esconjuro não há dúvida que é o modelo tradicional, parafraseado romanticamente por alguém que conhecia a língua tupi, no canto ao deus Rudá, que Couto de Magalhães transcreveu no *Selvagem*. A similitude é decisória: mesma ideia fundamental (ausência do companheiro), mesma ideia religiosa consequente (invocação do espírito protetor), mesma disposição das ideias (adoração primeiro, pedido depois), mesmo pedido, com até encontro das mesmas palavras. Me parece impossível, portanto, se tratar de uma "ideia elementar" (*Elementargedanke*), que pode nascer independente em várias culturas diversas. Não foi à toa que o general confessou, com digna cortesia, ter colhido as suas informações "de uma senhora", e não de boca de índio.

Pouco depois de Barbosa Rodrigues, o grande médico baiano Nina Rodrigues, com a sua monografia sobre *L'animisme fétichiste des nègres de Bahia*, deixava os índios pelos negros, porventura mais importantes em nossa vida contemporânea, abrindo a pesquisa folclórica do século atual, com muito maior técnica. Em seguida as obras magistrais de João Ribeiro, a pequena contribuição de Alberto de Faria, Lindolfo Gomes com seus contos, e outros, firmavam os estudos de folclore nas análises de erudição, exegese e explicação dos documentos. Ao mesmo tempo que aos filólogos, que desde os princípios do século passado vinham dicionarizando os vocábulos da língua brasileira, Amadeu Amaral, talvez a maior vocação de folclorista que já tivemos, porém apequenado pelo excesso de severidade de sua orientação, dava a primeira monografia de ordem sistemática e crítica, com o admirável *Dialeto caipira*.

Mas o que se observa de tudo isto é que o folclore ainda não estava encarado, entre nós, na sua integridade. Havia sempre um tal ou qual amadorismo, verificado principalmente na ausência completa de qualquer estudo sobre a nossa cultura material. Mesmo do ponto de vista da cultura espiritual, é visível a nenhuma espécie de sistematização mais harmoniosa, cada qual se dedicando ao que mais lhe agradava das "artes" orais populares, ou aos assuntos correlatos com a sua profissão. Assim é que se possuíamos numerosos estudos e coletâneas de poesia, de cantigas infantis, se alguma coisa já tínhamos sobre paremiologia e superstições, matéria farta sobre medicina popular, e se tornara uma verdadeira moda

entre nós as reportagens abusivamente levianas sobre feitiçaria afro-
-brasileira, nada ainda se pesquisara sobre o nosso folclore jurídico, nem
quanto à cultura material e vida social.

A criação, pelos governos, de certas instituições culturais novas,
como o Departamento de Cultura da Municipalidade de São Paulo
(1935) e o Serviço do Patrimônio Histórico e Artístico Nacional (1937),
veio apressar a fixação de uma tendência nova, muito mais energicamen-
te científica que, aliás, estava já se manifestando em certos espíritos. O
que distingue especialmente esta orientação, embora nela se incluam as
importantes obras de conjunto do Prof. Arthur Ramos sobre a contribuição do negro no Brasil, é a consciência de que ainda não é possível
ao folclorista o sedentarismo das obras de gabinete nem muito menos
estabelecer desde já sínteses completas da formação folclórica do povo
brasileiro. Entramos portanto numa fase monográfica, em que as largas
obras gerais foram substituídas por pequenas monografias especializadas,
de assuntos mais facilmente pesquisáveis por um só autor.

Seria injusto negar que antes não tivéssemos publicado monografias magníficas, como as de Pereira da Costa e Amadeu Amaral. Mas o
abandono sistemático das obras de conjunto, o temor das generalizações
apressadas e das sínteses levianas, o apego ao conceito monográfico da
especialização circunscrita, são tendências facilmente perceptíveis nos
cultores mais novos do folclore no Brasil.

Em 1936 o Departamento Municipal de Cultura abria matrícu-
la para um curso de Folclore, regido durante um ano pela professora
Dina Lévi-Strauss, que fora assistente de Georges Dumas, no Musée de
L'Homme, em Paris. Este curso, organizado sob bases eminentemente
práticas, teve como intenção principal formar folcloristas para trabalhos
de campo. Com efeito, o que nos prejudica muito em nossos museus é
que suas coleções, por vezes preciosas como documentação etnográfica,
foram muito mal recolhidas, de maneira antiquada, deficiente e amado-
rística, não raro inspirada no detestável critério da beleza ou da raridade
do documento. Contra isso quis reagir o Departamento de Cultura de
São Paulo como já o estava fazendo, para a Etnografia, o Museu Nacional, desde Roquette-Pinto. E, com efeito, com os alunos desse curso de

Folclore, fundou-se em dezembro desse ano a Sociedade de Etnografia e Folclore, que foi a primeira organização coletiva desse gênero, criada no Brasil. Enquanto protegida pelo Departamento de Cultura, a Sociedade de Etnografia e Folclore teve existência incontestavelmente brilhante. Ao Congresso Internacional de Folclore, realizado em Paris em 1937, a Sociedade concorreu com os primeiros ensaios de cartografia folclórica (vide *Anais do Primeiro Congresso da Língua Nacional Cantada* na bibliografia que segue) que se fizeram no Brasil. Ainda devidas a membros da Sociedade surgiram numerosas monografias e comunicações sobre cultura material como a de Luís Saia, de vida social como as de Marciano dos Santos e Mário Wagner Vieira da Cunha, e música, como os *Cateretês do sul de Minas Gerais*, de Oneyda Alvarenga, na realidade o primeiro estudo de caráter legitimamente técnico que já se escreveu sobre a nossa música tradicional popular. A orientação científica de um trabalho como este não pode sofrer cotejo nem mesmo com os *Estudos de folclore musical*, de Luciano Gallet.

E foi ainda um sócio da Sociedade de Etnografia e Folclore que a Discoteca Pública de São Paulo, pertencente ao Departamento de Cultura, escolheu para dirigir em 1938 uma missão que andou por Nordeste e Norte do Brasil recolhendo documentos, textos, instrumentos, indumentária, objetos, filmes e fotografias referentes às gravações de folclore musical que simultaneamente fazia.

Pela Discoteca Pública, bem como pela sua *Revista do Arquivo* é que o Departamento de Cultura pode apresentar o que fez de melhor em pesquisas e colheitas de folclore. A Discoteca Pública, entre os seus serviços, mantém uma seção de gravação de folclore musical, um museu e uma filmoteca anexos. Já fez também as primeiras gravações para estudos comparativos de pronúncia erudita e popular, trabalho que, embora de bem menores proporções, pode ser comparado ao que se fez na Alemanha sobre pronúncias regionais provavelmente arianas, para ser dado de presente a Mister Hitler. Na sua coleção de gravações de música popular, a Discoteca possui 1.223 fonogramas, registrados nos estados de São Paulo, Minas Gerais, Paraíba, Pernambuco, Maranhão e Pará, além de centenas de documentos grafados à mão, que incluem mais os estados de

Bahia, Ceará, Rio Grande do Sul, Rio de Janeiro e Mato Grosso. Na discoteca estão representados quase todas as formas e gêneros da canção e da dança folclóricas do Brasil. Ao que ainda cumpre ajuntar a cópia de toda a coleção de cilindros referentes aos ameríndios brasileiros, existentes no Staatliches Museum für Völkerkunde, de Berlim, gentilmente cedida pelo Prof. Marius Schneider para estudos exclusivamente internos do estabelecimento. A Filmoteca já conta com 28 películas, das quais cinco se referem aos índios Bororos e Kadiwéus, colhidas por missões patrocinadas pelo Departamento de Cultura. Os 23 filmes restantes reproduzem festas, danças e cerimônias tradicionais populares e são complemento da coleção de fonogramas.

Infelizmente com as convulsões políticas internas sofridas pelo estado de São Paulo em 1938,[6] todo esse rico acervo ainda não foi estudado nem pode ser aumentado. Pela mesma razão a Sociedade de Etnografia e Folclore, depois de rápido período de vida fecunda em que publicou os apenas sete números do seu *Boletim*, também entrou numa fase de total apatia. A bem dizer, além dos seus arquivos de muito interesse, ela atualmente só conta com um sócio, o seu presidente. O *Boletim*, da Sociedade, além de uma seção fixa sobre "Instruções de Folclore", organizada pela sra. Lévi-Strauss na intenção de ensinar os processos de colheita e chamar a atenção dos pesquisadores novos para a cultura material e a vida social, consta de resumos bastante desenvolvidos das comunicações e conferências feitas nas reuniões mensais da Sociedade. Entre as não publicadas pela *Revista do Arquivo* e por isso não recenseadas no fichário que segue, cumpre lembrar a do Prof. Claude Lévi-Strauss sobre "Bonecas dos índios carajás", a sobre religiões de influência negra em São Paulo, pelo Prof. Dalmo Belfort de Matos, o *entrétien* sobre as Cavalhadas, e ainda a comunicação sobre a vida popular de Itápolis (São Paulo) pelo sr. Leão

---

6   Nota da edição: MA ocupou o cargo de diretor do Departamento de Cultura da Municipalidade de São Paulo entre 1935 e 1938. Quando o prefeito Fábio Prado foi substituído por Francisco Prestes Maia, nome escolhido pelo Estado Novo, o cargo passou para Francisco Pati. O afastamento de MA ocorreu durante a celebração do Cinquentenário da Abolição, evento que durou quinze dias, sem, contudo, ter sido finalizado conforme os planos do ex-diretor. A apresentação deste livro historia o momento.

Machado. Junto a esse movimento de São Paulo é justo salientar o que vem brilhantemente fazendo o Serviço do Patrimônio Histórico e Artístico Nacional. Além da excelente monografia do Prof. Gilberto Freyre sobre os *Mucambos do Nordeste*, a *Revista do Serviço do Patrimônio Histórico e Artístico Nacional* vem publicando comunicações que tendem a alargar as nossas pesquisas folclóricas para o campo da estrutura social e a cultura material, como especialmente os escritos dos Profs. Salomão de Vasconcelos sobre ofícios mecânicos em Vila Rica no séc. 18 e Raimundo Lopes sobre a pesca no Maranhão.

O exemplo da Sociedade de Etnografia e Folclore impôs a necessidade de arregimentação dos estudiosos do assunto. Este movimento associativo, se ainda muito desprotegido, reflete o desejo seguro de um alevantamento científico dos estudos folclorísticos do país, e por certo trará bons resultados, pois além da estimulação coletiva produtora de maior atividade, tem especialmente o benefício do controle, um policiamento amável que provocará maior severidade nas pesquisas e estudos.

É assim que em 1941 o Prof. Arthur Ramos fundou com os seus alunos da Universidade do Rio de Janeiro a Sociedade Brasileira de Antropologia e Etnologia, que estende as suas atividades para os domínios do folclore também.

Graças à dedicação da professora Mariza Lira se organizou em 1940 um movimento de interesse em torno de pesquisas folclóricas relativas ao Distrito Federal. Esse movimento teve como resultados principais a realização em 1941 de uma curiosa Exposição de Folclore do Distrito Federal (cujo material ficou como base para um museu de tradições populares) e a fundação em 1942 do Instituto Brasileiro de Folclore, sob a presidência do Prof. Basílio de Magalhães.

Por sua vez, em abril de 1941, o Prof. Luís da Câmara Cascudo fundou no Rio Grande do Norte a Sociedade Brasileira de Folclore, sob constituição bastante simples e elástica, e que por isso mesmo já tem desenvolvido boa atuação. A Sociedade tem como princípio estimular a fundação de núcleos congêneres em todos os estados do país, núcleos que, a ela unidos, formam uma corrente destinada a estimular e proteger as manifestações populares locais de cunho folclórico, bem como a realizar pesquisas de campo e estudos de ordem monográfica. Graças à atividade e prestígio do Prof. Luís da Câmara Cascudo já se organizaram núcleos da Sociedade Brasileira de Folclore nos estados do Piauí, Paraíba, Alagoas, Sergipe, Mato Grosso, Goiás, Rio Grande do Sul e Rio de Janeiro.

Já é importante o trabalho de pesquisa e colheita documental realizado pela Sociedade no Rio Grande do Norte, bem como ter ela conseguido das autoridades do estado dispensa de quaisquer ônus para os grupos populares que realizam festas anuais de Natal a Reis, Carnaval, São João, etc. Como era de esperar, a libertação desses grupos do excessivo controle policial e do pagamento de taxas de licença estaduais e municipais proibitivas já provocou no estado do Rio Grande do Norte um reflorescimento vivo dos bailados e cerimônias populares de fim de ano.

Movimento protetor idêntico já tinham conseguido certas associações científicas em Pernambuco e na Bahia, a respeito de poderem as populações negras desses estados realizar os seus cultos feiticistas, que são sempre perseguidos pela Polícia. Mas neste caso a proteção tem sido intermitente devido ao contraste fatal entre cultura e civilização. As polícias e quase sempre também os dirigentes dos estados olham com olhos de progresso e aperfeiçoamento moral cristão o que representa outras manifestações de culturas diferentes. Mesmo a concessão de existência, mas controlada como se faz, provoca naturalmente um desvirtuamento dos costumes e práticas. Em todo caso, este movimento protetor das sociedades científicas provocou maior liberdade de cultos e permitiu refazer estudos e obter documentação mais nova e segura.

Há também que lembrar, ao lado disso, alguns congressos que têm trazido contribuição folclórica importante, especialmente os congressos de História Nacional. Nos anais dos congressos históricos há sempre boa matéria folclórica a respigar. No Congresso da Língua Nacional Cantada, realizado pelo Departamento de Cultura de São Paulo, na intenção principal de escolher e fixar uma das pronúncias regionais brasileiras para o canto erudito em língua nacional, foram várias as contribuições importantes sobre folclore. Finalmente há que lembrar o Congresso Afro-Brasileiro, cuja instituição se deve ao Prof. Gilberto Freyre, realizado já duas vezes, a primeira no Recife em 1934 e a segunda na Cidade de

Salvador em 1937. Nos volumes contendo as teses apresentadas nesses dois congressos (vide *Estudos afro-brasileiros*, Gilberto Freyre — *Novos estudos afro-brasileiros* e *O negro no Brasil*), as contribuições de ordem folclórica são numerosas, por vezes bem-cuidadas tecnicamente, e importantes para conhecimento da contribuição afronegra na formação do povo brasileiro.

    Ao lado de toda essa documentação mais facilmente encontrável para um estudioso do nosso Folclore que viva no estrangeiro, há toda uma contribuição esparsa em revistas, e jornais, constante de artigos e estudos pequeninos, derivados geralmente do interesse que sente o público leitor ante a estranheza dos fatos folclóricos. Este material, não recenseado neste *Handbook*, é importante, apesar do seu caráter leve. Algumas revistas se especializaram mesmo particularmente em promover trabalhos deste gênero, e neste sentido temos que pôr em primeiro lugar a *Revista do Brasil* na sua primeira fase de São Paulo, quando, sob a direção do famoso contista Monteiro Lobato, ela se tornou o centro do movimento "regionalista" da nossa literatura.[7] Sem dúvida bem mais importante é a *Revista do Arquivo* do Departamento de Cultura de São Paulo já citada que, por mais recente e muito mais técnica nos trabalhos apresentados, julgou-se de bom aviso recensear na bibliografia que segue. A angústia do tempo cedido para organização deste *Handbook* não permitiu [que] se recenseasse outras revistas importantes e dignas disso, dado o método mais severo e aproveitável das contribuições folclóricas que apresentam. Estão nesse caso as revistas dos diversos institutos históricos existentes nas capitais dos estados brasileiros, a *Revista de Língua Portuguesa* e a *Revista da Academia Brasileira de Letras*, as mais valiosas pela frequência de documentação folclórica publicada. É de desejar que numa segunda edição deste *Handbook* o material contido nessas revistas e em poucas mais, como a antiga *Kosmos* do Rio de Janeiro e a *Litericultura* do Ceará, seja recenseado na bibliografia. Convém ainda lembrar os

---

[7] Nota da edição: A *Revista do Brasil*, fundada por Júlio de Mesquita, teve quatro fases. Monteiro Lobato a dirigiu na segunda, de 1916 a 1925. V. DE LUCA, Tania Regina. "Monteiro Lobato: empresário da cultura". In: *A Revista do Brasil*: Um diagnóstico para a (N)ação. São Paulo: Editora Unesp, 1988, p. 60-84.

almanaques anuais, em principal o *Almanaque Garnier*, durante os anos em que foi organizado por João Ribeiro. Nesse período o *Almanaque Garnier* sempre apresentou matéria folclórica escolhida e de colaboradores em geral dotados de técnica segura como O. Nobiling, Sílvio de Almeida, Alberto de Faria, Raimundo Magalhães, Sílvio Romero, o Barão de Studart e outros. Ainda aqui carece não esquecer importantes publicações periódicas estrangeiras, não recenseadas nesta bibliografia, especialmente o *Journal de la Société des Américanistes*, de Paris, o *Ibero- -Amerikanisches Archiv*, do Ibero-Amerikanisches Institut, de Berlim, ou ainda a *Revue Hispanique* de Paris, nas quais sempre há o que respigar a respeito do Folclore do Brasil. E é claro que as revistas portuguesas são também de importância capital, não raro incluindo matéria diretamente brasileira. Entre elas, há que nomear sempre, pelo seu valor extraordinário, a *Revista Lusitana* de Lisboa, criada por Leite de Vasconcelos.

Quanto aos jornais, além de numerosa colaboração avulsa, eles por vezes inserem grandes reportagens ou inquéritos sobre assuntos referentes a usos e costumes tradicionais, não raro diretamente folclóricos. A espécie de "escândalo" burguês, provocado pela estranheza e mistério dos cultos feiticistas dos negros, determinou várias dessas reportagens sensacionais, das quais a primeira em data foi a de João do Rio (pseudônimo do escritor brasileiro Paulo Barreto) sobre *As religiões do Rio*. Esta, como a de Nóbrega da Cunha sobre a "macumba" publicada na *Vanguarda*, do Rio em 1927, como o inquérito sobre a sobrevivência e caracteres do mito do Saci Pererê, promovido por Monteiro Lobato em 1917, foram posteriormente reunidos em livro. Mas outros, como o "Inquérito sobre superstições" promovido pelo *Diário de São Paulo*,[8] em 1929, ficaram sepultados em jornais, hoje dificílimos de obter mesmo ao estudioso brasileiro que não vivendo em grandes centros culturais, como o Rio de Janeiro, não pode recorrer à Biblioteca Nacional, cujo seio de Abraão acolhe indiferentemente toda letra impressa, boa e má, que se publica no país.

---

8   Nota da edição: Neste inquérito, com a duração de três meses, o *Diário de São Paulo* coligiu contribuições de leitores. MA vale-se desse material nos "Estudos sobre o negro".

Esse material, esparso em revistas e jornais, tem sua importância principalmente porque o próprio amadorismo dos seus recolhedores, por isso mesmo que sem nenhum método, por vezes deixa escapar nas exposições e esclarecimentos anexos ao folclore oral e artístico exposto, pequenas descrições e dados a respeito de cultura material e social, que de alguma forma suprem a deficiência destes assuntos na documentação bibliográfica.

A este respeito, há sobretudo que lembrar as obras que não visam especializadamente o folclore, mas que contêm abundante matéria (e muitas vezes a mais segura) relativa a ele. Quero me referir a estudos de sociologia como as obras ilustres de Gilberto Freyre e professores estrangeiros como Donald Pierson, Roger Bastide; os documentos históricos e as histórias como as cartas jesuíticas, o padre Simão de Vasconcelos, frei Vicente do Salvador, Fernão Cardim, Gândavo, o padre Serafim Leite; as relações de viagens, de cientistas ou curiosos estrangeiros como Léry, Spix e Martius, Koster, Saint-Hilaire e centenas de outros; os desenhistas e pintores como Zacharias Wagenaer, Frans Post, Debret, Rugendas, Guillobel; os etnólogos como Roquette-Pinto, Karl von den Steinen, Heloísa Torres, Alexandre Rodrigues Ferreira (cujo trabalho jaz quase todo inédito, em grande parte na coleção de manuscritos do Museu Nacional), o grande Koch-Grünberg, obras que por cem lados demonstram as sobrevivências ameríndias no povo brasileiro. A toda esta documentação da maior importância, a Profa. Oneyda Alvarenga julgou de bom aviso não se referir nas suas fichas, pois será possível procurá-la nas outras seções deste *Handbook*.

E finalmente ainda há que lembrar ao estudioso estrangeiro a obra publicada em Portugal sobre folclore português, bem como a literatura brasileira de ficção. Descendentes como somos de portugueses; sendo estes a fonte tradicional principalíssima da formação do povo brasileiro, todo o nosso folclore tem como base a tradição lusitana. Nas obras que estudam o Folclore português, há sempre que encontrar não só a maioria dos fatos que constituem a tradição brasileira, como também elementos, formas, documentos originais do Brasil e que passaram a Portugal de torna-viagem. Aliás, ainda outros povos e suas tradições folclóricas ou etnográficas são de interesse para estudo do Folclore brasileiro, como a Espanha, Cuba, a África Ocidental, não apenas do ponto de vista comparativo, como por conterem material incorporado diretamente aos costumes tradicionais do Brasil. É bem de compreender, porém, a impossibilidade em que se estava de agregar a esta seção do *Handbook*, a literatura congênere de Portugal, África, Espanha e gentes ibero-americanas.

E no mesmo caso estava a literatura brasileira de ficção. Desde os romances de José de Alencar, de Joaquim Manuel de Macedo, passando pelos escritores "realistas" como Aluísio de Azevedo e alcançando os regionalistas deste século, tais como os importantes livros de contos de Valdomiro Silveira, as *Tropas e boiadas* de Carvalho Ramos, um José Veríssimo para o extremo-norte como um Simões Lopes Neto ou Darcy Azambuja para o extremo-sul, nas obras dos nossos escritores, principalmente nos romancistas e contistas, se dispersa numerosa documentação folclórica, infelizmente ainda não compendiada. Quero apenas lembrar duas obras que pela sua importância e pela data bem mereciam que se desse aos seus autores o título de primeiros folcloristas do Brasil: *O carapuceiro* do padre Lopes Gama e *As memórias de um sargento de milícias* de Manuel Antônio de Almeida.

O padre beneditino Miguel do Sacramento Lopes Gama foi uma figura interessantíssima de moralista, que viveu na cidade do Recife, durante o reinado do imperador Pedro I. Este escritor fez um jornal de descompostura, intitulado *O carapuceiro*, publicado periodicamente no Recife de 1832 a 1847. Com ele, bem como nas suas cartas enviadas à *Marmota Fluminense* do Rio de Janeiro, o católico padre Lopes Gama se propunha a zurzir a desmoralização dos nossos costumes sociais. Mas a verdade é que o escritor satírico se comprazia inconscientemente com os costumes populares que, em sua consciência, considerava deletérios. De maneira que nos deixou, na sua obra vivaz, um compendiamento quase antológico de tradições, sob pretexto de atacá-las, à feição de certos romancistas, muito apreciados nos círculos religiosos e puritanos, que escrevem romances de trezentas páginas de pecado muito bem-descrito, com a condição dos heróis se moralizarem no último capítulo. Quanto ao romance extraordinário de Manuel Antônio de Almeida, só posso insistir aqui, no que já escrevi na "Introdução" à recente reedição do livro.[9] Um dos grandes méritos das *Memórias de um sargento de milícias* é serem um tesouro muito rico de coisas e costumes tradicionais das vésperas da Independência. Manuel Antônio de Almeida tinha em grau elevadíssimo a bossa de folclorista e estava consciente disso, pois confessa francamente no livro trazer entre as suas intenções, a de fixar costumes. A todo instante a observação folclórica é decisiva, sem falha. Foi um memorialista excepcional entre nós, e várias das suas páginas, sem pretensão à ciência, são das mais fidedignas na documentação de costumes passados.

E esta é a situação dos estudos de Folclore no Brasil. Iniciado nas inseguranças metodológicas do século passado, em grande parte ele foi substituído pelo encanto e curiosidade das artes populares e o amadorismo tomou posse dele, fazendo sem nenhum critério colheitas de finalidade antológica, destinadas a mostrar a poesia, o canto, os provérbios e a anedótica populares. É o que prova abundantemente a bibliografia. E com isso o Folclore estava (e por muitas partes ainda está) arriscado a ser compreendido menos como ciência e mais como um ramo da literatura, destinado a divertir o público com a criação lírica e os dizeres esquisitos do povo.

Mas aos poucos veio se acentuando naturalmente uma orientação mais técnica que sentiu-se na necessidade de humildemente abandonar o ideal das grandes obras de conjunto, e se dedicar a pesquisas e estudos particulares, de caráter monográfico. Enfim o estudo do Folclore no Brasil adquiria consciência do seu trabalho preliminar, verificando que as obras de síntese, ou que se pretendiam tais, com raríssimas exceções, são prematuras e em grande parte derivadas do gosto nacional pela adivinhação. Esta mudança está sendo auxiliada e firmada pelas cátedras de estudos afins, principalmente de Sociologia, existentes nas universidades do país, as instituições oficiais de cultura que abrangem os estudos da tradição, bem como por sociedades de Antropologia, de Geografia, de

---

9   Nota da edição: V. ANDRADE, Mário de. "Prefácio". In: ALMEIDA, Manuel Antônio de. *Memórias de um sargento de milícias*. Introdução e ilustrações de F. Acquarone. São Paulo: Livraria Martins, 1941.

História, de Sociologia e mesmo diretamente de Folclore que vão se organizando aos poucos por todo o país, conscientes das necessidades de policiar e defender a seriedade dos estudos mais ou menos comuns. Esta intenção de policiamento, assim como a sugestão insistente a que os estudiosos nacionais se dediquem a trabalhos de caráter monográfico, é visível nestas sociedades conscientes do seu papel orientador. A Sociedade de Etnografia e Folclore de São Paulo, iniciando o "Arquivo de Etnografia e Folclore" da *Revista do Arquivo* (nº 30, de 1936), publicava um programa geral de pesquisa, organizado pelo seu presidente, bem como manteve uma seção de "Instruções" em todos os números do seu *Boletim*. Da mesma forma, a recente Sociedade Brasileira de Folclore se viu obrigada, na publicação do opúsculo dos seus *Estatutos*, a acrescentar informações e sugerir assuntos aos seus sócios. Com isto os estudos de Folclore entraram no Brasil francamente numa fase monográfica, a atual, que vai produzindo resultados e obras mais estáveis.

Cumpre notar que esta orientação tem sido auxiliada por professores estrangeiros que vêm lecionar nas escolas superiores do país, ou passam tempos entre nós, fazendo pesquisas e conferências, interessados pelos problemas sociológicos do Brasil. Cabe aqui lembrar os professores Claude e Dina Lévi-Strauss, Roger Bastide, Donald Pierson, Herskowitz, Ralph Steele Boggs, Lorenzo H. Turner, Franklin Frazier e poucos mais.[10] A formação social do Brasil, a fusão de raças diversas aqui tornada possível pelo sistema colonial português, a luta em que vivemos para fixar num país francamente tropical uma civilização de molde europeu, são formas eminentemente dramáticas da sociedade humana que atraem a curiosidade e o estudo dos estrangeiros. E todo esse drama, bem como sempre a fatal originalidade e beleza da nossa poesia cantada popular, fazem com que muitos estudiosos de outros países, mesmo sem saírem de suas terras, se dediquem ao estudo do Brasil e sobre ele escrevam. O exemplo mais admirável será sempre o de Robert Southey, o poeta inglês

---

10 Nota da edição: MA focaliza os professores franceses e os estadunidenses que vieram lecionar no Brasil, no início da formação da Faculdade de Filosofia, Letras e Ciências Humanas da Universidade de São Paulo e da Escola Livre de Sociologia e Política.

rival de Byron um tempo, com a sua *História do Brasil*, até hoje indispensável e um dos monumentos da historiografia nacional.[11] Mas é sobretudo a música cantada que tem [se] beneficiado desta curiosidade. Sobre ela o Prof. Philippe Stern, do Musée de la Parole, de Paris, como a sra. Maria Esther Álvarez Arigós (*Folklore musical del Brasil*)[12] na Argentina, publicam introduções baseadas em bibliografia bastante firme. Há porém que pôr de sobreaviso o leitor estrangeiro contra certas vulgarizações desse gênero, muitas vezes escuramente infelizes, devido em parte grande à própria imperfeição da bibliografia nacional escolhida. Assim, por exemplo, eu ignoro o trabalho da sra. Eleanor Hague sobre "Brazilian Songs" publicado no *Journal of American Folklore*, a. 25, nº 96, de 1912, que não pude consultar, mas as informações que a mesma autora nos dá no seu volume sobre *Latin American Music* (V. verbete Hague) são tão defeituosas e deficientes, que me autorizam a pôr os estudiosos em guarda a respeito do outro trabalho.

Mas apesar deste progresso incontestável ainda há muito que fazer, muito por melhorar e muito por definir. O Prof. Ralph Steele Boggs pode mesmo intitular um dos seus artigos "Latin American Folklore awaits Conquistadores" e está com a razão.

Muito nos falta. Ainda não possuímos um Museu de Tradições Populares, apesar das incipientes coleções da Discoteca Pública de São Paulo, a seção de Etnografia Regional Sertaneja iniciada pelo Prof. Roquette-Pinto no Museu Nacional, a coleção de objetos de culto afronegro reunida pela Polícia de Maceió, no estado de Alagoas, a coleção de objetos populares do Distrito Federal reunidos pelo movimento que teve como resultado a fundação do atual Instituto Brasileiro de Folclore. E se algumas coleções particulares sabemos que existem, ainda não foram suficientemente recenseadas, para que delas se dê notícia aqui. Cumpre

---

11 Nota da edição: Obra na biblioteca de MA: SOUTHEY, Robert. *História do Brazil*. Tradução de Luiz Joaquim de Oliveira e Castro. Notas de J. C. Fernandes Pinheiro. 6 v. Rio de Janeiro: Livraria Garnier, 1862.

12 Nota da edição: Obra na biblioteca de MA: ARIGÓS, Maria Esther Alvarez. *Folklore musical del Brasil*. Buenos Aires: Instituto Brasileño de Cultura/Comité da Juventude, 1940.

indicar ainda que o Serviço do Patrimônio Histórico e Artístico Nacional, nos museus que está criando, auxiliando ou orientando no país, por vezes já tem conseguido adquirir peças populares selecionadas, principalmente de escultura religiosa. Ainda recentemente por iniciativa desse Serviço o Museu Nacional adquiriu um pequeno mas magnífico grupo de esculturas de origem negra, provavelmente afro-negras algumas, encontradas no país.

Mas isto, bem como a reorganização a que se vem procedendo da seção já nomeada do Museu Nacional, e a firme intenção em que está a diretora do Museu, a Profa. Heloísa Torres, de desenvolver o que já está feito, tudo isso não chega a solucionar a falta que nos faz a criação de um Museu de Folclore nacional. Só ele poderia, além da colheita sistemática de documentação, obter os aparelhamentos necessários, máquinas gravadoras, e de cinematografia, instrumentos para estudos de fonética experimental, etc. que tanta falta nos fazem. Aliás, devo notar que, na inexistência dele, as sociedades já existentes no país deviam se concertar para iniciar desde já a conversão a fichário de toda a vasta documentação folclórica que jaz escondida na literatura nacional, romances, contos, viagens, relatórios, arquivos, atas de câmaras no período colonial, etc. etc. A Sociedade Brasileira de Folclore bem poderia iniciar semelhante trabalho, graças às suas várias seções estaduais. Cada sociedade estadual a ela filiada poderia se encarregar de reduzir ao fichário geral a literatura regional de seu estado. Este serviço me parece de importância máxima, pois não só recensearia o que existe de nosso passado para efeito dos estudos comparativos, como viria, a seu modo, apagar em grande parte a lacuna a respeito de folclore material e vida social, dos nossos conhecimentos atuais.

Mas, o mais curioso, entre o que nos falta, talvez seja saber exatamente o que é Folclore! Esta afirmação não indica de forma alguma que seja assim tão assustadora a ignorância da intelectualidade culta do país. Ela apenas mostra a existência entre nós de um problema urgente e preliminar, que é o mesmo para os outros países das duas Américas e que não me cabe discutir aqui, por extenso. A verdade é que o conceito de Folclore e a sua definição, tais como nos vieram fixados pela ciência europeia, têm de ser alargados para se adaptarem aos países americanos. Foi estreitado por esse conceito e essa definição que um estudioso tão hábil como o Prof. Julien Tiersot,[13] se viu na contingência de negar a existência de canções folclóricas americanas, pois que o que existia realmente de "folclórico" entre nós pertencia aos folclores europeus e à etnografia africana!

A este respeito, sou obrigado a repetir aqui, o que já disse no meu ensaio bibliográfico sobre *A música e a canção populares no Brasil*, em comentário às dúvidas de Tiersot: a bem dizer, o Brasil não possui canções populares, muito embora possua incontestavelmente música popular. Quero dizer: nós não temos melodias tradicionalmente populares. Pelo menos não existem elementos por onde provar que tal melodia tem sequer um século de existência. Os pouquíssimos documentos musicais populares impressos, que nos ficaram dos fins do século XVIII ou princípios do século seguinte, já não são mais encontrados na boca do povo, que deles se esqueceu. Existem textos populares, principalmente romances e quadras soltas, de origem ibérica, que permanecem até agora cantados. (E mesmo destes, uma grande figura de folclorista, como Amadeu Amaral, levado pelo conceito de anonimato multissecular e generalização popular de "Folclore", se viu obrigado a aceitar apenas um número muito restrito, nos seus estudos.) Porém esses documentos recebem melodias várias em cada região e mesmo em cada lugar. Será possível alguma rara vez determinar, pelo exame dessas diversas melodias sobre um mesmo texto, que uma parece mais antiga que outra; mas é impossível, pela ausência de elementos de confrontação, imaginar o grau de ancianidade de qualquer delas.

Assim não teremos o que cientificamente se chamará de "canção popular". Mas seria absurdo concluir por isso que não possuímos mú-

---

13 Nota da edição: Julien Tiersot (1857-1936), musicólogo e compositor francês; precursor dos estudos de etnografia musical. Na biblioteca de MA encontram-se as obras: *Un demi-siècle de musique française* (1924); *Les Couperin* (1926); *La musique aux temps romantiques* (1930); *La chanson populaire et les écrivains romantiques*: avec 96 notations musicales (1931).

sica popular! Tanto no campo como na cidade florescem, com enorme abundância, canções e danças que apresentam todos os caracteres que a ciência exige para determinar a validade folclórica duma manifestação. Essas melodias nascem e morrem com rapidez, é verdade, o povo não as conserva na memória. Mas se o documento musical em si não é conservado, ele se cria sempre dentro de certas normas de compor, de certos processos de cantar, reveste sempre formas determinadas, se manifesta sempre dentro de certas combinações instrumentais, contém sempre certo número de constâncias melódicas, motivos rítmicos, tendências tonais, maneiras de cadenciar, que todos já são tradicionais, já perfeitamente anônimos e autóctones, às vezes peculiares, e sempre característicos do brasileiro. Não é tal canção determinada que é permanente, mas tudo aquilo de que ela é construída. A melodia, em seis ou dez anos, poderá obliterar-se na memória popular, mas os seus elementos constitutivos permanecem usuais no povo, e com todos os requisitos, aparências e fraquezas do "tradicional".

Faz-se imprescindível uma conceituação nova de Folclore para os povos de civilização e cultura recentemente importada e histórica, como os da nossa América. Mas essa conceituação nova tem de ser "científica", pois que se o conceito europeu leva a encurtar de maneira ridícula e socialmente ineficaz o que seja entre nós o fato folclórico, por outro lado a sua desistência tem levado a um confusionismo igualmente absurdo, fazendo certos autores aceitarem como "folclórico" qualquer romance de cantador e qualquer peça urbana de autor. Nem tanto nem tão pouco. No Brasil existem cidades "folclóricas" e sobre isto também expliquei meu pensamento no ensaio nomeado atrás, mas carece sempre, por um critério seguro, saber distinguir na forma popular urbana o que é folclórico do que é apenas popularesco. No Recife o maracatu das comunidades negras é quase sempre um fato folclórico, não o sendo quase sempre a música e os textos dos frevos. Eu creio que com as novéis sociedades seria bom reunir os nossos folcloristas mais importantes, num congresso destinado exclusivamente a decidir certas questões primordiais como essa, para facilitar aos estudiosos a atitude científica, lhes determinando os campos de pesquisas e os métodos de trabalho.

E por tudo quanto expus, um bocado severamente talvez, a minha convicção pessoal é que a situação dos estudos de Folclore no Brasil ainda não é boa.

Mário de Andrade

O fichário que agora se segue foi organizado pela professora Oneyda Alvarenga[14] com alguma assistência minha. Está claro que esta bibliografia não tem a menor intenção de ser completa. Nem mesmo é já excelente. O tempo concedido para a organização do trabalho, a inexistência na Biblioteca Pública de São Paulo e nas bibliotecas particulares a que pode recorrer a sra. Oneyda Alvarenga, de várias obras de grande raridade, a deficiência ou erros da bibliografia já existente sobre o assunto foram também causas infelizes que prejudicaram sobremaneira a organização do trabalho.

Os critérios adotados para o recenseamento bibliográfico que segue foram os seguintes:

1 – A bibliografia vai organizada por ordem alfabética de autores. Por certo, não é o melhor critério, mas seria difícil não o adotar nesta Seção. A maioria dos livros que tratam do folclore nacional, excetuadas as monografias, versam vários capítulos do seu assunto. Mesmo obras construídas sobre um assunto especial como as tradições afro-brasileiras ou a poesia cantada, teriam de ser repetidas muitas vezes, caso se adotasse a distribuição do folclore pelas suas partes.

a) Para sanar um bocado o inconveniente da organização por ordem alfabética de autores, tomou-se o cuidado de incluir na bibliografia

---

14 Nota da edição: Os critérios para a bibliografia foram enviados por Oneyda Alvarenga a MA em uma carta "provavelmente em 1941 ou 1942", conforme a discípula relata (V. ALVARENGA, Oneyda (Org.). *Mário de Andrade – Oneyda Alvarenga*: cartas. São Paulo: Duas Cidades, 1983, p. 305-307).

alguns verbetes dos assuntos diversos mais importantemente tratados pela bibliografia folclórica nacional. Estes verbetes são: "Advinhas", "Alimentação e Culinária", etc.

b) Nestas fichas gerais foram também incluídas umas poucas obras, não constantes das fichas de autores, que não puderam ser consultadas, mas versando especializadamente o assunto nomeado. Podem ser de alguma utilidade ao estudioso. Nestes casos tomou-se o cuidado de indicar que são obras não consultadas, por meio de N.C.

c) Também nestas fichas citaram-se uns poucos ensaios saídos em revistas, bem como se chamou atenção para *Cultura Política* (V. verbete), de fácil procura.

2 – Só foram recenseados os trabalhos mais dignos de conhecimento para o estudioso estrangeiro.

a) Recenseou-se no entanto algumas obras deficientes, apenas pelo interesse de incluir o maior número possível tanto de regiões do país como de assuntos folclóricos.

b) Também foram recenseadas certas obras defeituosíssimas, mas falsamente importantes quer pelo número de páginas quer pela chancela do editor, justamente para colocar o estudioso estrangeiro de sobreaviso a respeito delas.

c) Finalmente foram recenseadas nesta bibliografia obras referentes diretamente ao Folclore musical, muito embora não tratem exclusivamente dele, como a *História da música brasileira* de Renato de Almeida. Este critério foi estabelecido de combinação com o organizador geral do *Handbook* e o Prof. Luiz Heitor Corrêa de Azevedo, da Seção de Música.

3 – É critério geral da organização deste livro repetir as obras em todas as seções a que elas se ligam diretamente. Como se viu, na letra c anterior, só se obedecem a este critério nesta seção, a respeito das obras referentes ao folclore musical. É que o Folclore estava em condições especialíssimas. Abrangendo matéria já suficientemente delimitada, é verdade, mas muito geral, ele participa necessariamente de muitos outros assuntos como a Etnografia, a História, a Sociologia, a Antropogeografia, a Geografia Humana e ainda as relações de viagens, os documentos oficiais de cartórios, câmaras, ordenações, arquivos de polícias, e a literatura

de ficção. Adotar-se pois a repetição de todas as obras destes assuntos contendo matéria folclórica segura, seria quase duplicar este livro!

a) Foi eliminado portanto tudo quanto se referia a linguagem popular, estudos de dialetologia, vocabulários, etc. que devem ser procurados na seção competente.

b) Da mesma forma não foram recenseadas, a não ser em dois ou três casos raríssimos, de importância capital, as obras de etnografia ameríndia brasileira.

c) Deixou-se de recensear também alguns trabalhos que não puderam ser encontrados nas bibliotecas consultadas. É lastimável que estejam neste caso, pelo menos do ponto de vista histórico, os artigos de Celso de Magalhães publicados no jornal *O Trabalho* do Recife de 1873, bem como os de José de Alencar, também saídos em jornal, no ano seguinte, geralmente considerados os primeiros estudos de Folclore publicados no Brasil. Este como outros estudos, hoje inacháveis, não puderam ser consultados e a sua eliminação não dependeu da escolha, mas de impossibilidades externas, insanáveis no momento.

d) A não ser num ou noutro caso excepcional, como o da *Revista do Arquivo* e a do *Patrimônio Histórico e Artístico Nacional*, deixou-se de recensear as revistas. O critério não é bom, mas adotar outro exigia um trabalho incompatível com o tempo concedido para a organização desta bibliografia.

e) Foram também eliminadas numerosas monografias, como as excelentes do Prof. Arthur Ramos, reunidas posteriormente em livro pelos seus autores. Neste caso, recenseou-se apenas o livro.

f) Finalmente ainda foi causa de eliminação, certas obras de importância aparente, mas menos seguras como método, só conterem matéria já exposta em outras obras melhores, de autores mais bem-servidos de ciência e honestidade técnica. Neste caso só foram recenseados estes livros melhores.

Mário de Andrade
São Paulo, outubro de 1942

Bibliografia

ALBUQUERQUE, Luís Teotônio Cavalcanti de. *Subsídio ao folclore brasileiro:* anedotas sobre caboclos e portugueses; lendas, contos e orações populares, etc. Rio de Janeiro: [s.n.], 1897. 82 p.
Primeira de uma série de publicações que o autor tencionava fazer sobre folclore brasileiro. O livrinho contém anedotas, alguns contos populares e três poesias.

ALMEIDA, Benedito Pires de. A Festa do Divino: tradições e reminiscências de Tietê. *Revista do Arquivo Municipal*, a. 5, v. 59. São Paulo, jul. 1939, p. 33-66, il.

ALMEIDA, Fernando Mendes de. O folclore nas ordenações do Reino. *Revista do Arquivo Municipal*, a. 5, v. 56. São Paulo, abr. 1939, p. 5-126, il.
Usos e costumes brasileiros em face da legislação colonial.

ALMEIDA, Renato. *História da música brasileira.* 2ª ed. Rio de Janeiro: F. Briguiet & Cia, 1942. 529 p., il.
279 páginas dedicadas à música e à dança populares, de que são descritos grande número de tipos exemplificados com 134 melodias. Trabalho indispensável para o estudo do folclore musical brasileiro.
A 1ª edição é de 1926 (238 p.), feita pela mesma editora. Não contém as melodias e não possui o valor da 2ª.

ALMEIDA, Sílvio de. "Cancioneiro dos bandeirantes". In: *Congresso de História Nacional*, I. Anais... S.l.: s.n., s.d., p. 749- 771.

ALVARENGA, Oneyda. Cateretês do sul de Minas Gerais. *Revista do Arquivo Municipal*, a. 3, v. 30. São Paulo, dez. 1936, p. 31-70, il.
Estudo sobre o cateretê, dança encontrável em várias zonas do Brasil. Oito melodias.

ALVARENGA, Oneyda. Comentários a alguns cantos e danças do Brasil. *Revista do Arquivo Municipal*, a. 7, v. 80. São Paulo, dez. 1941, p. 209-246.

AMARAL, Amadeu. *A poesia da viola:* folclore paulista. São Paulo, 1921. 69 p.
Conferência em que são abordados rapidamente forma e assuntos da poesia rural paulista, da moda e do verso (quadra).

AMARAL JUNIOR, Amadeu. Reisado, bumba meu boi e pastoris. *Revista do Arquivo Municipal*, a. 6, v. 64. São Paulo, fev. 1940, p. 273-284.

Notas sobre as danças dramáticas especificadas no título, colhidas em Pernambuco, Alagoas, Ceará, Rio Grande do Norte e Maranhão.

AMERICANO DO BRASIL, A.

vide

BRASIL, A. Americano do

AMERICANO DO BRASIL, I. G.

vide

BRASIL, I.G. Americano do

BRASIL, I.G. Americano do. *Congresso da língua nacional cantada*, 1, 1937. São Paulo. Anais... São Paulo: Departamento de Cultura, 1938. 786 p.
Além de numerosas comunicações sobre linguagens regionais do Brasil, é indispensável pelos oito mapas folclóricos de variações linguísticas que contém. Estes estudos de cartografia folclórica, os primeiros realizados no Brasil, foram feitos pela Sociedade de Etnografia e Folclore e pela Divisão de Expansão Cultural, do Departamento de Cultura de São Paulo, e enviados ao Congresso Internacional de Folclore reunido em Paris em 1937. Os mapas se referem a proibições alimentares, nomes de danças e um fato de medicina popular – a cura do terçol com anel. Os elementos para o trabalho foram colhidos no estado de São Paulo, mediante um inquérito em que se distribuíram 4 mil questionários. A comunicação foi publicada sem os mapas, sob o título "Études cartographiques des tabous alimentaires et des danses populaires" nos volumes dos *Travaux du ler. Congrés Internacional de Folclore*. Tours: Arrauit & Cie., 1938, p. 279-283.
Consta ainda do volume, na parte destinada às festas realizadas por ocasião do Congresso, a descrição do bailado tradicional da *Marujada*, *Nau Catarineta* ou *Chegança de Marujos*, em sua adaptação às crianças dos parques infantis de São Paulo. Esta descrição contém onze melodias do bailado.

ANDRADE, Mário de. Os congos. *Boletín Latino-Americano de Música*, a. 1, t. 1. Montevidéu, abr. 1935, p. 57-70.
Estudo sobre a dança dramática dos congos, comum a todo o Brasil, sua origem, seus elementos, sua música. Cinco melodias. Este trabalho, com pequenas variantes e desprovido das melodias de exemplificação, foi preliminarmente publicado no nº 2 da *Lanterna Verde*, boletim da Sociedade Filipe d'Oliveira, fevereiro de 1935, Rio de Janeiro.

ANDRADE, Mário de. *Ensaio sobre música brasileira*. São Paulo: Chiarato & Cia., 1928. 94 p.
O livro divide-se em duas partes. Na 1ª, o autor estuda as características da música popular brasileira e seu aproveitamento na música erudita nacional. A 2ª é uma coletânea de 120 melodias de várias regiões do Brasil, compreendendo vários gêneros. A peça *Prenda minha* está deformada no seu ritmo popular legítimo, por esquecimento do informante. Também por deficiência da informação, o "samba do matuto" foi dado como nome tradicional de uma espécie característica de samba, o que é engano.

ANDRADE, Mário de. A entrada dos palmitos. *Revista do Arquivo Municipal*, a. 3, v. 32. São Paulo, fev. 1937, p. 51-64.
Estudo de um costume tradicional das festas do Divino Espírito Santo em Mogi das Cruzes, estado de São Paulo, que o autor liga ao culto europeu da primavera e da árvore de maio.

ANDRADE, Mário de. Geografia religiosa do Brasil. *Publicações Médicas*, a. 8, nº 124. São Paulo, ago. 1941, p. 71-84.
Ensaio de distribuição geográfica da feitiçaria brasileira.

ANDRADE, Mário de. *Modinhas imperiais*. São Paulo: Casa Chiarato, 1930. 49 p.
Quinze modinhas brasileiras de salão, do tempo do Império, seguidas de um lundu para piano. A coletânea é precedida de um prefácio em que o autor estuda as origens, transformações e características da modinha.

ANDRADE, Mário de. *Música do Brasil*. Curitiba: Guaíra, 1941. 79 p. (Coleção Caderno Azul, 1.)
Dois estudos, sendo de folclore o 2º, versando sobre as danças dramáticas brasileiras de origem ibérica.

ANDRADE, Mário de. *Música, doce música*. São Paulo: L. G. Miranda, 1934. 358 p.
Contém uma parte dedicada ao folclore musical, compreendendo sete estudos sobre um romance, um lundu tradicional, o berimbau (instrumento), a influência portuguesa nas rodas do Brasil, dinamogenias políticas (falas ritmadas), e um capítulo em que estabelece a origem brasileira do fado português. Nove melodias.

ANDRADE, Mário de. A música e a canção populares no Brasil. *Revista do Arquivo Municipal*, a. 2, v. 19. São Paulo, jan. 1936, p. 249-262, il.
Indicações bibliográficas e discográficas para estudo da música popular brasileira, relação de instituições oficiais que dispõem de documentação sobre o assunto e no-

mes de especialistas de folclore musical brasileiro. A discografia comercial está atualmente quase esgotada. Nas primeiras páginas do trabalho o autor expõe o estado dos estudos de folclore musical no Brasil, os problemas que tais estudos apresentam, afirmando a inexistência no Brasil de canções populares tradicionais, legitimamente folclóricas, embora existam formas, processos, tendências e constâncias perfeitamente tradicionais. Trabalho escrito em janeiro de 1936 e publicado nessa data pelo Ministério das Relações Exteriores, ele destinava-se ao Institut International de Coopération Intellectuelle, onde com efeito foi publicado, pelo Département d'Art, d'Archéologie et d'Ethnologie, no volume *Folklore Musical*, Paris, 1939, p. 15-27. O trabalho acha-se já bastante em atraso, por não conter as pesquisas feitas posteriormente pelo Departamento de Cultura, de São Paulo, nem as cátedras de Folclore criadas na Escola Nacional de Música do Rio de Janeiro e outras discotecas novas e sociedades de folclore.

ANDRADE, Mário de. *Namoros com a medicina*. Porto Alegre: Globo, 1939. 130 p. (Biblioteca de Investigação e Cultura, nº 5.)
No estudo sobre "Terapêutica musical" inclui as observações feitas sobre este assunto e sobre "Força biológica da música", comunicações publicadas em *Publicações Médicas*, nºs de outubro, novembro e dezembro de 1936, onde se encontram informações sobre os efeitos exaltadores ou depressivos da música brasileira de feitiçaria e dos maracatus. No outro estudo enumera-se, comparando com usanças de outros países, especialmente Portugal, numerosa coleção de superstições, crendices e costumes da medicina excrementícia.

ANDRADE, Mário de. "A nau Catarineta". *Revista do Arquivo Municipal*, ano 7, v. 63. São Paulo, jan. 1941, p. 61-76.
Estudo da origem do romance da *Nau Catarineta*, que aparece no Brasil especialmente em ligação com a dança dramática chamada *Chegança de marujos*. [2373]

ANDRADE, Mário de. Origens das danças dramáticas brasileiras; excerto. *Revista Brasileira Municipal*, v. 2, nº 1 (1º fascículo no original). Rio de Janeiro, mar. 1935, p. 34-39.
Estudo das origens dos bailados populares brasileiros com entrecho dramático ou que obedecem a um tema de ordem intelectual.

ANDRADE, Mário de. Papel da música na feitiçaria. *Publicações Médicas*, a. 6, nº 61. São Paulo, ago. 1934, p. 66-72, il.
Estudo da função hipnótica da música na feitiçaria, sendo as observações fundadas nos rituais feiticistas brasileiros.

ANDRADE, Mário de. *Pequena história da música*. São Paulo: Martins, 1942. 286 p., il. (Coleção A Marcha do Espírito, v. 3.)
O 12º capítulo trata da música popular brasileira, suas formas, seus processos, as influências que revela, instrumentos mais usados, bem como de várias danças e danças dramáticas. O livro é, em essência, o mesmo *Compêndio de história da música* (1ª, 2ª e 3ª edições: São Paulo, L. G. Miranda), com alguns capítulos refundidos e outros atualizados e modificados. A discoteca de música popular brasileira não foi atualizada, abrangendo apenas gravações até 1933, muitas delas já inexistentes no mercado.

ANDRADE, Mário de. O samba rural paulista. *Revista do Arquivo Municipal*, a. 4, v. 61. São Paulo, nov. 1937, p. 37-116, il.
Descrição técnica e análise do samba rural paulista nos seus aspectos coreográfico, musical e poético, feitas sobre observações colhidas em São Paulo (capital) e especialmente em Pirapora, na tradicional festa do Bom Jesus. Vinte e uma melodias e oito fotografias.

AZEVEDO, Luiz Heitor Corrêa de. *Dois pequenos estudos de folclore musical*. Rio de Janeiro: 1938. 43 p.
No primeiro estudo, "Algumas reflexões sobre folcmúsica no Brasil", o autor afirma a inexistência de uma música popular tradicional brasileira, de legítima música folclórica, portanto, embora tenhamos uma linguagem musical popular perfeitamente característica e tradicionalizada nos seus processos. Esta conclusão coincide com a de Mário de Andrade, expendida na mesma época (1936) em seu trabalho: "A música e a canção populares do Brasil". O segundo estudo é dedicado à música dos países sul-americanos, com uma parte sobre o Brasil, em que é indicada a origem europeia, negra e ameríndia da música popular brasileira.

BATISTA, F. Chagas. *Cantadores e poetas populares*. Paraíba: F. C. Batista Irmão, 1929. 255 p., il.
Coletânea de poesias, principalmente desafios, de 18 cantadores nordestinos, com notas biográficas de cada um.

BARRETO, Ceição de Barros. *Cantigas de quando eu era pequenina...* 1ª série. Rio de Janeiro: Pimenta de Melo & Cia., 1930. s.p., il.
Coletânea de cantos populares infantis harmonizados. Ilustrações de Correia Dias.

BARRETO, João Paulo dos Santos. *Alma encantadora das ruas, por João do Rio* [pseud.]. Rio de Janeiro: H. Garnier, 1910. 317 p.
Crônicas sobre aspectos e costumes do Rio de Janeiro no princípio do século. Livro de reportagem, terá quando muito a mesma importância dos *Folhetins de França Júnior*, para o seu tempo.

BARRETO, João Paulo dos Santos. *As religiões no Rio, por João do Rio* [pseud.]. Rio de Janeiro: H. Garnier, s.d. 245 p.
Embora sendo de reportagens, o livro interessa por conter uma das primeiras descrições dos rituais feitichistas afro-brasileiros. Certos fatos descritos pelo autor não foram observados em pesquisas posteriores.

BARRETO, Paulo T. O Piauí e a sua arquitetura. *Revista do Serviço de Patrimônio Histórico e Artístico Nacional*, nº 2. Rio de Janeiro, 1938, p. 187-225.
Bom estudo descritivo, versando especialmente sobre estrutura e técnica da moradia tradicional popular.

BARROSO, Gustavo. *Ao som da viola; folclore*. Rio de Janeiro: Leite Ribeiro, 1921. 733 p.
Livro indispensável pelo seu copioso material. Na primeira parte, folclore tradicional, as peças folclóricas são distribuídas por ciclos temáticos (dos Bandeirantes, do Natal, dos Vaqueiros, o ciclo Heroico, o ciclo dos Caboclos), havendo ainda outras divisões para "Poesias mnemônicas", "Antologia" e "Orações". Nos ciclos desta primeira parte vêm enfeixados lendas, bailados dramáticos, romances, contos, anedotas. A segunda parte, folclore repentista, trata especialmente dos desafios e um pouco das emboladas. A terceira parte traz contos, fábulas, lendas e anedotas.

BARROSO, Gustavo. *Através dos folclores*. São Paulo: Melhoramentos, 1927. 196 p.
Notas sobre correspondências de fatos do folclore brasileiro com outros folclores. Algumas das notas referem-se a material sem interesse brasileiro, como as lendas em torno de D. Juan e de S. Francisco de Assis. Podem-se colher no livro alguns dados sobre contos, anedotas, parlendas, jogos infantis, lendas, superstições, costumes, expressões, medicina, influência negra no folclore brasileiro.

BARROSO, Gustavo. *O sertão e o mundo*. Rio de Janeiro: Livraria Leite Ribeiro, 1923. 301 p.
O autor registra vários fatos folclóricos, assinalando sua correspondência com os de outros países. Há no livro informações sobre festas, costumes, superstições, crendices, lendas, contos, parlendas, dança e música, caça, anedotas, poesia, e uma versão da dança dramática "Bumba meu boi" colhida em Fortaleza (Ceará).

BARROSO, Gustavo. *Terra de sol*: natureza e costumes do Norte. 3ª ed. Rio de Janeiro: Alves, 1930. 272 p.
Usos e costumes pastoris, agricultura e crendices sobre o tempo, designação sertaneja de tipos e características de bois e cavalos, curandeirismo e superstições sobre doença e saúde, religião, linguagem, música, dança, danças dramáticas, festas, poesia, lendas.

BASTIDE, Roger. Ensaios de metodologia afro-brasileira; o método linguístico. *Revista do Arquivo Municipal*, a. 5, v. 59. São Paulo, jul. 1939, p. 17-320.
Estudo sobre o valor do método linguístico e sua aplicação aos problemas afro-brasileiros.

BASTIDE, Roger. *Psicanálise do cafuné*. Curitiba: Guaíra Ltda., 1941. 75 p.
Excelentes estudos de erudição, dois dos quais de interesse diretamente folclórico: o sobre o "Desafio Brasileiro" e o sobre o "cafuné".

BOGGS, Ralph S. Spanish folklore in America; Folklore in Pan-Americanism; Latin American Folklore awaits Conquistadores, nº 1. Miami: University of Miami, Hispanic-American Studies, p. 122-165.
No terceiro destes estudos, o Prof. Ralph S. Boggs nomeia algumas iniciativas folclorísticas brasileiras, como expõe situação e problemas do estudo científico do Folclore na América Latina, que são válidos também para o Brasil.

BRANDENBURGER, Clemente. *Lendas dos nossos índios*: leituras brasileiras. Prefácio de Afrânio Peixoto. 2ª ed. Rio de Janeiro: Francisco Alves, 1931. 149 p.
Contém também grande cópia de contos populares brasileiros.

BRASIL, A. Americano do. *Cancioneiro de trovas do Brasil central*. São Paulo: Cia. gráf. ed. Monteiro Lobato, 1925. 286 p.
Coletânea bem-feita da poesia popular de Goiás, terminada com um capítulo sobre danças populares desse estado.

BRASIL, I. G. Americano do. *Lendas e encantamentos do sertão*. São Paulo: Pub. Brasil, 1938. 113 p.
Lendas correntes em Goiás e Mato Grosso.

BRITO, Severino de Sá. *Trabalhos e costumes dos gaúchos*. Porto Alegre: Globo, 1928. 219 p.
Dividido em duas partes, o livro interessa pela 1ª, que trata dos trabalhos pastoris no Rio Grande do Sul.

CÂMARA CASCUDO, Luís da.

vide

CASCUDO, Luís da Câmara.

CAMARGO, Gentil de. Sintaxe caipira do vale do Paraíba. *Revista do Arquivo Municipal*, a. 4, v. 37. São Paulo, jul. 1937, p. 49-53, il.

Alimentação e proibições alimentares do Vale do Paraíba. Os desenhos, de Paulo C. Florençano, representam cozinha e apetrechos culinários populares.

CARDOSO, Nuno Catarino. *Cancioneiro popular português e brasileiro*: antologia contendo 521 quadras e dois capítulos sobre a psicologia do amor. Lisboa: Portugal Brasil Ltda., 1921. 119 p.

CARNEIRO, Édison. Linhas gerais da casa de candomblé. *Revista do Arquivo Municipal*, a. 6, v. 61. São Paulo, out. 1940, p. 129-140.
Arquitetura das casas de candomblé na Bahia, seu funcionamento religioso, bem como condições da vida, nessas casas, fora das cerimônias do culto.

CARNEIRO, Édison. *Negros bantos*: notas de etnografia religiosa e de folclore. Rio de Janeiro: Civilização Brasileira, 1937. 187 p., il. (Biblioteca de Divulgação Científica, v. 14)
Procura o autor demonstrar que a influência dos negros bantos na Bahia não foi tão pequena quanto se tem dito. São aproveitáveis os dados sobre cultos feitichistas da Bahia, bem como algumas manifestações do folclore baiano: samba, batuque, capoeira e festas do boi.

CARNEIRO, Édison. *Religiões negras*: notas de etnografia religiosa. Rio de Janeiro: Civilização Brasileira, 1936. 188 p., foto. (Biblioteca de Divulgação Científica, v. 7.)
Estudo de cultos feiticistas afro-brasileiros da Bahia. Embora tenha se baseado largamente em Nina Rodrigues e Arthur Ramos, o autor apresenta contribuição pessoal ao estudo de tais cultos, fornecendo material por ele colhido nos candomblés baianos.

CARNEIRO, Sousa. *Os mitos africanos no Brasil*; ciência do folclore. São Paulo: Nacional, 1937. 506 p., il. (Brasiliana, série 5, v. 103.)
Livro importante pelo seu número de páginas, incluído por lastimável engano numa coleção que se recomenda por muitos méritos, os *Mitos africanos* de Sousa Carneiro não têm validade científica. O Prof. Arthur Ramos, que tudo fez para impedir a publicação do livro, em carta circular aos africanistas, foi obrigado a denunciar a falta de autoridade dele. Entre outras afirmações e críticas, diz o Prof. Arthur Ramos: "[...] não há, no livro, pontos parciais que documentem esta denúncia que aqui faço. Ele deve ser afastado *d'emblée*.[15] Tudo ali é uma enorme atividade mitomaníaca, construída sobre alguns fatos concretos, de pesquisa alheia. Separadas estas páginas,

---

15 Nota da edição: imediatamente.

e eliminadas algumas coletas, provavelmente reais, todo o resto é uma enorme fabulação, arquitetada sobre certos pontos de partida. As classificações das páginas 136 e seguintes, a lista de 'heróis afronegros' de p. 136 e seguintes, 'quimeras' de páginas 148, são realmente 'quimeras', 'atividade imaginativa do autor'."

CARVALHO, Alberto de. *Manual do caçador ou Caçador brasileiro*. São Paulo: s.n., 1924. 164 p., il.
O livro contém algumas indicações de costumes tradicionais de caça.

CARVALHO, José. *O matuto cearense e o caboclo do Pará*: contribuição ao folclore nacional. Belém do Pará: Oficina Gráfica do Jornal de Belém, 1930. 230 p.
Lendas, contos, anedotas, costumes, reunidos com a intenção de mostrar as características dos habitantes do interior dos estados do Ceará e Pará.

CARVALHO, Rodrigues de. *Cancioneiro do Norte*. 2ª ed. Paraíba do Norte: Livraria São Paulo, 1928. 422 p.
Coletânea copiosa de vários gêneros de poesia do Nordeste e Norte, em que predomina a poesia dos cantadores, precedida de um prefácio em que há referências a vários aspectos do folclore da região: contos, danças, bailados dramáticos, superstições e crendices, feitiçaria, poesia, festas populares, jogos, cantos e parlendas infantis.

CASCUDO, Luís da Câmara. *Vaqueiros e cantadores*: folclore poético do sertão de Pernambuco, Paraíba, Rio Grande do Norte e Ceará. Porto Alegre: Globo, 1939. 274 p.
Livro indispensável pelos seus estudos sobre a técnica da poesia popular cantada dos estados enumerados no subtítulo. Contém textos, descrição de gêneros, formas, assuntos, instrumentos acompanhantes, e seis melodias. Conclui com um resumo biográfico dos cantadores.

CASTRO, Derval de. *Páginas do meu sertão*. São Paulo: Casa Duprat-Mayença, 1930. 135 p.
Embora sem muito valor, o livro é útil por trazer na sua 2ª parte, *Tipos*, algumas informações sobre o folclore goiano, de escassa bibliografia: costumes, festas, danças, lendas, superstições relativas à saúde e doença, concluindo o volume um "vocabulário do sertanejo goiano".

CASTRO, Josué de. *Fisiologia dos tabus*. S.l.: 1938. 62 p., il.
Curiosa comunicação tentando esclarecer o mecanismo dos tabus à luz da teoria dos reflexos condicionados de Pavlov. Segue uma relação de várias proibições alimentares tradicionais no Brasil. Ilustrações de Santa Rosa. Editado e distribuído pela Cia. Nestlé do Brasil.

CASTRO E SILVA, Egídio de.

vide

SILVA, Egídio de Castro e.

CAVALCANTI DE ALBUQUERQUE, Luís Teotônio.

vide

ALBUQUERQUE, Luís Teotônio Cavalcanti de.

CÉSAR, Getúlio. *Crendices do Nordeste*. Prefácio de Gilberto Freyre. Rio de Janeiro: Irmãos Pongetti, 1941. 203 p.
Relação, sem estudo, de grande cópia de crendices e superstições correntes no Nordeste brasileiro, abrangendo vários aspectos: tempo, lavoura, animais, casamento, morte, infância, medicina, etc.

CHINA, José B. d'Oliveira. *Os ciganos do Brasil*: subsídios históricos, etnográficos e linguísticos. São Paulo: Imprensa Oficial, 1936. 329 p.
É uma separata da *Revista do Museu Paulista*, tomo 21.

CORREIA, Armando de Magalhães. *O sertão carioca*. Rio de Janeiro: Ed. Instituto Histórico Geográfico Brasileiro, 1936. 308 p., il.
Costumes das zonas rurais do, então, Distrito Federal. Dados amplos sobre indústrias populares da região. Notas sobre ritos feitichistas.

COSTA, Francisco Augusto Pereira da. *Folclore pernambucano*. Rio de Janeiro: s.n., 1908. 641 p. (Separata da *Revista do Instituto Histórico e Geográfico Brasileiro*, tomo 60, parte II.)
Trabalho clássico e indispensável, o único dedicado sistematicamente a Pernambuco. É essencialmente uma coletânea de poesia popular, embora tenha um amplo capítulo dedicado a superstições, lendas e crendices. No capítulo sobre "poesia popular" encontram-se dados sobre festas, danças, cantos de trabalho, jogos, danças dramáticas (chegança, bailes pastoris, bumba meu boi, maracatu, congos).

Cultura Política: revista mensal de estudos brasileiros. Direção de Almir de Andrade. Rio de Janeiro: Departamento de Imprensa e Propaganda – DIP, 1941-1945.
Esta revista iniciou a sua publicação em março de 1941 e tem seguido normalmente o seu curso. Nela o Prof. Basílio de Magalhães mantém uma seção, intitulada "O povo brasileiro através do folclore", em que por meio de pequenas comunicações mensais, expõe o estado atual dos seus conhecimentos folclóricos. A revista mantém

ainda três seções mensais, intituladas "Quadros e costumes do Norte", "Quadros e costumes do Nordeste" e "Quadros e costumes do Centro e do Sul", respectivamente redigidas pelos escritores Raimundo Pinheiro, Graciliano Ramos e Marques Rebelo. Redigidas com feição demasiado literárias, essas comunicações apresentam algum interesse, pelo que contêm de descrições de costumes, tipos de manifestações de nossa psicologia tradicional. Além disso, o grande número de artigos publicados em cada volume sobre geografia, indústrias, elementos econômicos, etc. das diversas regiões do Brasil contém, com abundância, matéria folclórica a respigar.

CUNHA, Mário Wagner Vieira da. Descrição da festa de Bom Jesus de Pirapora. *Revista do Arquivo Municipal*, a. 4, v. 41. São Paulo, nov. 1937, p. 5-36, il.
Descrição das tradicionais festas profano-religiosas que se realizam anualmente em Pirapora, estado de São Paulo. Do samba, parte profana que assume importância enorme no conjunto dos festejos, indica funcionamento, coreografia e textos poéticos.

DORNAS, João (Filho). Algumas questões de folclore. *Revista do Arquivo Municipal*, São Paulo, a. 4, v. 46, p. 145-180, abr. de 1938.
Miscelânea de assuntos folclóricos, que interessa pela última parte, que contém contos do oeste mineiro e poesia colhida principalmente no oeste, nordeste e norte de Minas, e em Goiás.

DORNAS, João (Filho). Cantigas dos capinadores de rua em Belo Horizonte. *Revista do Arquivo Municipal*, a. 5, v. 50. São Paulo, set. 1938, p. 89-92.
Notas sobre os cantos de trabalho das turmas de crianças que na capital de Minas Gerais são encarregadas de capinar as ruas asfaltadas. Apenas os textos das cantigas.

DORNAS, João (Filho). A influência social do negro brasileiro. *Revista do Arquivo Municipal*, a. 5, v. 51. São Paulo, out. 1938, p. 95-134.
Função do negro na formação da sociedade brasileira. Dados sobre danças, crendices e costumes. Seis melodias.

DUQUE ESTRADA, Osório. *O Norte*: impressões de viagem. Porto: Livraria Chardron, 1909. 305 p., il.
Contém três capítulos que tratam de folclore: "O folclore cearense", "As emboladas", "Trovas populares" (conferência literária). No segundo é dada uma melodia de coco alagoano.

EDMUNDO, Luís. *O Rio de Janeiro do meu tempo*. Rio de Janeiro: Imprensa Nacional, 1938. 3 v., il.
Aspectos e costumes do Rio de Janeiro no princípio do século. Ilustrações de Marques Júnior, Henrique Cavaleiro, Armando Pacheco, Raul, Calixto, Gil, J. Carlos,

Rocha, Daniel, Julião Machado Lobão e outros. Fotografias de Marc Ferrez, Luís Bueno, W. Crown e Augusto Malta.

EDMUNDO, Luís. *O Rio de Janeiro no tempo dos vice-reis (1763-1808)*. Rio de Janeiro: Editora do Instituto Histórico Geográfico Brasileiro, 1932. 544 p., il.
Dados copiosos sobre fatos e costumes do Rio de Janeiro colonial, abrangendo vários aspectos. As ilustrações são de Wasth Rodrigues, Henrique Cavaleiro, Carlos e Rodolfo Chambelland, Marques Júnior e Salvador Ferraz, feitas de acordo com documentos históricos fornecidos pelo autor, 47 fotografias.

EELLS, Elsie Spicer. *Brazilian Fairy Book*. New York: Frederick A. Stokes, 1926. 193 p.
Dá-se referência deste livro por ser em língua inglesa.

EELLS, Elsie Spicer. *Tales of giants from Brazil*. New York: Dodd, Mead, 1918. 179 p.
Dá-se referência deste livro por ser em língua inglesa.

ESTRADA, Osório Duque.

vide

DUQUE ESTRADA, Osório. *Estudos afro-brasileiros*; trabalhos apresentados ao 1º Congresso Afro-Brasileiro reunido no Recife em 1934. Prefácio de Roquette-Pinto. Rio de Janeiro: Ariel Ed., 1935. 275 p. map.
Estudos sociológicos, antropológicos e folclóricos do negro no Brasil. Fonte indispensável para o conhecimento do assunto. Contém sete melodias de xangôs do Recife. (Vide também, FREYRE, Gilberto, e outros – *Novos estudos afro-brasileiros*).

FARIA, Alberto. *Acendalhas*: literatura e folclore. Rio de Janeiro: Leite Ribeiro e Maurilo, 1920. 398 p.
Três capítulos de assunto folclórico: Magia simpática, Cucularia e Concepção poética da Conceição. O primeiro cuida especialmente do loureiro como preservativo contra raios, o segundo do nome de Cuco dado aos maridos enganados, e o terceiro de famosa quadra tradicional luso-brasileira sobre a Imaculada Conceição de Maria.

FARIA, Alberto. *Aérides*: literatura e folclore. Rio de Janeiro: Jacinto Ribeiro dos Santos, 1918. 308 p.
Tratando mais de assuntos de literatura comparada que de folclore, o livro contém notas sobre algumas lendas, poesia, anexins, frases feitas e adivinhas.

FAZENDA, José Vieira. Antiqualhas e memórias do Rio de Janeiro. *Revista do Instituto Histórico e Geográfico Brasileiro*, Rio de Janeiro, 1921/1923-1924/1927, 1º v.,

tomo 86, v. 140; 2º v., tomo 88, v. 142; 3º v., tomo 89, v. 143; 4º v., tomo 93, v. 147; 5º v., tomo 95, v. 149.
Embora não trate especializadamente de folclore, estes artigos contêm grande cópia de informações fidedignas sobre costumes tradicionais brasileiros.

FERNANDES, Gonçalves. *O folclore mágico do Nordeste*: usos, costumes, crenças e ofícios mágicos das populações nordestinas. Rio de Janeiro: Civilização Brasileira, 1938. 177 p. (Biblioteca de Divulgação Científica, v. 18.)
Especialmente importante pela larga parte consagrada ao catimbó, ritual feiticista. Traz 13 melodias: 3 de cânticos de velórios e 10 de catimbó.

FERNANDES, Gonçalves. *O sincretismo religioso no Brasil*: seitas, cultos, cerimônias e práticas religiosas e mágico-curativas entre as populações brasileiras. Curitiba: Guaíra Ltda., 1941. 153 p., il.
Nenhuma documentação fundamental. Interessa por trazer um 1º capítulo destinado a uma nova modalidade de xangô (ritual feiticista) causada pela repressão policial: o "xangô-rezado-baixo" de Alagoas.

FERNANDES, Gonçalves. *Xangôs do Nordeste*: investigações sobre os cultos negro-feitichistas do Recife. Rio de Janeiro: Civilização Brasileira, 1937. 158 p., il.
Notas sobre os cultos afro-brasileiros de vários terreiros do Recife. Contém quatro melodias de xangô.

FERNANDES, João Batista Ribeiro de Andrade. *O elemento negro*: história, folclore, linguística. Introdução e notas de Joaquim Ribeiro. Rio de Janeiro: Record, 1936. 237 p.

FERNANDES, João Batista Ribeiro de Andrade. *O folclore*: estudos da literatura popular. Rio de Janeiro: Jacinto Ribeiro dos Santos, 1919. 328 p.
Série de estudos sobre contos, medicina, interpretação onírica, romances, problemas, sendo larga a atenção dispensada aos jogos e parlendas infantis. Trabalho de erudição, é uma das obras clássicas do folclore brasileiro. Constituiu uma série de oito conferências realizadas pelo autor na Biblioteca Nacional do Rio de Janeiro, em 1913, e publicadas nos seus *Anais*, 1913, v. 35, p. 213-311. Em *O folclore*, o material das conferências aparece um pouco aumentado e dividido em pequenos capítulos, para maior comodidade do leitor.

FERNANDES, João Batista Ribeiro de Andrade. *Frases feitas*: estudo conjetural de locuções, ditados e provérbios. Rio de Janeiro: Alves, 1908. 302 p.
Estudos excelentes, que a cultura filológica e os conhecimentos folclóricos do autor documentam com solidez.

FRANÇA JUNIOR, José Joaquim da. *Folhetins*. Prefácio e coordenação de Alfredo Mariano de Oliveira. 4ª ed. Rio de Janeiro: Jacinto Ribeiro dos Santos, 1926. 705 p.
Costumes cariocas do último quartel do séc. XIX, inclusive costumes musicais. Os folhetins foram publicados em diversos jornais do Rio de Janeiro, a partir de 1876.

FRANCO, Afonso Arinos de Melo. *Lendas e tradições brasileiras*. 2ª edição. Rio de Janeiro: F. Briguiet, 1937.
Série de conferências realizadas na Sociedade de Cultura Artística, de São Paulo, em 1915. Embora de feição literária, as descrições são fidedignas, referindo-se especialmente ao culto de Nossa Senhora e de alguns santos populares como S. João e S.to Antônio; superstições; festas de danças; lendas do rio São Francisco e de minerais preciosos. A primeira edição é de 1917. Sociedade de Cultura Artística, São Paulo. 184 p.

FREITAS, Afonso A. de. *Tradições e reminiscências paulistanas*. São Paulo: Monteiro Lobato e Cia., 1921. 188 p.
Traz, às p. 153-188, umas achegas ao folclore, nas quais são descritos vários jogos infantis usados na capital de São Paulo. Contém também duas melodias populares: uma versão de um canto sobre o bandido nordestino *Cabeleira*, e outra, do brinquedo infantil "Limão".

FREYRE, Gilberto. *Açúcar*: algumas receitas de doces e bolos dos engenhos do Nordeste. Rio de Janeiro: José Olympio, 1939. 166 p., il.
A exposição das receitas de doces e bolos é precedida de uma introdução, contendo observações sobre a cozinha tradicional brasileira, especialmente a nordestina.

FREYRE, Gilberto. *Mocambos do Nordeste*: algumas notas sobre o tipo de casa popular mais primitivo do Nordeste do Brasil. Rio de Janeiro: Ministério da Educação e Saúde, s.d. 34 p., il. (Pub. Serviço do Patrimônio Histórico e Artístico Nacional, nº 1.)
Descrição da arquitetura dos mucambos, tipo de habitação popular no Nordeste, e observações sobre a face sociológica da questão. Ilustrações de Dimitri Ismailovitch e Manuel Bandeira.

FREYRE, Gilberto (Org.). *Novos estudos afro-brasileiros*. (Segundo tomo). Trabalhos apresentados ao 1º Congresso Afro-Brasileiro do Recife. Prefácio de Arthur Ramos. Rio de Janeiro: Civilização Brasileira, 1937. 352 p., il. (Biblioteca de Divulgação Científica, v. 9)
Estudos sociológicos, antropológicos e folclóricos do negro no Brasil. Fonte indispensável para o conhecimento do assunto. Representa a conclusão da publicação dos trabalhos apresentados ao 1º Congresso Afro-Brasileiro em Recife, publicação

iniciada com os Estudos Afro-Brasileiros. Ilustrações de Santa Rosa, Lasar Segall e Portinari. V. Estudos Afro-Brasileiros.

FRIEDENTHAL, Albert. *Musik, Tanz und Dichtung bei den Kreolen Amerikas*. Berlim: Hans Schnippel, 1913. 328 p.
Contém um capítulo de pouco valor folclórico sobre a música popular brasileira, com algumas melodias do séc. XIX.

FRIENDENTHAL, Albert. *Stimmen der Völker in Liedern, Tanzen und Charakterstücken. I. Abteilung – Die Volksmusik der Kreolen Amerikas, Heft 6 – Brasilien*. Berlim: Schlesinger, s.d., 34 p.
O livro faz parte de uma série que compreende a música de vários países da América. Neste 6º fascículo, dedicado ao Brasil, há 13 peças populares harmonizadas, vocais e instrumentais, do séc. XIX. Nem todas as peças são exatamente folclóricas, de algumas delas conhecemos os autores urbanos, algumas outras são obras de salão muito vulgarizadas. Mas a coletânea tem grande interesse, não só pela raridade de documentos populares dessa época, como porque permite a observação de constâncias e caracteres da música popular brasileira de um período em que se estavam fixando os seus elementos folclóricos.

GALLET, Luciano. *Estudos de folclore*. Rio de Janeiro: Carlos Wehrs e Cia., 1934. 115 p., il.
Duas memórias sobre a contribuição ameríndia e negra para a música popular brasileira; descrição e melodias de seis danças do estado do Rio, e uma melodia de roda da mesma região; uma série de temas brasileiros compreendendo onze cocos (dança), uma modinha, um canto de pastoril (dança dramática), uma roda, uma toada, três cantos de macumba (ritual feitichista afro-brasileiro do Rio de Janeiro), e um pregão carioca. Ao todo, 26 melodias populares. O cuidado documentário com que são descritas as danças dá ao trabalho excelente valor folclórico.

GÓES, Carlos. *Mil quadras populares brasileiras*; contribuição ao folclore. Rio de Janeiro: F. Briguiet e Cia., 1916. 246 p.
Coletânea indispensável de poesia popular brasileira.

GOMES, Antônio Osmar. *A chegança*; contribuição folclórica do baixo S. Francisco. Rio de Janeiro: Civilização Brasileira, 1941. 187 p.
Fraco na sua parte destinada ao estudo da dança dramática que lhe dá nome, o livro é útil por trazer uma versão completa e ampla de *Chegança do estado de Sergipe*, acompanhada de 35 melodias.

GOMES, João (Júnior); JULIÃO, João Batista. *Ciranda, cirandinha...* São Paulo: Melhoramentos, 1924. 39 p.
50 melodias populares harmonizadas, na sua maioria cantos de jogos infantis (rodas).

GOMES, Lindolfo. *Contos populares*: narrativas maravilhosas e lendárias, seguidas de cantigas de adormecer. São Paulo: Melhoramentos, s.d. 2 v.
Coletânea importante, de que o material foi recolhido em Minas Gerais. O 1º v. contém um vocabulário que se refere aos dois volumes.

GOMES, Lindolfo. *Nihil novi...*; estudos de literatura comparada, de tradições populares e de anedotas. Juiz de Fora: Tipografia Brasil, 1927. 252 p.
O material folclórico existente nesta série de pequenas notas consiste em observações sobre contos, poesia, parlendas, adivinhas, jogos, provérbios, além das anedotas já especificadas no subtítulo. O teor geral do livro é o da comparação erudita com material de outras terras.

GONÇALVES FERNANDES

vide

FERNANDES, Gonçalves.

GOUVEIA, Daniel de. *Folclore brasileiro*. Rio de Janeiro: Emp. Gráf. Ed. Paulo, Pongetti e Cia., 1926. 128 p.
Enumera uma série de crendices, orações e adivinhas, sem informações que permitam controle do material. Falta sistematicamente, por ex., a indicação da zona ou zonas em que foi colhido, embora se depreenda que o autor é nordestino ou nortista. Apesar da deficiência de método é um dos bons livros brasileiros sobre o assunto versado.

HAGUE, Eleanor. Brazilian Sons. *Journal of American Folclore*, v. 25, nº 96. New York, 1912.
Vide estudo de Introdução.

HAGUE, Eleanor. *Latin American Music – Past and Present*. Santa Ana (Califórnia): Fine Arts Press, 1934. 98 p.
Recenseado apenas por ser escrito em língua inglesa, este livro contém informações sobre folclore musical brasileiro muito deficientes. Algumas dessas informações são erradas, como dar, no quadro fora de texto, junto à p. 83, a bambula, a rumba e marote como danças brasileiras; dizer que a dança cateretê é uma canção; e, entre as formas líricas, enumerar umas "saudades" que não existem.

HOUSTON-PÉRET, Elsie. *Chants populares du Brésil*. Première sèrie; introd. Par Philippe Stern. Paris: Librairie Orientaliste Paul Geughener, 1930. 27, 46 p. (Bibliothèque Musicale du Musée de la Parole et du Musée Guimet).
Possui 42 documentos musicais populares. Obra de grande interesse, com esclarecimentos muito certos quase sempre. Inclui algumas peças de autores urbanos alfabetizados, que se popularizaram algum tempo. As cantigas de desafio nem sempre têm refrão, como está dito. As peças nº 21 a 25 (esta inventada pelo compositor Marcelo Tupinambá) não são "modinhas", mas "toadas" rurais.

HURLEY, Jorge. *Itarãna*: pedra falsa; lendas, mitos, itarãnas e folclore amazônicos. Belém do Pará: Cf. Gráf. do Instituto D. Macedo Costa, 1934. 200 p. (Separata do v. 9 da *Revista do Instituto Histórico e Geográfico do Pará*).
A maior parte do livro é destinada a alguns mitos ameríndios, cujos estudos são confusos e não convencem, como o capítulo destinado a provar que o Tupã dos tupi-guarani equivalia ao Deus dos cristãos. Alguns capítulos com referências breves a festas joaninas e ao mar abaixo amazônicos que, por não terem descrição em outros autores, tornam o livro útil.

JACQUES, João Cezimbra. *Assuntos do Rio Grande do Sul*. Porto Alegre: Of. Gráf. Esc. Engenharia, 1912. 158 p., il., foto.
Alguns dados sobre danças, poesia, lendas, crendices, vestuário, armas e alimentação dos gaúchos e um vocabulário.

JULIÃO, João Batista (colab.)

Vide, também,

GOMES, João (Júnior).

KRUG, Edmundo. *Curiosidades da superstição brasileira*: moléstias, remédios, curas, etc. São Paulo: s.n., 1938. 36 p. (Separata da *Revista do Instituto Histórico Geográfico de São Paulo*, v. 35.)

LAJES FILHO. *A medicina popular em Alagoas*. Bahia: 1934. 27 p. (Separata dos Arquivos Inst. Nina Rodrigues, a. 3, nº 1 e 2, Bahia.)
Formulário médico popular colhido no estado de Alagoas, organizado em forma de dicionário.

LAMEGO FILHO, Alberto. *A planície do solar e da senzala*. Prefácio de Oliveira Viana. Rio de Janeiro: Livraria Católica, 1934. 192 p., il., foto.

Aspectos geográficos, geológicos, econômicos e sociais da Baixada Fluminense, entre os quais se encontram dados de interesse folclórico, principalmente todo um capítulo dedicado à *Mana chica*, dança popular que o autor considera como a mais frequente na região, e que não aparece descrita em nenhum outro livro de nosso conhecimento.

LAMENZA, Mário. *Provérbios*. Rio de Janeiro: Livraria H. Antunes, 1941. 287 p.
Vasta coleção de provérbios, rifões, anexins, pensamentos e frases feitas da língua portuguesa. Tudo exposto alfabeticamente, porém, sem comentário.

LIMA, Francisco Peres de. *Folclore acreano*. Rio de Janeiro: Tipografia Batista de Sousa, 1938. 154 p.
Livro bastante fraco, mas único existente sobre o folclore do Acre.

LOPES, João Simões (Neto). *Cancioneiro guasca*: coletânea de poesia popular rio-grandense. 3ª ed. Pelotas: Livraria Universal, Echenique & Cia., 1928. 241 p.
Além de poesia popular, contém o livro dados sobre danças antigas do Rio Grande do Sul, resumidos de J. Cezimbra Jacques, e duas páginas destinadas a *Dizeres* (expressões populares e provérbios). A parte poética consta de uma grande coleção de quadras ligadas a danças, desafios e uma série de poesias históricas, quase todas de autoria indicada.

LOPES, João Simões (Neto). *Contos gauchescos e lendas do Sul*. Porto Alegre: Globo, 1926. 319 p.
Aos contos de feitio regional, segue-se uma série de lendas correntes no Rio Grande do Sul, expostas com feição literária. Algumas lendas encontráveis no Centro e Norte do Brasil, referidas brevemente, terminam o volume.

LOPES, Raimundo. Pesquisa etnológica sobre a pesca brasileira no Maranhão. *Revista do Serviço do Patrimônio Histórico e Artístico Nacional*, nº 2. Rio de Janeiro, 1938, p. 151-186.
Estudo comparativo e descritivo fundamental sobre o assunto versado. [2458]

LOZANO, Fabiano Rodrigues. *Minhas cantigas*. São Paulo: Livraria Liberdade, 1933. 53 p.
Coleção de cantos destinados às escolas, na sua maioria harmonizações de melodias populares de jogos infantis (rodas).

MACHADO, Aires da Mata (Filho). O negro e o garimpo em Minas Gerais. *Revista do Arquivo Municipal São Paulo*, São Paulo, 1939-1940, a. 5, v. 60, p. 97-122; a. 6, v. 61, p. 259-284; a. 6, v. 62, p. 310-356; a. 6, v. 63, p. 271-298.

Importante trabalho sobre o folclore da zona diamantífera de S. João da Chapada, município de Diamantina, estado de Minas Gerais, em que é especialmente valioso o capítulo dedicado aos visungos, cantos de trabalho dos negros nas lavras. Desses cantos são registradas 65 melodias e mais 3 de cantos religiosos. Contém mais dados sobre costumes, festas, trabalhos de mineração, superstições e crendices, danças e um vocabulário do dialeto crioulo são-joanense, em que o autor nota principalmente caráter banto.

MAGALHÃES, Basílio de.

Vide, também

Cultura Política [revista mensal de estudos brasileiros].

MAGALHÃES, Basílio de. *O folclore no Brasil*; com uma coletânea de 81 contos populares organizada pelo Dr. João da Silva Campos. 2ª ed. Rio de Janeiro: Imprensa Nacional, 1939. 397 p., il.
Com as de Sílvio Romero e Lindolfo Gomes, a coletânea de contos coligida por João da Silva Campos na Bahia constitui o grupo dos três trabalhos indispensáveis sobre o assunto. A Basílio de Magalhães cabe neste volume uma vastíssima bibliografia sobre os estudos brasileiros de folclore, dois capítulos em que estuda algumas lendas brasileiras, e a classificação dos contos colhidos por Silva Campos.

MATA, Machado (Filho).

vide

MACHADO, Aries da Mata (Filho).

MATOS, José Veríssimo Dias de. *A pesca na Amazônia*. Rio de Janeiro: Livraria Clássica de Alves & Cia., 1895. 206 p.
O livro interessa pela 1ª parte, em que, além dos capítulos em que são descritos tipos de pescarias, como as do pirarucu, do peixe-boi e da tartaruga, há um dedicado a instrumentos e processo gerais de pesca.

MAURICEIA, Cristóvão de. *Espírito e sabedoria*. 2.000 adágios e provérbios do idioma pátrio em 200 assuntos. Rio de Janeiro: Francisco de Sousa Pinto, 1938. 192 p.
O autor indica os provérbios que considera de origem brasileira, nem sempre com razão e sem dar as fontes e raciocínios que o levaram a essas indicações.

MELO, Guilherme Teodoro Pereira de. *A música no Brasil, desde os tempos coloniais até o primeiro decênio da República*. Bahia: Tipografia S. Joaquim, 1908. 366 p.
Dados sobre música, danças e danças dramáticas. Contém 41 melodias populares. O trabalho foi republicado mais tarde no *Dicionário histórico, geográfico e etnográfico do Brasil*, v. 1, p. 1621-1674 (Rio de Janeiro, Imprensa Nacional, 1922 – Instituto Histórico e Geográfico Brasileiro), com cortes de texto e de 18 melodias.

MELO FRANCO, Afonso Arinos.

vide

FRANCO, Afonso Arinos de Melo.

MELO, Morais Filho.

vide

MORAIS, Alexandre José de Melo (Filho).

MENDES, Júlia de Brito. *Canções populares do Brasil*. Rio de Janeiro: J. Ribeiro dos Santos, 1911. 336 p.
Coleção de 130 melodias populares, contendo alguns cantos de danças dramáticas, lundus, e modinhas em profusão. Em grande número de peças há erros evidentes de grafia, de ritmo e compasso.

ALMEIDA, Fernando Mendes de.

vide

ALMEIDA, Fernando Mendes de.

MORAIS, Alexandre José de Melo (Filho). *Cancioneiro dos ciganos*; poesia popular dos ciganos da Cidade Nova. Rio de Janeiro: Garnier, 1885. 90 p.
Coletânea de quadras colhidas entre os ciganos do Rio de Janeiro.

MORAIS, Alexandre José de Melo (Filho). *Os ciganos do Brasil*; contribuição etnográfica. Rio de Janeiro: Garnier, 1886. 203 p.
Costumes e poesia dos ciganos do Brasil, de quem o autor, preocupado com a sua disseminação no país, exagera a influência no nosso folclore.

MORAIS, Alexandre José de Melo (Filho). *Festas e tradições populares do Brasil*. Prefácio de Sílvio Romero. Rio de Janeiro: Garnier, [1895]. 541 p., il.

Feito com o sentimentalismo e a preocupação literária dos estudos folclóricos da sua época entre nós, este livro de Melo Morais Filho, trabalho clássico do folclore brasileiro, é um farto e indispensável repositório de dados de vária espécie, embora as informações sejam em muitos pontos vagas e incompletas. Desenhos de Flumen Junius.

MORAIS FILHO, Alexandre José de Melo. *História e costumes*. Rio de Janeiro: Garnier, s.d. 233 p., il.

A 2ª parte do livro, destinada aos Costumes, trata das festas populares de Natal (Bahia), Ano-Bom (Bahia), Reis (Bahia), S. João (Sergipe), festa dos pescadores (Rio). Na descrição dessas festas existem dados sobre bailes pastoris, reisados, cheganças.

MORAIS FILHO, Alexandre José de Melo. *Quadros e crônicas*; com um estudo por Sílvio Romero. Rio de Janeiro: Garnier, s.d. 411 p.

Festas populares, cheganças, reisados, bailes pastoris. Descrições e textos.

MORAIS FILHO, Alexandre José de Melo. *Serenatas e saraus*: coleção de autos populares, lundus, recitativos, modinhas, duetos, serenatas, barcarolas e outras produções brasileiras antigas e modernas. Rio de Janeiro: Garnier, 1901, 1902. 3 v.

Dos três volumes de que se compõe a obra, interessa primeiro, pela parte destinada aos reisados e cheganças. O terceiro conclui com as melodias de três modinhas.

MORAIS, Raimundo de. *O meu dicionário de cousas da Amazônia*. Rio de Janeiro, s. n., 1931. 2 v.

A obra contém numerosas indicações de ordem folclórica, mas expostas sem método nem intenção documental.

MOTA, Leonardo. *Cantadores*: poesia e linguagem do sertão cearense. Rio de Janeiro: Livraria Castilho, 1921. 398 p., il.

MOTA, Leonardo. *No tempo de Lampião*. Rio de Janeiro: Of. Industrial, Gráfica, 1930. 250 p.

Apenas nos seis primeiros capítulos se contam fatos do cangaceirismo nordestino. O interesse do livro reside no que contém de anedotas, adivinhas, expressões, e nas séries de mais de quatrocentos provérbios.

MOTA, Leonardo. *Sertão alegre*: poesia e linguagem do sertão nordestino. Belo Horizonte: Imprensa Oficial, 1928. 302 p.

MOTA, Leonardo. *Violeiros do Norte*: poesia e linguagem do sertão nordestino. São Paulo: Cia Gráf. Ed. Monteiro Lobato, 1925. 311 p.
Coletânea de poesias da lavra de cantadores nordestinos, a que se segue um capítulo destinado à enumeração de várias superstições e outro a modismos de linguagem e adágios.

O NEGRO NO BRASIL; trabalhos apresentados ao 2º Congresso Afro-Brasileiro (Bahia). Rio de Janeiro: Civilização Brasileira, 1940. 363 p., il. (Biblioteca de Divulgação Científica, v. 20.)
Estudos de ordem histórica, sociológica, folclórica, jurídica, literária e linguística sobre o negro no Brasil.

NERY, Frederico José de Santana. *Folklore brésilien*: poésie populaire: contes et légendes, fables et mythes; poésie, musique, danses et croyances des indiens. Prefácio do príncipe Roland Bonaparte. Paris: Perrin & Cie., 1889. 272 p.
O material dado no livro foi colhido largamente em outros autores, principalmente em Sílvio Romero e Couto de Magalhães. Obra destinada à vulgarização do folclore brasileiro na França, apresenta o defeito de citar em francês os textos poéticos, sem deles dar o original brasileiro. Excetuando-se a coletânea de contos populares, as informações contidas no livro são rápidas, incompletas e, às vezes, falsas. O volume conclui com 12 melodias populares brasileiras.

NINA RODRIGUES, Raimundo.

vide

RODRIGUES, Raimundo Nina.

OLIVEIRA, D. Martins de. *Marujada*. Rio de Janeiro: Record, s.d. 191 p.
Livro de contos regionais. Traz, em apêndice, uma versão completa, de amplas proporções, do bailado com entrecho dramático chamado *Marujada* (Fandango, Barca, Chegança em diversas regiões), colhida na zona do rio S. Francisco.

OLIVEIRA, José Coutinho de. *Lendas amazônicas coligidas por José Coutinho de Oliveira*. S.l.: s. n., 1916. 143 p.
Material apresentado em forma literária, sendo que em grande parte tomado a outros autores.

OLIVEIRA, Leôncio C. de. *Vida roceira*: contos regionais. São Paulo: *O Estado de São Paulo*, 1918. 271 p.
Em longa introdução (p. 5-98) aos contos regionais, o autor discorre sobre lendas, crendices, superstições, costumes e linguagem do caipira brasileiro.

OLIVEIRA, Sebastião Almeida. Armadilhas usuais do índio e do sertanejo. *Revista do Arquivo Municipal*, a. 2, v. 15. São Paulo, ago. 1935, p. 131-135.
Instrumentos populares de caça e pesca.

OLIVEIRA, Sebastião Almeida. Cem adivinhas populares. *Revista do Arquivo Municipal*, a. 6, v. 16. São Paulo, abr./maio 1940, p. 59-76.
Material colhido em Tanabi, estado de São Paulo.

OLIVEIRA, Sebastião Almeida. Contribuição à paremiologia matrimonial luso--brasileira. *Revista do Arquivo Municipal*, a. 4, v. 45. São Paulo, mar. 1938, p. 121-124.
99 provérbios sobre casamento.

OLIVEIRA, Sebastião Almeida. *Expressões do populário sertanejo*; vocabulário e superstições. Rio de Janeiro: Civilização Brasileira, 1940. 219 p.
Material colhido nos estados de Minas Gerais, Mato Grosso e São Paulo, principalmente no município de Tanabi, deste último, onde reside o autor. As crendices são organizadas em forma de dicionário, pelo seu elemento principal.

OLIVEIRA, Sebastião Almeida. Provérbios e afins nos domínios da fauna. *Revista do Arquivo Municipal*, a. 2, v. 18. São Paulo, nov./dez. 1935, p. 181-194.

ORICO, Osvaldo. *Os mitos ameríndios*: sobrevivências na tradição e na literatura brasileiras. Rio de Janeiro: 1929. 142 p.
Relação e estudo superficial e frágil de sete mitos ameríndios: Uirapuru, Currupira, Iara, Saci, Boitatá, Sumé, Tamandaré.

ORICO, Osvaldo. *Vocabulário de crendices amazônicas*. São Paulo: Editora Nacional, 1937. 283 p., il.

PEIXOTO, Afrânio. *Miçangas*: poesia e folclore. São Paulo: Nacional, 1931. 283 p.
Miscelânea de vários assuntos folclóricos, em que têm importância os capítulos destinados a "Superstições populares relativas à saúde, doença e morte". *Vocabulário médico-popular no Brasil, adágios brasileiros e brasileirismos*.

PEIXOTO, Afrânio. *Trovas populares brasileiras colecionadas e prefaciadas por Afrânio Peixoto*. Rio de Janeiro: Francisco Alves, 1919. 316 p.
No seu livro *Miçangas* o autor informa que das 1.000 quadras *populares* brasileiras constantes desta coletânea, 250 são da sua lavra... Incluiu-as para fazer uma experiência sobre a criação e difusão da poesia popular! Além dessas 250, de que no citado livro o autor só indica uma, as restantes 750 foram tomadas, segundo se de-

preende do prefácio, a livros de Pereira da Costa, Sílvio Romero, Carlos Góis, bem como pessoalmente colhidas nos estados da Bahia, Minas Gerais, Rio e São Paulo.[16]

PEREIRA, Arthur Ramos de Araújo. Acculturation among the Brazilian Negroes. *The Journal of Negro History*, v. 26, nº 2, abr. 1941, p. 244-250.
Dá-se notícia deste artigo por ser em língua inglesa. Os fatos nele contidos acham-se largamente expostos e estudados nos excelentes livros do autor.

PEREIRA, Arthur Ramos de Araújo. Castigos de escravos. *Revista do Arquivo Municipal*, a. 4, v. 47. São Paulo, maio 1939, p. 79-104, il.
Estudo do sofrimento do negro escravo, desde sua captura na África até sua vida nas fazendas, com uma classificação dos instrumentos de tortura no Brasil.

PEREIRA, Arthur Ramos de Araújo. *As culturas negras no Novo Mundo*. Rio de Janeiro: Civilização Brasileira, 1937. 399 p., il. (Biblioteca de Divulgação Científica, v. 12).
Obra excelente em que Arthur Ramos, ampliando seu trabalho sobre "As culturas negras do Brasil" publicado no v. 25 da *Revista do Arquivo Municipal de São Paulo*, expõe em capítulos de síntese as culturas negras da África, da América do Norte, das Antilhas, das Guianas e demais países da América do Sul. A quinta parte do volume, dedicada ao Brasil, estuda as manifestações e sobrevivências das culturas yoruba, awe, fanti ashanti, banto e negro-maometanas. O volume contém numerosas referências ao folclore afro-americano.

PEREIRA, Arthur Ramos de Araújo. O espírito associativo do negro brasileiro. *Revista do Arquivo Municipal*, a. 4, v. 47. São Paulo, maio 1838, p. 105-126.
Estuda as formas de associação criadas pelo negro na América, em substituição às formas primitivas desagregadas com a sua transferência: grupos religiosos e econômicos (confrarias e associações), danças dramáticas (congos, reisados, etc.), clubes recreativos, grupos de trabalho, associações militares e de defesa (quilombos, a revolta malês na Bahia).

PEREIRA, Arthur Ramos de Araújo. *O folclore negro do Brasil*. Demopsicologia e psicanálise. Rio de Janeiro: Civilização Brasileira S. A., 1935. 279 p., ilustrado com fotografias. (Biblioteca de Divulgação Científica, v. 4.)
O autor estuda várias manifestações do folclore brasileiro (religiões populares, danças dramáticas, festas populares), a fim de estabelecer nelas as sobrevivências

---

16 Nota da edição: MA mantém, nesta bibliografia, a crítica a Afrânio Peixoto que se vira obrigado a retirar no ensaio destinado ao *Manual bibliográfico de estudos brasileiros*.

afronegras, mítico-religiosas, históricas e totêmicas. O livro é indispensável como esforço científico de inventariar o que existe de afronegrismo no nosso folclore e pela seriedade documentária do autor. O volume contém também nove melodias.

PEREIRA, Arthur Ramos de Araújo. *O negro brasileiro*. 1º v.: Etnografia religiosa. 2ª ed. aumentada. São Paulo: Nacional, 1940. 434 p., il. (Brasiliana, série 5, v. 188.)
O autor coloca inicialmente o problema do negro no Brasil, a deficiência do material histórico sobre ele e os vários caminhos por que devem ser conduzidos os estudos sobre a questão. Na 1ª parte do livro são copiosamente descritos as religiões e cultos negros do Brasil, que na 2ª parte são estudados à luz da psicanálise e das teorias de Lévy-Bruhl sobre a mentalidade do primitivo.
O trabalho inclui duas comunicações publicadas nos Arquivos do *Instituto Nina Rodrigues*, ano 2, nº 1 e 2 (Os horizontes míticos do negro da Baía, A possessão fetichista na Bahía, e as Notas de Etnologia – 1 – Os instrumentos musicais dos candomblés da Baía; 2 – O mito de Iemanjá e suas raízes inconscientes), publicadas no nº 15-16 da revista *Bahia Médica*.
1ª ed. do livro: Rio de Janeiro: Civilização Brasileira S.A., 1934; 303 p., ilustrado.

PEREIRA, Arthur Ramos de Araújo. O negro e o folclore cristão do Brasil. *Revista do Arquivo Municipal*, a. 4, v. 47. São Paulo, maio 1938, p. 45-78, il.
Estudo da fusão havida no Brasil entre as crenças africanas e o catolicismo ibérico, com a desfiguração de umas e outro, causada pela pressão do branco dominador. Largo material documenta o trabalho, em que se incluem também dois quadros demonstrativos das afinidades entre deuses africanos e santos católicos, sendo um do autor e outro do Prof. Herskovitz.

PIERSON, Donald. *O candomblé da Bahia*. Curitiba: Guaíra Ltda., 1942. 65 p. (Coleção Caderno Azul, nº 6.)
Excelente monografia, indispensável a quem estude as manifestações feitichistas dos afro-brasileiros.

PIMENTEL, Alberto Figueiredo. *Os meus brinquedos*. 2ª ed. Rio de Janeiro: Quaresma & Cia., 1910. 290 p., il. (Biblioteca Infantil da Livraria do Povo.)
Jogos infantis, e alguns jogos adultos de salão. Descrição e textos. Faltam as melodias que se ligam aos jogos infantis.

PINTO, Alexina de Magalhães. *Cantigas das crianças e do povo e danças populares*. Rio de Janeiro: Alves, 1911. 208 p., il. (Coleção Icks, série A.)
Texto e música de cantos populares de vários tipos, especialmente infantis, seguidos de notas. A música apresenta com frequência evidentes erros de grafia, de ritmo e compasso.

PINTO, Alexina de Magalhães. *As nossas histórias*; contribuição do folclore brasileiro para a biblioteca infantil. Rio de Janeiro: J. Ribeiro dos Santos, 1907. 211 p., il.
Contos populares brasileiros, em forma narrativa para crianças. A autora indica no índice a proveniência do material. Todas as histórias têm partes cantadas, de que são dadas as melodias. Constam também do volume algumas adaptações em prosa de romances tradicionais de origem portuguesa.

PINTO, Alexina de Magalhães. *Os nossos brinquedos*; contribuição para o folclore brasileiro. Lisboa: Tipografia da A Editora, 1909. 303 p. (Coleção Icks, série B.)
Descrição de jogos infantis, contendo 42 melodias.

PIRES, Cornélio. *Conversas ao pé do fogo*; estudinhos, costumes, contos, anedotas, cenas da escravidão. São Paulo: s.n., 1921. 252 p.
Podem-se respigar no texto dados referentes aos caipiras paulistas: jogos infantis, alimentação, superstições, lendas, poesia. O livro termina com um vocabulário.

PIRES, Cornélio. *Mixórdia*; contos e anedotas. 2ª ed. São Paulo: Nacional, 1929. 256 p.
Além da matéria especificada no subtítulo, o livro tem um longo capítulo dedicado às modas de viola.

PIRES, Cornélio. *Sambas e cateretês*; folclore paulista; modas de viola, recortados, quadrinhas, abecês, etc. São Paulo: Gráf., Ed. Unidas, s.d. 352 p. (Coleção Brasileira.) Ltda.
Coletânea de poesia rural paulista, quase toda ligada a danças cantadas, em que se entremeiam informações úteis sobre tais danças.

QUEIRÓS, Amadeu de. Provérbios e ditos populares. *Revista do Arquivo Municipal*, a. 4, v. 38. São Paulo, ago. 1937, p. 3-46.
Farta coletânea de provérbios e expressões populares colhidos principalmente no sul de Minas Gerais e norte de São Paulo.

QUIRINO, Manuel Raimundo. *A Bahia de outrora*; vultos e fatos populares. Bahia: Livraria Econômica, 1922. 301 p.
Grande número de capítulos de interesse folclórico, contendo informações sobre festas populares (A festa da Mãe-d'Água, a Lavagem do Bonfim, A segunda-feira do Bonfim, Natal, Reis, Espírito Santo), costumes, bailes pastoris, danças dramáticas (cheganças, cucumbis).

QUIRINO, Manuel Raimundo. *Costumes africanos no Brasil*. Prefácio e notas de Arthur Ramos. Rio de Janeiro: Civilização Brasileira, 1938. 346 p. (Biblioteca de Divulgação Científica, v. 15.)

Manuel Quirino é um dos precursores do atual movimento de estudos do negro brasileiro, tendo trabalhado logo após Nina Rodrigues. Este volume encerra seus escritos sobre o assunto publicados esparsamente, bem como as partes do seu livro *A Bahia de outrora* que tratam do negro no Brasil. Especialmente importante pelo estudo *A raça africana e os seus costumes na Bahia*, comunicação aparecida antes nos Anais do 5º Congresso Brasileiro de Geografia, de caráter descritivo e em que o autor relata especialmente práticas feiticistas, de que reproduz cinco melodias defeituosamente gravadas e numerosos textos.

RAMOS, Arhur.

vide

PEREIRA, Arthur Ramos de Araújo.

RAIMUNDO, Jacques. *O negro brasileiro e outros escritos*. Rio de Janeiro: Record, 1936. 188 p.

Da série de estudos que compõem o volume, dois tratam de matéria folclórica. No 1º, que dá nome ao livro, o autor sustenta a tese de que não é possível a solução dos problemas afro-brasileiros sem conhecimento dos idiomas afronegros, e aplica o método linguístico no esclarecimento das origens e significação de nomes de vários deuses feiticistas afro-brasileiros. O 2º – *O elemento afronegro na língua portuguesa* – constitui uma série de notas publicadas como errata e adenda ao livro, de igual nome, do autor.

RIBEIRO, João.

vide

FERNANDES, João Batista Ribeiro de Andrade.

RIBEIRO, Joaquim. *Introdução ao estudo do folclore brasileiro*. Rio de Janeiro: Alba Ltda., s.d. 212 p.

O autor pretendeu, com este livro, "a renovação científica do folclore brasileiro". Adepto da chamada escola histórico-cultural, o método que buscou dar ao estudo do folclore brasileiro e o da sua divisão em ciclos culturais. Não parece ter conseguido uma sistemática convincente.

RIBEIRO, Joaquim. *A tradição e as lendas*. Prefácio de Lindolfo Gomes. Rio de Janeiro: Marcelo & Cia., 1928. 87 p.

Estudos de algumas lendas brasileiras, sua concordância com lendas de outras terras, estabelecimento de origens e transformações. Encontram-se no livro dados de bastante interesse, como os que tratam dos mitos das águas.

RIO, João do.

vide

BARRETO, João Paulo dos Santos.

RODRIGUES, Raimundo Nina. *Os africanos no Brasil*. Revisão e prefácio de Homero Pires. 2ª ed. São Paulo: Nacional, 1935. 409 p., il. (Brasiliana, série 5, v. 9.)
Procedência, distribuição e valor social das tribos negras vindas para o Brasil, movimentos históricos negros, sobrevivências africanas de línguas, artes, religiões, festas populares, danças, cantos, contos. Os livros de Nina Rodrigues são o resultado de estudos feitos de 1890 a 1905. Se as conclusões a que chegou sobre o negro e o mestiço caíram com as teorias raciais do seu tempo, a documentação mantém todo o seu valor, pela sua qualidade e sua situação histórica, pois que Nina Rodrigues ainda alcançou africanos puros no Brasil.

RODRIGUES, Raimundo Nina. *O animismo fetichista dos negros baianos*. Prefácio e notas de Arthur Ramos. Rio de Janeiro: Civilização Brasileira, 1935. 199 p. (Biblioteca de Divulgação Científica, v. 2.)
Primeiro estudo das religiões negras no Brasil e obra clássica no assunto, apresentando documentação copiosa e indispensável. Publicado inicialmente, em parcelas, na *Revista Brasileira*, tomos 6 e 7, nº de 15 de abril, 1º de maio, 15 de junho, 1º e 15 de julho, 1º de agosto e 15 de setembro de 1896. Primeira edição em livro, em tradução francesa do autor, com o título *L'animisme fétichiste des nègres de Bahia*, Bahia, Reis & Cia., 1900; 158 p.

RODRIGUES DE CARVALHO

vide

CARVALHO, Rodrigues de.

ROMERO, Sílvio Vasconcelos da Silveira Ramos. *Cantos populares do Brasil*. 2ª ed. Rio de Janeiro: Francisco Alves, 1897. 377 p.
Sílvio Romero foi o primeiro escritor brasileiro a se dedicar à coleta de material folclórico. Este seu livro é a primeira coletânea da poesia popular do Brasil, representada por vários dos seus gêneros. A 1ª ed. dos *Cantos* foi publicada em Lisboa

(Portugal) em 1883, com introdução e notas de Teófilo Braga. Contra essa edição se insurgiu o autor, sem razões sérias, acusando o anotador e prefaciador de lhe desvirtuar o trabalho no livro. [Publicou] *Uma esperteza – Os cantos e contos populares do Brasil e o Sr. Teófilo Braga*. Protesto por Sílvio Romero. Rio de Janeiro: Tipografia da Escola de Serafim José Alves, 1887. 166 p.

ROMERO, Sílvio Vasconcelos da Silveira Ramos. *Contos populares do Brasil coligidos por Sílvio Romero*, com um estudo preliminar e notas comparativas por Teófilo Braga. Lisboa: Nova Livraria Internacional, 1885. 235 p.
Outra obra indispensável de Sílvio Romero, cronologicamente a primeira coletânea de contos populares brasileiros. Basílio de Magalhães refere-se a uma 2ª ed. do livro feita no Brasil (Rio de Janeiro: Alves & Cia., 1897), que não me foi dado encontrar. Contra a ed. portuguesa [de 1885] se insurgiu o autor [também] em *Uma esperteza – Os cantos e contos populares do Brasil e o Sr. Teófilo Braga* [título citado].

ROMERO, Sílvio Vasconcelos da Silveira Ramos. *Estudos sobre a poesia popular no Brasil (1879-1880)*. Rio de Janeiro: Laemmert & Cia., 1888. 368 p.
Livro necessário principalmente pelos capítulos em que são relatados e criticados os primeiros trabalhos folclóricos escritos no Brasil e que hoje são dificilmente consultáveis. O material poético e narrativo é grande, embora a parte colhida pelo autor se encontre quase toda nos seus *Cantos e contos populares do Brasil*. Propriamente como estudo da poesia popular brasileira, o autor limita-se a assinalar-lhe origem portuguesa, africana e ameríndia e as transformações que o mestiço lhe imprimiu, tal como fez com o material dos seus outros livros, levado pela sua preocupação de divisão racial.

ROMERO, Sílvio Vasconcelos da Silveira Ramos. *História da literatura brasileira*. Rio de Janeiro: Garnier, 1888. 2 v.
Nesta obra, o Livro I do primeiro volume, que versa sobre os *Fatores da literatura brasileira*, traz capítulos, bastante antiquados conceptivamente sobre as nossas formações étnicas, tradições populares, cantos e contos folclóricos, alterações linguísticas sofridas pelo português no Brasil e a psicologia nacional.

ROSA, Francisco Luís da Gama. Costumes do povo nos nascimentos, casamentos e enterros. *Anais 1º Congresso de História Nacional*, 5, p. 737-746.

SAIA, Luís. O alpendre nas capelas brasileiras. *Revista do Serviço de Patrimônio Histórico e Artístico Nacional*, nº 3. Rio de Janeiro, 1939, p. 235-250.
Excelente estudo comparativo e descritivo sobre as origens e a técnica estrutural de certas manifestações da arquitetura tradicional erudita e popular.

SAIA, Luís. Um detalhe de arquitetura popular. *Revista do Arquivo Municipal*, a. 4, v. 40. São Paulo, out. 1937, p. 15-22, il.

SANTOS, Marciano dos. A dança de S. Gonçalo. *Revista do Arquivo Municipal*, a. 3, v. 33. São Paulo, mar. 1937, p. 85-116, il.
Descrição fiel de um tipo de dança e festa religiosa, comum no estado de São Paulo, colhida no município de Guarulhos. O nº 34 da revista traz à p. 65-66 uma errata deste artigo.

SÃO PAULO, Fernando. *Linguagem médica popular no Brasil*. Rio de Janeiro: Barreto & Cia., 1936. 2 v.
Vocabulário médico popular brasileiro, em forma de dicionário, precedido de uma introdução. Além de pequenas contribuições, como a de Afrânio Peixoto e de Lajes Filho, este é o único trabalho amplo e sistemático existente sobre o assunto.

SENA, Nélson de. *Africanos no Brasil*; estudos sobre os negros africanos e influências afronegras sobre a linguagem e costumes do povo brasileiro. Belo Horizonte: s.n., 1938. 297 p.
Essencialmente, estudo de influências negras no português do Brasil, concluindo com uma série de 543 provérbios e expressões em que o autor encontra elementos linguísticos negros. A edição, começada em 1938, só foi terminada em 1940.

SILVA, Egídio de Castro e. O samba carioca; notas de uma visita à Escola do Morro da Mangueira. *Revista Brasileira Municipal*, v. 6. Rio de Janeiro, p. 45-50.
Observações sobre a execução de sambas numa escola de samba do Rio de Janeiro, seguidas da notação de um samba colhido por Duilia Frazão Guimarães.

SILVA, Henrique. *Caças e caçadas no Brasil*; com um prólogo pelo General Couto de Magalhães e glossário de uso dos caçadores. Rio de Janeiro: Garnier, 1898. 263 p., il.
O livro não se dedica especialmente aos usos e costumes tradicionais de caça, embora também a eles se refira.

SILVA, Antônio Carlos Simões da. *Fragmentos de poesia sertaneja*; folclore brasileiro. Rio de Janeiro: Oficina Gráfica Jornal do Brasil, 1934. 123 p.
Pequena exemplificação da poesia popular de cada estado do Brasil.

SIMÕES DA SILVA

vide

SILVA, Simões da.

SOUSA CARNEIRO

vide

CARNEIRO, Sousa.

TEIXEIRA, José A. *Folclore goiano*; cancioneiro, lendas, superstições. São Paulo: Nacional, 1941. 434 p.
O livro representa parte do material folclórico colhido pelo autor em Goiás, sob o patrocínio do governo desse estado. Constitui, na sua quase totalidade, uma coletânea de textos de poesia cantada, bem como de danças dramáticas e cantos populares católicos. Completam o volume textos de alguns cantos infantis, lendas e contos, superstições e crendices. O material foi cuidadosamente colhido, havendo para a parte poética todos os dados necessários ao controle das informações.

TEIXEIRA, Múcio. *Os gaúchos*, 1º v. 2ª ed. Rio de Janeiro: Leite Ribeiro & Maurilo, 1920.
Traz às p. 41-61 um *Cancioneiro gaúcho*, coleção de quadras populares colhidas no Rio Grande do Sul.

TESCHAUER, Carlos. *Avifauna e flora nos costumes, superstições e lendas brasileiras e americanas*; estudos etnológicos. 3ª ed. completa. Porto Alegre: Globo, 1925. 280 p.
Coletânea de lendas e crendices sobre aves e plantas americanas, especialmente brasileiras. Os dois trabalhos de que se compõe o livro foram publicados inicialmente no *Almanaque do Rio Grande do Sul*, anos de 1909 e 1910, sendo que o referente às aves apareceu revisto e aumentado no mesmo almanaque para o ano de 1914.

VALLE, Flausino Rodrigues. *Elementos de folclore musical brasileiro*. São Paulo: Nacional, 1936. 165 p. (Brasiliana, série 5, v. 57.)
Livro bastante fraco, necessário por conter entre doze melodias populares, seis de feitiçaria colhidas em Minas Gerais, gênero com que essa região não aparece representada em outras publicações.

VERÍSSIMO, José.

vide

MATOS, José Veríssimo Dias de.

VIANA, Sodré. *Caderno de Xangô*; 50 receitas da cozinha baiana do litoral e do Nordeste. Bahia: Livraria Editora Baiana, 1939. 92 p., il.

Estudos sobre o negro

CINQUENTENÁRIO DA ABOLIÇÃO[1]

Senhores.

Na sessão solene realizada pelas associações negras de São Paulo no dia dois de maio passado, não pude deixar de sorrir melancolicamente ouvindo um dos oradores negros da noite falar em "negros de alma de arminho". Assim, era ele mesmo, um negro, a esposar essa fácil e trágica antinomia de origem branco-europeia, pela qual se considera a cor branca simbolizadora do Bem e a negra simbolizadora do Mal. Mas não é apenas este orador negro a esposar a detestável tradição branca de simbolismo das cores. Conta Paulo Prado[2] que era costume entre os negros

---

1 Nota da edição: Texto originalmente sem título. Trata-se da conferência escrita por MA para a comemoração do Cinquentenário da Abolição da Escravatura, organizada pelo Departamento de Cultura da Municipalidade entre 28 de abril e 13 de maio de 1938. O texto, conservado no dossiê *Preto*, na série que reúne os manuscritos do escritor no arquivo dele, representa uma parcela na grande pesquisa que visava ao ensaio de fôlego *Estudos sobre o negro*, desenvolvida durante vinte anos, aproximadamente. Pesquisa inacabada, pois a vida não concedeu a MA o tempo de concluí-la, obedecia a um plano propondo subtemas para abranger a questão do negro brasileiro. O dossiê agrega também notas de trabalho correspondendo à coleta de documentos e três textos – a conferência, cujo título decorre do título geral que, de fato, englobaria a pesquisa concluída, e os artigos "A superstição da cor preta" (*Publicações Médicas*. São Paulo, jun./jul. 1938 e *Pensamento da América – Suplemento Panamericano* do jornal *A Manhã*. Rio de Janeiro, 27 set. 1942) e "Linha de cor" (*O Estado de S. Paulo*. São Paulo, 29 mar. 1939).

2 Nota MA: "(270, 134)". [PRADO, Paulo. *Retrato do Brasil*. São Paulo: Tip. Duprat-Mayença, 1928; p. 134: presença do apodo citado.]

Nota da edição: No texto, MA coloca referências numéricas que se ligam à sua *Bibliografia de releituras para* Na pancada do ganzá, vasta listagem de títulos ou fontes de trabalhos sobretudo na esfera do folclore e da cultura popular, foi por ele desenvolvida de 1929 a 1944. Notas como "(270, 134)" designam, no primeiro algarismo, autor e obra, e, no segundo, a página onde se localiza a contribuição colhida. A presente edição preferiu deslocar para o rodapé este tipo de indicação

a frase feita "negro sim, porém direito", da mesma forma com que os brancos carinhosamente (carinhosamente?) diziam dos escravos velhos serem "negros só na cor", como registrou Vieira Fazenda, ou mais geralmente até agora falar-se em "negro com alma de branco", ou "com alma branca"... Em Portugal correu também o provérbio:

> Ainda que negro é,
> Alma tem, honra e fé.[3]

Se qualquer de nós, brasileiros, se zanga com alguém de cor duvidosa, e quer insultá-lo, é frequente chamar-lhe:

– Negro!

Eu mesmo já tive que suportar esse possível insulto em minhas lutas artísticas, mas parece que ele não foi lá muito convincente nem conseguiu me destruir pois que vou passando bem, muito obrigado.

Mas é certo que se insultamos alguém chamando-lhe "negro", também nos instantes de grande carícia, acarinhamos a pessoa amada chamando-lhe "meu negro", "meu nêgo", em que, aliás, socialmente falando, mais verdadeiro apodo subsiste, o resíduo escravocrata do possessivo: negro sim, mas *meu*...

No Brasil não existe realmente uma linha de cor. Por felicidade entre nós negro que se ilustre pode galgar qualquer posição: Machado de Assis é o nosso principalíssimo e indiscutido clássico da língua portugue-

---

designando-a como Nota MA; a seguir, entre colchetes, identifica o título da obra consultada, a edição, a página que guarda a informação; quando ali está nota autógrafa do escritor, a ela justapõe outra Nota MA, para transcrever essa anotação. As Notas MA são majoritariamente a grafite. A *Bibliografia* reporta-se, na maioria das vezes, a títulos na biblioteca de MA; inclui também livros e revistas nas estantes do amigo Yan de Almeida Prado, em São Paulo, e de Pio Lourenço Correa, primo residente em Araraquara, apontadas como "Yan" e "Pio".

3 Nota MA: "(204, 11)". [CAMARA, Paulo Perestrelo da. *Coleção de provérbios, adágios, rifões, anexins, sentenças morais e idiotismos da língua portuguesa*. Lisboa: Typ. Rollandiana, 1848; p. 11: presença do apodo citado.] Nota da edição: Nota MA na *Bibliografia de releituras para Na pancada do ganzá*: "Pio". Obra consultada no *site*: <http://purl.pt/6410/6/sc-33770-p_PDF/sc-33770-p_PDF_24-C-R0150/sc-33770-p_0000_capa-capa_t24-C-R0150.pdf>. Acesso em: 17 jul. 2018.

sa e é preciso não esquecer que já tivemos Nilo Peçanha na presidência da República.

Mas semelhante verdade não oculta a verdade maior de que o negro entre nós sofre daquela antinomia branco-europeia que lembrei de início, e que herdamos por via ibérica. Isso talvez possa um bocado consolar o negro da maioria dos apodos que o cobrem. É ver que o branco, o possível branco o despreza ou insulta exclusivamente por superstição. Pela superstição primária e analfabeta de que a cor branca simboliza o Bem e a negra simboliza o Mal. Não é porque as culturas afronegras sejam inferiores às europeias na conceituação do progresso ou na aplicação do individualismo; não é, muito menos, porque as civilizações negras sejam civilizações "naturais"; não foi inicialmente por nenhuma inferioridade técnica ou prática ou intelectual que o negro se viu depreciado ou limitado socialmente pelo branco: foi simplesmente por uma superstição de cor. Na realidade mais inicial: se o branco renega o negro e o insulta, é por simples e primária superstição.

Em quase todos ou todos os povos europeus, o qualificativo "negro", "preto", é dado às coisas ruins, feias ou maléficas. E por isso nas superstições e feitiçarias europeias e consequentemente nas americanas, a cor preta entra com largo jogo. Já Leite de Vasconcelos[4] o observou muito bem. Hermann Urtel,[5] refletindo que seria porventura o aspecto exterior rebarbativo dos judeus que os tornou culpados das atribuições de feitiçaria que os portugueses lhes davam, conclui que esse foi certamente o caso dos negros. Aliás entre os próprios negros africanos a antítese branco-negro pra simbolizar o Bem e o Mal persiste, sendo difícil já agora dizer se tradição deles mesmos ou lhes transmitida pelos brancos europeus.

---

4   Nota MA: "(115, X, 74)". [VASCONCELOS, Leite de. Canções de berço. *Revista Lusitana*, v. 10, nº 1-2. Lisboa, 1907, p. 1-86; p. 74: presença do apodo citado]. Nota MA na *Bibliografia de releituras para* Na pancada do ganzá: "já li até o n. XXXI".
Nota da edição: A *Revista Lusitana* era frequentada por MA na biblioteca particular de Pio Lourenço Correa, em Araraquara; não figurou na doação da biblioteca, feita pela família de Pio à Biblioteca Pública Mário de Andrade, naquela cidade.

5   Nota MA: "(86, 80)". [URTEL, Hermann. *Beiträge zur portugiesischen Volkskunde*. Hamburg: Kommissionsverlag L. Friederichsen & Co., 1928; p. 80: Nota MA: tradução de palavras.]

Os hotentotes, os congueses e outros povos bantos guardam a tradição de um castigo que lhes teria dado a inferioridade de cor. Entre certas tribos de Moçambique grassa uma lenda curiosa que parece inspirada no caso bíblico de Noé. Lá se conta que uma vez o bom deus Mulúcu, tendo tomado uma bebedeira, tirou as roupas e caiu nu no meio da estrada. Então passaram os africanos e caçoaram de Mulúcu. Depois passaram os europeus que o cobriram de folhagem pra esconder o ridículo do deus nu. E Mulúcu, por isso, castigou os africanos tirando a inteligência deles e lhes dando a cor preta. Porém, macacos me mordam, se não foi algum europeu que botou esta malvadeza no lendário dos moçambiques... A cor preta é sinistra, e para os europeus simboliza tristeza e luto. Na Beira Baixa registrou-se a quadrinha:

> Chita preta, chita preta,
> Chita preta entrançada,
> Por causa da chita preta
> Ando triste, apaixonada.[6]

"Casa Maria com Pedro? Casamento negro", dizem no Turquel;[7] e entre os provérbios e frases feitas portugueses, registrados por Perestrelo da Câmara, vem a comparação: "negro como a alma do diabo".[8]

Na feitiçaria e na superstição europeias agem o galo preto, o gato preto, o porco preto, a ovelha preta, o papão negro, o bode preto, etc. Em Portugal se diz que é bom ter sempre uma galinha preta em casa, porque as desgraças cairão todas sobre a ave,[9] ao que em Vila Nova de Famalicão

---

6   Nota MA: "(115, XI, 108)". [AMARAL, A. Monteiro do. Tradições populares e linguagem de Atalaia. *Revista Lusitana*, v. 11, nº 1-2. Lisboa, 1908, p. 96-163; p. 108: presença do apodo citado.]

7   Nota MA: "(115, XXVIII, 180)". [RIBEIRO, José Diogo. Linguagem popular de Turquel. *Revista Lusitana*, v. 28, nº 1-4. Lisboa, 1930, p. 87-244; p. 180: presença do apodo citado.]

8   Nota MA: "(204, 116)". [CAMARA, P. Perestrelo da. Op. cit.; p. 116: presença do apodo citado.]

9   Nota MA: "(151, 196)". [VASCONCELOS, Leite de. "Os animais". In: *Tradições populares de Portugal*. Porto: Livraria Portuense de Clavel & Cia Editores, 1882, p. 130-199; p. 196: "A galinha preta em casa livra de coisa má, porque esta acanhará a ave negra e não a gente."]

se especifica melhor que a galinha preta afugenta qualquer doença.[10] Em Vila Real a borboleta branca é sinal de boa notícia, e a preta de má, pelo que a matam.[11] No Alentejo galo cantando de noite todas as coisas se espalham, e se é preto então a desgraça inda é maior.[12]

Na feitiçaria o preto é também duplamente usado: 1º como cor do mal; 2º mas tão detestável que afugenta o próprio mal. O bode preto é o das bruxas e bruxedos europeus, que veio feminilizar-se, entre nós, na cabra preta dos catimbós e candomblés. Num curioso texto português setecentista, "As bruxas namoradas", elas invocam o bode preto diabólico pela boca de Bruxamaia;[13] em decassílabos mais ou menos frouxos:

> Correi da ferra, ó bodes cor da noite,
> Acendei com as caudas a fogueira!

No *Auto das fadas* de Gil Vicente o galo é preto, o gato é preto, o bode é preto, o corvo e o pez são pretos. E mais: o próprio "sino samão", o signo de Salomão, está

> metido num coração
> de gosto preto.[14]

---

10   Nota MA: "(115, XXVIII, de 1930, p. 279)". [LIMA, Fernando de Castro Pires de. Apontamentos de terapêutica popular. *Revista Lusitana*, v. 28, nº 1-4. Lisboa, 1930, p. 279-281; p. 279: "Não entram doenças nas casas em que houver uma galinha preta ou uma ferradura à porta."]

11   Nota MA: "(115, X, 216)". [PEREIRA, A. Gomes. Tradições populares e linguagem de Villa Real. *Revista Lusitana*, v. 10, nº 1-2. Lisboa, 1908, p. 122-23; p. 216: "17. A borboleta branca é sinal de boa notícia e a negra de má (morte, etc.), e por isso deve matar-se."]

12   Nota MA: "(115, X, 301)". [PIRES, A. Thomaz. Investigações ethnograficas. *Revista Lusitana*, v. 10, nº 1-2. Lisboa, 1908, p. 298-305; p. 301: "Em cantando os galos de noite, todas as cousas se espalham. E os que têm mais *virtude* são os galos pretos."]

13   Nota MA: "(115, XI, 256)". [PIRES, A. Thomaz. Investigações ethnograficas. *Revista Lusitana*, v. 11, nº 1-2. Lisboa, 1908, p. 248-268; p. 256: presença dos versos citados na passagem do idílio 7 de "As bruxas namoradas".]

14   Nota MA: "(151, 131)". [VASCONCELOS, Leite de. *Tradições populares de Portugal*. Porto: Livraria Portuense de Clavel & Cia Editores, 1882. À p. 131: Vasconcelos transcreve trecho sobre feitiçaria de *Autos das fadas* de Gil Vicente.]

Mas que o preto chegue a horrorizar as próprias bruxas europeias, não há dúvida. Leite de Vasconcelos ainda uma vez colheu um refrão usado pelas bruxas portuguesas de Alcobaça que diz assim:

> Galo branco?
> Não me espanto.
> Galo loiro?
> É agoiro.
> Galo preto?
> Não me meto![15]

E essa é a crença mais universal, como prova outro autor, pela *Revista Lusitana*, v. 21.[16] A cor preta é tão horrível que é da maior eficácia como exorcismo, usada pra afastar bruxedos e feitiçarias e quase todos os malefícios extranaturais.

Em todo caso é possível por motivos econômicos não ser muito exigente com a cor negra... É ainda em Portugal (Turquel) que corre o provérbio condescendente:

> Negro é carvoeiro
> Branco é o seu dinheiro.[17]

Esta a superstição primeira, pueril e depreciativa, que botou os negros no ostracismo do Bem. Não se trata de uma questão antropológica, nem da estupidez de um Gobineau[18] ou de um ariano, nem de uma com-

---

15 Nota MA: "(115, XX, 55)". [RIBEIRO, José Diogo. Turquel folclórico. *Revista Lusitana*, v. 20, nº 1-2. Lisboa, 1930, p. 54-80; p. 55: presença do apodo citado.]

16 Nota MA: "(Conf. 115, XXI, 37 e ss.)" [ADRIÃO, José Maria. Retratos de um adagiário. *Revista Lusitana*, v. 21, nº 1-2. Lisboa, 1930, p. 33-57; p. 37-40: o autor focaliza práticas de feitiçarias em diferentes locais, como Portugal, França, Cabo Verde, Prússia, Grécia, Índia, Tailândia, Sri Lanka.]

17 Nota MA: "(115, XXVIII, 188)". [RIBEIRO, José Diogo. Linguagem popular de Turquel. *Revista Lusitana*, v. 28, nº 1-4. Lisboa, 1930, p. 88-244; p. 188: presença do apodo citado.]

18 Nota da edição: Joseph Arthur de Gobineau (1816-1882), diplomata francês, escritor etologista e filósofo, cuja teoria sobre o determinismo racial teve grande influência no desenvolvimen-

paração de culturas: se trata de uma simples superstição de cor, anterior ao convívio histórico de pretos e de brancos, que se descarregou sobre as raças negras dominadas. Aplicou-se ao preto homem o que se dera à cor preta fosse na chita ou no pelo do bode. E o homem preto chega por isso a ser o próprio diabo. Quando este aparece, no famoso desafio que teve com Manuel do Riachão, aparece na pessoa de um negro.[19] Lindolfo Gomes[20] lembrando a tradição do "negro velho" em cima do telhado, que recolheu em Minas, verifica também que ele é o símbolo do demônio, a quem o povo ainda chama de "negro sujo". Às vezes, pela cor que tem, é um valor exorcístico, afasta as desgraças e dá felicidade; outras vezes, pela cor que tem, é um valor invocativo, chama as desgraças. Preso por ter cão, preso por não ter cão... Já em Portugal[21] ver uma mulher preta dá infelicidade mas ver um preto dá felicidade; ver um casal é felicidade garantida. No Nordeste brasileiro ver um padre e depois um soldado traz felicidade, mas ver um padre e depois um negro traz desgraça.[22] Em Barretos[23] viajante encontrando negro velho na estrada é sinal de desastre na viagem.

to de políticas racistas na Europa. Segundo ele, a mistura de raças era inevitável e levaria a raça humana a graus sempre maiores de degeneração física e intelectual. Escreveu *Essai sur l'inégalité des races humaines* (1853).

19 Nota MA: "(59,V, 36)". [O número 59 refere-se ao conjunto de documentos no arquivo de MA, intitulado por ele *Fundos Villa-Lobos*, recebido do compositor em 1929. Reúne farta documentação da literatura oral brasileira. Nesta nota, especificamente, trata-se de um trecho do cordel "Desafio do Manuel do Riachão com o Diabo".]

20 Nota MA: "(265, II, 98)". [GOMES, Lindolfo. "Cantigas do adormecer". In: *Contos populares*: narrativas maravilhosas e lendárias seguidas de cantiga de adormecer. Da tradição oral do Estado de Minas. São Paulo: Melhoramentos, s. d, v. 2, p. 98: Nota MA: "Preto" e traço ligando o trecho: "Quem se der ao estudo de tão evocadoras cantigas verá que, em muitas delas, figuram seres míticos, fantásticos e lendários (a coca (1), o papão; figuras sinistras, negro velho (2) em cima do telhado" à nota: "(2) Este negro velho é o símbolo do demônio, a quem o povo trata de *negro sujo*. Curutu é a voz onomatopaica para infundir o pavor."]

21 Nota MA: "(86, 80)". [URTEL, Hermann. Op. cit.; p. 80: Nota MA: tradução de palavras.]

22 Nota MA: "(Inquérito do *Diário de S. Paulo* 2-II-1930)". [Trata-se da seção "Inquérito", mantida por três meses, coligindo contribuições dos leitores sobre lendas e superstições. *Diário de São Paulo*. São Paulo, 2 fev. 1930; p. 3: presença do apodo citado. Periódico consultado no Arquivo Público do Estado de São Paulo.]

23 Nota MA: "(mesmo Inquérito 6-II-930)". [Documento do mesmo periódico e seção; 6 fev. 1930; p. 3: presença do apodo citado.]

Entre outras superstições colhidas por Edmundo Krug[24] em nosso Estado, preto vestido de branco dá possibilidades da gente se avistar com a pessoa amada e a contagem de pretos entra nas sortes de amor e nas da loteria, mas também ver preto cambaio é sinal de desgraça e sonhar com preto conhecido é doença, desgosto ou a própria morte na família.

Todas estas observações podem ser mesquinhas como elevação moral do homem branco ou muito interessantes como folclore, mas é realmente trágico a gente verificar que foi duma simples superstição inicial, uma questão de cores-símbolos que o branco derivou o seu repúdio, a sua repulsa por toda uma larga porção da humanidade, as raças negras. E os pretos foram desde então e desde sempre cobertos de apodos cruéis, vício a que desgraçadamente o brasileiro também se associou. E os negros começaram a ser insultados pelos brasileiros como gente ruim ou inferior, só por causa da cor.

Na sessão solene de dois de maio passado, outro escritor de origem negra, Fernando Góes,[25] trouxe à balha vários documentos para provar essa inferioridade em que o branco concebe o negro no Brasil. Mas a sua documentação me pareceu na realidade pouco convincente como preconceito de cor, porque quase toda ela podia ser convertida no problema maior de classe. Eram documentação de classe e não de cor. Se um grupo de senhoras da elite funda uma escola para moças de cor com o fito de formar boas cozinheiras, é certo que não formariam escolas de operárias brancas para educá-las em senhoras de elite. Formariam boas costureiras, boas manicuras ou mais largamente boas donas de casa, como o provam as "escolas domésticas" existentes no Brasil e onde entram pretas como

---

24   Nota da edição: Edmundo Krug, um dos leitores que contribuíram para o "Inquérito" do jornal referido. Estudioso do folclore; na biblioteca de Mário de Andrade encontram-se duas obras de sua autoria: *A superstição paulistana* (São Paulo: Typ. Brasil Rothschild, 1910) e *Curiosidades da superstição brasileira*: moléstias, remédios, curas, etc. (São Paulo: Gráfica Paulista, 1938).

25   Nota da edição: Fernando Ferreira de Góes (1915-1979), poeta e jornalista, ligado à imprensa negra: *Alvorada* (redator), *Tribuna Negra* (secretário) e *Niger* (colaborador). Participou das comemorações do Cinquentenário da Abolição, em 2 de maio de 1938. *O Estado de S. Paulo*, do dia seguinte, sem mencionar título ou tema, informa: "A conferência do senhor Fernando Góes foi vivamente aplaudida pelo auditório e pelos componentes da mesa, tendo sido diversas vezes interrompida pelos aplausos, foi o número final do programa da sessão solene no Teatro Municipal".

brancas e desta e outra classe. Da mesma forma: se um pai burguês recusar sua filha branquinha em casamento a um negro – o que não é uma lei entre nós – é profundamente certo que a recusará mais peremptoriamente e com bastante razão, a um sapateiro ou maquinista de qualquer cor. O preconceito de cor existe incontestavelmente entre nós. Porém, me parece que na sua complexidade e sutileza temos que não confundi-lo com um problema de classe, não só para não exagerá-lo em sua importância, como para lhe dar melhor luz de ciência e não enfraquecê-lo em suas provas legítimas.

Nesse sentido, creio que não há melhor jeito de provar a existência do preconceito do que buscando a sua documentação no folclore. E então veremos essa coisa espantosa do próprio povo inculto esposar o preconceito e cobrir o negro de apodos, pelo simples fato de ser negro. Aqui não se trata evidentemente mais de uma confusão de problemas similares, mas não idênticos, como são os de classe e os de raça: é exclusivamente um problema de cor.

Os provérbios de apodo são numerosos. Eis alguns:

> Em festa de branco,
> Negro não se mete;[26]
>
> Negro comendo com branco,
> A comida é do negro;
>
> Negro em pé é um toco,
> E dormindo é um porco;
>
> Negro é como trempe,
> Quando não queima, suja;[27]

---

26 Nota MA: "(266, X de 1931, p. 132)". [AMARAL, Amadeu. Os ditados que realmente se dizem. *Revista da Academia Brasileira de Letras*, v. 37, a. 22, nº 118, Rio de Janeiro, outubro 1931, p. 115-132; p. 132: Nota MA: escólio "negr[o] (Baía)" à margem e grifo em palavra do ditado: "Em festa de branco, negro não se mete – Corresponde a: 'Em festa de macuco, nambu não pia".]

27 Nota MA: "(*Rev. da Academia Brasileira de Letras*, I de 1931, p. 58 a 60)". [MOTTA, Leonardo. Paramiolojia Nacional. *Revista da Academia Brasileira de Letras*, a. 22, v. 35, nº 109, Rio de Janeiro, jan. 1931, p. 45-63; p. 60: Nota MA: indicação "preto" e traço à margem dos três apodos citados.]

Negro que não gosta de mel,
É ladrão de cortiço;

Negro quando não suja na entrada,
Na saída é certo;

Quando o negro não quer fava,
Fava no negro;

Matolotagem de negro,
Não salta riacho;

Negro não come gostoso
Porque não espera cozinhar;[28]

Eis mais outros provérbios nordestinos:

Negros, criá-los, depois vendê-los;
Mulatos, criá-los, depois matá-los;

Quem mata mulato é capricho;

Negro ensaboado,
Tempo perdido,
Sabão esperdiçado.[29]

Há toda uma série de provérbios detestáveis pra demonstrar pelas variantes de vocabulário a distinção entre o branco e o negro. São os provérbios em que se nega ao negro o direito de usar pra si, palavras usadas em relação aos brancos nos seus atos tanto individuais como sociais. Eis alguns:

---

28 Nota MA: "(Rev. da Ac. B. de Letras nº XII de 1930, p. 387 a 483)". [MOTTA, Leonardo. Filozofia popular brazileira. *Revista da Academia Brasileira de Letras*, a. 21, v. 34, nº 108. Rio de Janeiro, dez. 1930, p. 387-405; p. 387, 403: presença dos apodos citados.]
29 Nota MA: "(176, p. 153, 154, 237, 245)". [MOTTA, Leonardo. *No tempo de Lampião*. Rio de Janeiro: Of. Industrial Graphica, 1930; p. 153, 154, 237 e 245: presença dos apodos citados.]

Negro não fala,
Resmunga;

Negro não come,
Babuja;

Negro não dorme,
Cochila;

Negro não pare,
Estóra;

Negro não nasce,
Aparece;[30]

Negro não namora,
Embirra;[31]
Negro não acompanha santo,
Corre atrás;

Negro não casa,
Se ajunta.[32]

---

30 <u>Nota MA</u>: "(645, 54)". [CARVALHO, Rodrigues. "Aspectos da influência africana na formação social do Brasil". In: FREYRE, Gilberto et al. (Org.). *Novos estudos afro-brasileiros.* (Segundo tomo). Trabalhos apresentados ao 1º Congresso Afro-Brasileiro do Recife. Prefácio de Arthur Ramos. Rio de Janeiro: Civilização Brasileira, 1937. (Biblioteca de Divulgação Científica, v. 9); p. 54: presença do apodo citado.]

31 <u>Nota MA</u>: "(176, 241)". [MOTTA, Leonardo. *No tempo de Lampião.* Ed. cit.; p. 241: presença do apodo citado.]

32 <u>Nota MA</u>: "(*Rev. da Ac. B. de Letras*, I, de 1931, p. 56 e ss.)" [MOTTA, Leonardo. Paramiolojia Nacional. *Revista da Academia Brasileira de Letras*, a. 22, v. 35, nº 109. Rio de Janeiro, jan. 1931, p. 45-63; p. 58: <u>Nota MA</u>: "Negro" e traço à margem do apodo "Negro comendo com branco, a comida é do negro". À p. 59, <u>Nota MA</u>: "Preto" e traço ligando os apodos "Negro em pé é um toco, dormindo é um porco." com "Negro não casa, se ajunta".]

Não querendo insistir neste gênero de provérbios colhidos aqui e além, lembro apenas que Sílvio Romero[33] ainda enumera outros mais, numa lenga-lenga que colheu da própria boca de pretos, e à qual eles chamavam de "Padre Nosso do Negro"!...

Outro provérbio bem cruel é aquele registrado por Afrânio Peixoto nas *Miçangas*.

> Abelha preta é arapuá,
> Tempero de negro é manguá.[34]

Manguá é pau no sentido de sova.
E também:

> Mulato em burro é lacaio[35]

pra significar a inferioridade.

Há outro provérbio ainda crudelíssimo, colhido por Martius[36] em Minas e cuja parte central omitirei:

> As brancas são pra casar,
> As mulatas pra f...
> As negras pra servir.

---

33 Nota MA: "(339, 88)". [ROMERO, Sílvio. *Estudos sobre a poesia popular do Brasil*. Rio de Janeiro: Laemmert & C., 1888.] Nota da edição: Obra consultada no *site*: <http://www.brasiliana.usp.br/bbd/handle/1918/01614300#page/90/mode/1up>. Acesso em: 5 nov. 2013.

34 Nota MA: "(287, 68)". [PEIXOTO, Afrânio. "Adágios brasileiros". In: *Missangas*: poesia e folklore. São Paulo: Comp. Editora Nacional, 1931, p. 61-106; p. 68: Nota MA: cruzeta à margem do apodo citado.]

35 Nota MA: "(287, 83)". [PEIXOTO, Afrânio. Op. cit.; p. 83: presença do apodo citado.]

36 Nota MA: "(134, I, 303)". [SPIX, Johan Baptist von & MARTIUS, Carl Friedrich Philipp von. *Reise in Brasilien*. v. 1. München: Gedruckt bei M. Lindauer, 1823; p. 303: os autores focalizam o tratamento dado a negras escravas como "mulheres de cama".]

Outro ainda é o [que] se originou dos "andas" como se dizia outrora, os escravos vestidos apuradamente, destinados a carregar suas senhoras nos veículos coloniais. Usavam luvas, donde o provérbio:

> Negro de luva
> É sinal de chuva[37]

que também se diz em São Paulo, piorando o apodo:

> Macaco de luva,
> Sinal de chuva.

Esta equiparação nacional do negro ao macaco, bem que pro estrangeiro sejamos todos uns "macaquitos", deu também o ditado que indica ser alguém um mulato, "coçar a orelha com o pé", que Amadeu Amaral já estudou.[38]

Se abandonarmos os prolóquios e enveredarmos pela poética e pela canção populares os apodos continuam, ou melhor aumentam de força. Houve aparentemente o interregno do lundu, no século XIX, em que o texto tinha como principal motivo o elogio da graça, da beleza e do valor sensual da mulatinha de caroço no pescoço, ou da mucama bonita. Mas

---

37 Nota MA: "(330, 131)". [EDMUNDO, Luís. "Os transportes". In: *O Rio de Janeiro no tempo dos vice-reis*. Revista do Instituto Histórico e Geográfico Brasileiro, v. 163. Rio de Janeiro, 1932, p. 125--136; p. 131: presença do apodo citado.]

38 Nota MA: "(226, setembro de 1931, p. 9)". [AMARAL, Amadeu. Os ditados que, de fato, se dizem. *Revista da Academia Brasileira de Letras*, a. 22, v. 37, nº 118. Rio de Janeiro, set. 1931, p. 5-13; p. 9: "Coçar as orelhas com os pés – Diz-se dos mulatos. Aparentemente não há senão uma imagem para declarar que o indivíduo é "cabra". Mas este não é o único animal que se coça com a pata: o que induz a desconfiar que alguma outra origem terá tido esse dito. Reza um anexim francês 'Il ne se mouche pas du pied' (ele não se assoa com o pé). Vale o mesmo que dizer de uma pessoa que é bem-educada e de boas maneiras. Informa L. Martel que a frase nasceu do fato de que os artistas de feira, gente de baixa condição, entre as diferentes sortes que costumavam fazer, executavam essa de passar o pé pelas ventas, como quem se assoava. A explicação não é lá muito satisfatória; mas enfim sempre se colhe de tudo isso, por enquanto, que há em francês um ditado análogo ao nosso tanto na forma como no fundo."]
Nota da edição: Equívoco de MA; esta indicação refere-se ao nº 266.

ainda aí o apodo ou a depreciação subsiste virtualmente, porque uma das características mais permanentes do lundu é a comicidade. O lundu é um fenômeno social muito parecido com o da ópera cômica italiana, em que a ópera erudita, a ópera das classes chamadas superiores, abandonou o assunto nobre, os temas da Antiguidade clássica pelos da popularidade contemporânea. Mas pondo o povo em cena, a ópera erudita se transformou de ópera séria em ópera cômica, ópera bufa, como se o elemento popular não fosse dramático mas apenas bufão e capaz de ridículo. O fenômeno da modinha e do lundu de salão, na primeira metade do século dezenove brasileiro, é absolutamente idêntico. A modinha cantava as ninfas alvas e os amores elevados ao passo que o lundu cantava as mulatinhas e negras e os amores fáceis e brejeiros. A modinha era séria e virtuosa. O lundu, cômico e apimentado. E num deles, *Gosto da negra*, que colhi em Bragança, o estribilho denuncia francamente o preconceito de cor:

> Que bem m'importa
> Que falem de mim:
> Gosto da negra
> Mesmo assim.

Mas o lundu é sempre o mesmo caso sutil em que o problema da cor pode se confundir com o problema de classe. Vejamos na poética popular, em que a luta de classes necessariamente não existe. O grande romancista paraibano Lins do Rego, no seu *Banguê*,[39] registra duas quadrinhas tão ignominiosas pro negro que não tenho forças pra dizê-las, são violentas por demais. Rodrigues Carvalho porém registrou esses mesmos versos e variantes deles, também cheias de insultos aos negros, porém mais fáceis de dizer:

---

39 Nota MA: "(484, 258)". [REGO, José Lins do. *Banguê*. Rio de Janeiro: José Olympio, 1934; p. 258: Nota MA: "Preto" e chave selecionando os dois apodos.]
Nota da edição: A passagem do romance trata de conflito entre engenhos. O dono do engenho Santa Fé, negro, reclama ao coronel do engenho Santa Ana do feitor Nicolau, por este molestar seus trabalhadores e sua família, dizendo: "— Não trabalho em bagaceira de negro./ Branco Deus o fez,/ Mulato Deus pintou,/ caboclo bufa de porco,/ Negro o diabo cagou" e "Branco dorme na sala,/ Mulato no corredô/ Caboclo na cozinha/ Negro no cagadô".

> Dorme o branco em camarinha,
> O caboclo no terreiro,
> Mulato atrás, na cozinha,
> Negro embaixo do poleiro.
>
> O branco é filho de Deus,
> O mulato é enteado,
> O cabra não tem parente,
> E negro é filho do Diabo.[40]

No desafio do cantador branco Bernardo Cintura, da Serra do Borborema, com o negro Francisco Bernardo, o branco tem pro negro este remoque duro, em que desrespeita até padres negros:

> Se o padre é branco, diz missa,
> Sendo preto está mentindo;
> Preto nasceu pra cachorro,
> E o jeito é morrer latindo.

Eis uma curiosa quadra goiana bulindo com a loquacidade dos negros:

> Negros de Paracatu,
> São negros de pé rapado;
> Mas bula com a língua deles
> Que salta um advogado.[41]

Outra nordestina que indica que o negro não tem valor:

> Sapato véio é chinelo,
> Coisa ruim é geringonça,

---

40 Nota MA: "(645, 55 e ss)". [CARVALHO, Rodrigues. Op. cit.; p. 55: presença dos apodos citados.]

41 Nota MA: "(266/ II de 1933, p. 201)". [GOMES, Lindolfo. Folclore. *Revista da Academia Brasileira de Letras,* a. 24, v. 41, nº 134. Rio de Janeiro, fev. 1933, p. 182-205; p. 201: presença do apodo citado.]

Negro preto, bem retinto,
Se chama cumê de onça.⁴²

Mais outra portuguesa:

O preto vai na tumba
C'o seu dente arreganhado,
Padre cura vai dizendo
– Saca fora, cão danado!⁴³

Variante ou variada da célebre quadrinha nossa:

Negro preto quando morre
Vai na tumba de banguê;
Os compadre tão dizendo:
– Urubu tem que cumê.

Ainda variada entre nós, da seguinte maneira:

Negro velho quando morre
Tem catinga de xexéu,
Permita Nossa Senhora
Que negro não vá ao céu.⁴⁴

---

42   Nota MA: "(59, I, 132)". ["Cabôquinha", sem referência autoral. *Fundos Villa-Lobos*. Arquivo Mário de Andrade, IEB-USP.]

43   Nota MA: "(115, XVII, 138)". [SOARES, Urbano Canuto. Subsídios para o Cancioneiro do arquipélago da Madeira. *Revista Lusitana*, v. 17, nº 1-2. Lisboa, 1914, p. 135-158; p. 138: presença do apodo citado.]

44   Nota MA: "(603, 87)". [BRANDÃO, Alfredo. "Os negros na história de Alagoas". In: FREYRE, Gilberto et al. (Org.). *Estudos afro-brasileiros:* trabalhos apresentados ao 1º Congresso Afro-Brasileiro reunido no Recife em 1934. Rio de Janeiro: Ariel Editora, 1935; p. 87: Nota MA: indicação "Negro" e traço à margem do trecho, destacando onde está o apodo citado: "O caboclo foi sempre considerado como o tipo mais perfeito de estupidez e os negros não perdiam vasa de o achincalhar. Por sua vez, aquele tinha seus arrancos de represália contra estes e assim vivia sempre a invectivá-los: 'Negro quando não suja na entrada suja na saída'. 'Negro de pé é um toco, deitado é um porco'. 'Negro só nasceu para espoleta do branco'".]

Ilação do provérbio "quando negro não quer fava, fava no negro", Luís Edmundo conheceu a quadrinha popular:

> Comida de negro brabo:
> Quatro laranjas num gaio,
> Uma cuia de farinha,
> Cinco ponta de vergaio.[45]

E esta pernambucana:

> Do Recife pra Goiana
> Os vales já se acabou,
> Carreira de velho é chouto,
> Negro cresceu, apanhou.[46]

E esta outra também nordestina:

> Negro preto, rabingudo
> Cabeça de bode macho,
> Esse teu beiço de cima
> Já passa pelo debaixo.[47]

Cornélio Pires, nos seus *Sambas e cateretês*,[48] registrou ainda três recortados de caipiras paulistas, que são caçoadas cruéis à mulher de cor.

---

45 Nota MA: "(330, 384)". [EDMUNDO, Luís. "Cozinha e mesa". In: Op. cit.; p. 384: presença do apodo citado; na mesma página, o autor ao descrever os costumes da época acrescenta: "Resta falar do negro, a pobre besta humana escravizada e que comia o que lhe davam. Por espírito de sórdida economia, atendendo ao preço verdadeiramente irrisório, na época, das nossas frutas, os senhores, em geral, alimentavam os seus cativos com laranja, banana e farinha de mandioca".]

46 Nota MA: "(396, 269)". [CARVALHO, Rodrigues de. *Cancioneiro do Norte*. Paraíba: Livraria S. Paulo, 1928; p. 269: Nota MA: cruzeta ao lado da estrofe e grifo no último verso do apodo citado.]

47 Nota MA: "(59, XVII, 199)". ["Gíria do Norte", sem referência autoral. *Fundo Villa-Lobos*. Arquivo Mário de Andrade, IEB-USP.]

48 Nota MA: "(336, p. 199 e 288)". [PIRES, Cornélio. *Sambas e cateretês*. São Paulo: Unitas, 1933; p. 199: Nota MA: "Preto" à margem da letra "Recorte da negra", cuja primeira estrofe é: 'O zoio da negra/ É zoio de gralha./ Retira negra!/ Não me atrapaia...' A segunda indicação não está na p. 288, e sim na p. 228: Nota MA: "Preto", à margem da estrofe: "Oia o jeito da negra/ Oia o jeito dela;/ Com a cara preta/ Queném panela;/ Assim mesmo ela diz/ Que é linda e bela/ Mais quem é que qué/ Uma negra daquela". Ainda, na p. 223: Nota MA: "Preto" à margem dos versos: "Ai, ai! Ai! ai!/ Meu Deus do céu!/ O cabelo da negra/ Virou mundéu".]

Mas não é só na quadrinha tradicional que os remoques e os apodos chovem sobre o pobre homem de cor. Na literatura de cordel, nos romances e desafios do Nordeste, ainda em nossos dias permanece o vício popular de insultar o negro da maneira mais aviltante. Chega a ser admirável a riqueza de invenção no gosto de insultar que tem o cantador nordestino desque lhe aparece um negro pela frente. Foi o que fez o ótimo cantador Leandro Gomes ao ver um negro, tirando o mote:

> Negro não devia ter
> Nem a água do batismo,[49]

que glosou à farta.

Já num estranho romance do cantador João Martins de Ataíde, *História dum pescador*,[50] o preconceito de cor deforma estranhamente o problema do Otelo. Se trata dos amores de uma princesa branca com um negro. Mas o cantador brasileiro, em vez de se apaixonar pelo problema, deforma-o da maneira mais curiosa. Os dois amantes, em vez de nobres e fatalizados pelo destino, são dois monstros repugnantes, acabam castigados e morrem. Salvam-se apenas os bons e, como lá termina o cantador:

> Houveram muitos discursos
> E parabéns à multidão.

Nos desafios o insulto se desmanda livremente. O grande cantador Inácio da Catingueira, que era negro, teve de sofrer muito por causa da cor. Basta recordar o seu célebre desafio com Romano[51] que lhe dizia:

---

49 Nota MA: "(59, XVIII, 29)". ["Um mote", sem referência autoral. *Fundos Villa-Lobos*. Arquivo Mário de Andrade, IEB-USP.]

50 Nota MA: "(59, II, 133 ou folheto nº 50)". ["História de um pescador", sem referência autoral. *Fundos Villa-Lobos*. Arquivo Mário de Andrade, IEB-USP.]

51 Nota MA: "(59, XX, 114 e ss)". ["Romano e Ignácio da Catingueira". *Fundos Villa-Lobos*. Arquivo Mário de Andrade, IEB-USP.]

Negro, eu canto contigo
Por um amigo pedir,
Visto me sacrificar
Não me importa de o ferir.

Negro, cante com mais jeito,
Veja sua qualidade,
Eu sou branco e sou de vulto
Perante a sociedade,
Em vir cantar com você,
Baixo de dignidade.

Outro cantador negro, Joaquim Francisco, teve que engolir destas, na peleja que teve com José Claudino:[52]

Eu vou dizer a verdade:
Negro não tem senhoria,
Não tem reino nem império,
Nem poder nem fidalguia,
Negro resmunga e não fala
E sua casa é a senzala
Onde vive em gritaria.

Joaquim, eu não sou seu filho,
Si fosse, só comeria
Milho, cevada e capim
E vinte surras por dia,
Porque negro se sustenta
Em levar surra e setenta,
E nunca vergonha cria.

---

52 Nota MA: "(59, XVII, 83)". ["Peleja de Joaquim Francisco e José Claudino". *Fundos Villa--Lobos*. Arquivo Mário de Andrade, IEB-USP.]

Eis ainda um martelo tirado pelo cego Aderaldo contra José Pretinho do Tucum:[53]

>Negro, és um monturo,
>Mulambo rasgado,
>Cachimbo apagado,
>Recanto de muro,
>Perna de tição,
>Boca de purão,
>Beiço de gamela,
>Venta de muela,
>Muleque ladrão.
>
>Negro é raiz
>Que apodreceu,
>Casca de judeu,
>Muleque infeliz,
>Vai pro teu país
>Sinão eu te surro
>Dou-te até de murro,
>Te tiro o regalo
>Cara de cavalo
>Cabeça de burro.
>
>Negro careteiro
>Eu te rasgo a giba,
>Cara de guariba,
>Pajé feiticeiro,
>Queres o dinheiro,
>Barriga de angu,
>Barba de quandu,
>Camisa de saia,
>Te deixo na praia,
>Escovando urubu.

---

53 Nota MA: "(59, V, 96)". ["Peleja do cego Aderaldo com José Pretinho de Tucum". *Fundos Villa-Lobos*. Arquivo Mário de Andrade, IEB-USP.]

pra terminar com este rebaixamento total:

> Desculpe, José Pretinho,
> Se eu não cantei a seu gosto:
> Negro não tem pé, tem gancho,
> Não tem cara nem tem rosto,
> Negro na sala dos brancos
> Só serve pra dar desgosto.

Vou parar com as citações. No correr das minhas leituras e viagens fui anotando os ditos, as lendas, os provérbios, as quadrinhas, as superstições insultantes ao negro. Agora tive a ideia de lembrá-los hoje, mas a documentação colhida era tão numerosa que tirei dela, sem a menor escolha, apenas uma parte menor, que acabei de expor. Talvez o que disse agora não seja sequer a décima parte da documentação que já colecionei, mas essa parte mínima creio que prova mais que suficientemente que o problema do preconceito de cor, no Brasil, não se confunde com o de classe, pois é no próprio povo inculto, é dentre os operários da cidade e do campo, é da boca das classes supostamente inferiores que vieram os ditos, os provérbios, os apodos e caçoadas cruéis que recenseei. Trata-se exatamente de um preconceito de cor em que os próprios brancos incultos colaboram abundantemente, também eles concordando que

> Negro, na sala dos brancos
> Só serve pra dar desgosto.

Ora, o Departamento de Cultura da Municipalidade de São Paulo, se já provou que não tem o preconceito de cor quando, em fins de 1936, um grupinho de três ou quatro cantoras desajuizadas pretendeu evitar a colaboração negra em nossos corais. O Departamento de Cultura, nesta celebração do cinquentenário da Lei Áurea, fez questão de trazer os negros para esta "sala de brancos", a um deles trazendo para este ciclo de conferências comemorativas. É o Dr. Francisco Lucrécio,[54] designado pelas associações negras e que vai nos falar agora.

---

54 Nota da edição: Francisco Lucrécio (1909-2001), cirurgião-dentista, um dos fundadores da Frente Negra Brasileira (FNB), em 16 de setembro 1931; trabalhou no jornal *Senzala* e em 1934 assumiu o cargo de secretário-geral da referida frente. Proferiu a conferência "A liberdade e o negro", no Palácio do Trocadero, em 10 de maio de 1938, nas comemorações do Cinquentenário da Abolição.

Resta saber apenas se esta trazida dos negros para a sala dos brancos não trouxe algum desgosto. Se os pretos que me escutam me permitirem falar com toda a sinceridade, eu direi que sim, e que estas celebrações terminam com algum desgosto meu. E vou dizer qual é, com a franqueza leal que penso me caracterizar.

Desde o dia dois de maio, os negros cultos, os negros escolhidos por eles mesmos, vêm falando tanto no Teatro Municipal como aqui. Deram-se sadios conselhos como os do poeta Lino Guedes[55] recomendando o livro, fizeram-se vivas reabilitações como a do prosador Fernando Góes. Houve principalmente uma verificação muito útil e que por vários foi repetida: a de que o negro sofre de um complexo de inferioridade e que precisa vencê-lo.

É principalmente esse complexo de inferioridade que inferioriza o negro deixando-o numa subalternidade lastimável. Porém, olhando o passado e este nosso presente de comemorações, eu me pergunto: essa subalternidade atual não será mais ou menos justificável? Pelo menos isso parecem provar os oradores negros destas comemorações.

Não basta verificar o complexo de inferioridade e recomendar a todos que o vençam. Positivamente um rapaz novo, lúcido, voluntarioso, audaz em suas afirmativas, reivindicações e maneira de agir, como Fernando Góes, não sofre mais do complexo de inferioridade, ou se o sofre o sabe vencer.

Mas a todos os oradores negros que desfilaram nestes dias falta, faltou enormemente a vontade, o esforço, aquela vontade e aquele esforço pacientes que fizeram o francês dizer que o gênio não passava de uma longa paciência. Qual o discurso, qual a conferência proferida por negros, nestas comemorações, que se possa aproximar da ciência e na reflexão

---

55 Nota da edição: Lino Guedes (1897-1951), poeta e jornalista; atuou na imprensa negra, nos jornais *Getulino* (redator-chefe), *Maligno* (diretor) e *Progresso* (editor). Em 2 de maio de 1938, fez sua conferência na sessão solene das comemorações do Cinquentenário da Abolição. No dia seguinte, *O Estado de S. Paulo* afirma que Lino Guedes encareceu o papel do livro no desenvolvimento cultural dos homens da raça, mas não menciona o título da conferência.

das conferências de um Arthur Ramos,[56] por exemplo? Certamente nenhuma, e isto é o que me desgosta. Os negros paulistas sabiam que estava para chegar o cinquentenário da maior data deles e uma das maiores do Brasil. Não faltou quem lhes estendesse a mão, não por generosidade a que eles devam ser gratos, mas por simples justiça de iguais. Não era este o momento dos negros provarem o que valem, em vez de afirmarem que valem. Não haverá um homem são de espírito no Brasil que negue esse valor. A nossa história, o nosso passado e a nossa justiça crítica o provam mais que suficientemente.

O que eu senti nestas comemorações é que o negro se contenta de alcançar um posto de destaque intelectual entre os do seu meio ainda culturalmente menos apreciável. Nenhum se dedicou a uma obra de fôlego, nenhum a uma obra paciente de cultura, nenhum a uma obra de igualdade. E que não se diga seja isto uma questão financeira porque um Arthur Ramos também vive de seu ganho e luta por viver. E que não se diga seja aqui um problema de linha de cor, pois que se nalgum salão de baile é possível [que] se proíba a entrada do negro, não há uma biblioteca no Brasil onde essa infamante proibição exista. E é incontestável que na maior data negra do Brasil, os intelectuais negros de São Paulo não quiseram se igualar como era possível, e nem quiseram vencer, como deviam.

O desânimo ainda pesa sobre a raça negra entre nós, e a falta de vontade enérgica. Quando os japoneses quiseram levantar sua força nacional à altura da europeia, eles adotaram métodos europeus. Se a raça negra quiser se igualar à branca, como deve e pode, terá que adotar métodos brancos de ânimo e tenacidade. É certo que muitos dos negros já venceram o complexo de inferioridade. Aos oradores negros destas noites não faltou convicção, às vezes prematura. Mas em nenhum pude notar a verdadeira consciência da data que comemoravam, e consequen-

---

56 Nota da edição: Arthur Ramos (1903-1949), médico, antropólogo e estudioso do folclore. Autor de *O negro brasileiro: etnografia religiosa e psicanálise* (1934), *O folclore negro no Brasil* (1935) e *As culturas negras no Novo Mundo* (1937). Nas comemorações do Cinquentenário da Abolição, fez três conferências: "Negro e folclore cristão no Brasil"; "O espírito associativo do negro" e "Castigo de escravos", publicadas na *Revista do Arquivo do Município de São Paulo*, a. 9, nº 47. São Paulo, jun. 1938; número dedicado ao Cinquentenário da Abolição.

temente aquele esforço, aquela vontade iluminada que só eles na cultura levam à criação de obras duráveis.

Uma feita fui não compreendido pelos negros de São Paulo, porque numa reportagem de romance denunciei algumas falhas deles.[57] Outra feita fui por eles louvado porque lhes denunciei algumas das qualidades essenciais. Não merecia nem o louvor nem a incompreensão, porque, na realidade, como disse na abertura destas comemorações, para mim o negro não é motivo nem de louvor nem de repúdio, "é pura e simplesmente um homem como todos os outros", e que por isso, deve ser tomado como qualquer outro.

Aproveito pois este momento que não pretende ser de louvações inúteis para concitar os negros de São Paulo à coragem de maiores esforços. É preciso, pelo menos por enquanto, que eles não se esqueçam da pesada cor que têm. É preciso que eles se redimam do simbolismo das cores que levou a cor branca a ser o Bem e a preta a ser o Mal. Porque não basta abolir o preconceito da cor, é preciso justificar essa abolição. E só o esforço próprio, a tenacidade, o gozo das volúpias de tais batalhas é que levarão os negros a essa vitória perfeita de serem homens como quaisquer outros.

São Paulo, 7 de maio, 1938

---

57   Nota da edição: Trata-se de "A negrada", trecho do romance inacabado *Café*, cedido à revista *Movimento Brasileiro*, a. 2, nº 16. Rio de Janeiro, abr. 1930, p. 10-12 (ilustração de Di Cavalcanti). Está na edição fidedigna do romance, preparada por Tatiana Longo Figueiredo (Rio de Janeiro: Nova Fronteira, 2015).

A SUPERSTIÇÃO DA COR PRETA[1]

Na sessão solene realizada pelas associações negras de São Paulo no dia dois de maio, para celebrar o Cinquentenário da Abolição, não pude deixar de sorrir melancolizado ouvindo um dos oradores negros da noite falar em "negros de alma de arminho". Assim, era ele mesmo, um negro, a esposar essa fácil e trágica antinomia de origem branco-europeia, pela qual se considera a cor branca simbolizadora do Bem e a negra simbolizadora do Mal. Mas não é apenas este orador negro a esposar a detestável tradição branca do simbolismo das cores. Conta Paulo Prado que era costume entre os negros a frase feita "negro sim, porém direito", da mesma forma com que os brancos carinhosamente (carinhosamente?) diziam dos escravos velhos serem "negros só na cor", como registrou

---

1 Nota da edição: O artigo "A superstição da cor preta" saiu em *Publicações Médicas*, São Paulo, junho–julho de 1938, e em "Pensamento da América – Suplemento Panamericano" do jornal *A Manhã*; Rio de Janeiro, 27 de setembro de 1942. Dessa segunda publicação, consta breve entrevista de MA ao jornal, que assim a anuncia: "*O Boletim da Sociedade Luso-Africana* do Rio de Janeiro, nº 24, dezembro de 1938, publicou 'A superstição da cor preta', sintético, profundo e saboroso estudo etnográfico do grande poeta brasileiro Mário de Andrade, por tantos títulos admirado na América inteira". Em seguida, resume as declarações do entrevistado: "Perguntado agora sobre qual dos seus livros devia ser citado como a fonte deste trabalho, Mário de Andrade, em carta de 29 de agosto último, assim respondeu ao diretor do *Pensamento da América*... a 'Superstição da cor preta' não foi publicada em livro, nem sabia que fora transcrita no *Boletim da Sociedade Luso-Africana*, embora receba esse boletim quando não se perde pelo caminho. Minha nota foi publicada aqui, numa revista de propaganda de remédios, *Publicações Médicas*. Fez parte do discurso inaugural das festas do Cinquentenário da Abolição, que promovemos no Departamento da Cultura em 1938. Mas isto se dava durante a mudança de governo, eis que eu saía do meu lugar e o prefeito novo, aliás sob muitos aspectos admirável, acabou com o resto das celebrações, porque também sofria da superstição."

Vieira Fazenda,[2] ou mais geralmente até agora falar-se em "negro com alma de branco", ou "com alma branca"... Em Portugal correu também o provérbio:

> Ainda que negro é,
> Alma tem, honra e fé.

Se qualquer de nós, brasileiros, se zanga com alguém de cor duvidosa e quer insultá-lo, é frequente chamar-lhe:

— Negro!

Eu mesmo já tive que suportar esse possível insulto em minhas lutas artísticas, mas parece que ele não foi lá muito convincente nem conseguiu me destruir, pois que vou passando bem, muito obrigado.

Mas é certo que se insultamos alguém chamando-lhe "negro", também nos instantes de grande carícia, acarinhamos a pessoa amada chamando-lhe "meu negro", "meu nêgo", em que, aliás, socialmente falando, mais verdadeiro apodo subsiste, o resíduo escravocrata do possessivo: negro sim, mas meu...

No Brasil não existe realmente uma linha de cor. Por felicidade, entre nós, negro que se ilustre pode galgar qualquer posição. Machado de Assis é o nosso principalíssimo e indiscutido clássico de língua portuguesa e é preciso não esquecer que já tivemos Nilo Peçanha na presidência da República.

Mas semelhante verdade não oculta a verdade maior de que o negro entre nós sofre daquela antinomia branco-europeia que lembrei de

---

2   Nota da edição: Refere-se ao artigo: FAZENDA, José Vieira. Antiqualhas e Memórias do Rio de Janeiro. *Revista do Instituto Histórico e Geográfico Brasileiro*, tomo 89, v. 143. Rio de Janeiro, 1924. À p. 111 MA deixou traço à margem do trecho: "Em meio a sua triste condição escravos houve, que se impuseram à confiança de seus senhores, os quais os consideravam e tratavam com verdadeiro carinho. Vão rareando os tipos desses velhos cativos, de quem se dizia então, que 'eram negros só na cor'. Dentre eles saíram operários e artistas de valor: marceneiros, músicos, imaginários e até pintores." MA grifa: "eram negros só na cor".

início, e que herdamos por via ibérica.³ Aliás a simbologia Bem-Branco Mal-Preto ultrapassa a Europa e suas descendências e parece um pensamento primário bastante universal. A simbologia do preto nas grandes religiões é bastante complicada em sua interpretação mística e muitas vezes o preto parece simbolizar um princípio genético, uma força benfazeja, e o Bem. Mas simboliza não o Bem em si que é próprio do branco, da luz divina ou solar, mas o Bem em fazer-se, uma força dinâmica indicadora de futuro, como das trevas da noite nasce o dia, ou do mal do inverno a primavera, ou do erro da culpa a verdade da redenção. Frédéric Portal que estudou sinteticamente o assunto no seu livrinho *Des couleurs symboliques*,⁴ mesmo verificando estas interpretações possíveis do preto, não deixa de reconhecer que está universalmente estabelecido em todas as grandes religiões que "o preto é o símbolo de tudo o que é mau ou o que é falso". Isso talvez possa um bocado consolar o negro da maioria dos apodos que o cobrem. É ver que o branco, o possível branco o despreza ou insulta exclusivamente por superstição. Pela superstição primária e analfabeta de que a cor branca simboliza o Bem e a negra simboliza o Mal. Não é porque as culturas afronegras sejam inferiores às europeias na conceituação do progresso ou na aplicação do individualismo; não é, muito menos, porque as civilizações negras sejam civilizações "naturais"; não foi inicialmente por nenhuma inferioridade técnica ou prática ou intelectual que o negro se viu depreciado ou limitado socialmente pelo branco: foi simplesmente por uma superstição de cor. Na realidade mais inicial: se o branco renega o negro e o insulta, é por simples e primária superstição.

---

3   Nota da edição: Em seu exemplar de trabalho de "A superstição da cor preta", no dossiê *Preto*, MA, ao final desta passagem, a grafite, acresce o expoente "(1)". Na mesma página, MA cola uma folha destacada de caderneta onde escrevera o trecho "Aliás a simbologia [...] que é falso". Evidentemente, visava incluí-lo em uma nova publicação.

4   Nota da edição: Trata-se do livro: PORTAL, Frédéric. *Des couleurs symboliques*: dans l'antiquité, le moyen-age et les temps modernes. Paris: Éditions Niclaus, 1938. À p. 107, no capítulo sobre a cor preta, encontra-se traço a grafite de MA ao lado do trecho, do qual transcrevo e traduzo a primeira parte: "Le noir est le symbole de tout ce qui est mal et de tout ce qui est faux" ("O preto é símbolo de tudo aquilo que é mal e de tudo aquilo que é falso").

Em quase todos ou todos os povos europeus, o qualificativo "negro", "preto", é dado às coisas ruins, feias ou maléficas. E por isso nas superstições e feitiçarias europeias e consequentemente nas americanas, a cor preta entra com largo jogo. Já Leite de Vasconcelos[5] o observou muito bem. Hermann Urtel,[6] refletindo que seria porventura o aspecto exterior rebarbativo dos judeus que os tornou culpados das atribuições de feitiçaria que os portugueses lhes davam, conclui que esse foi certamente o caso dos negros. Aliás, entre os próprios negros africanos a antítese branco-negro para simbolizar o Bem e o Mal persiste, sendo difícil já agora dizer se tradição deles mesmos ou lhes transmitida pelos brancos europeus. Os hotentotes, os congueses e outros povos bantus guardam a tradição de um castigo que lhes teria dado a inferioridade de cor. Entre certas tribos de Moçambique grassa uma lenda curiosa que parece inspirada no caso bíblico de Noé.[7] Lá se conta que uma vez o bom deus Mulúcu, tendo tomado uma bebedeira, tirou as roupas e caiu nu no meio da estrada. Então passaram os africanos e caçoaram de Mulúcu. Depois passaram os europeus que o cobriram de folhagem pra esconder o ridículo do deus nu. E Mulúcu, por isso, castigou os africanos tirando a inteligência deles e lhes dando a cor preta. Porém, macacos me mordam se não foi algum europeu que botou esta malvadeza no lendário dos moçambiques...A cor preta é sinistra, e para os europeus simboliza tristeza e luto. Na Beira Baixa registrou-se a quadrinha:

> Chita preta, chita preta,
> Chita preta entrançada,
> Por causa da Chita preta
> Ando triste, apaixonada.

---

5   Nota da edição: MA refere-se a VASCONCELOS, Leite de. Canções de berço. *Revista Lusitana*, v. 10, nº 1-2. Lisboa, 1907, p. 1-86; p. 74: presença do apodo citado.

6   Nota da edição: V. nota 5 do texto "Cinquentenário da Abolição" presente neste volume.

7   Nota da edição: V. nota 51 do texto "Cinquentenário da Abolição".

"Casa Maria com Pedro? Casamento negro", dizem no Turquel; e entre os provérbios e frases feitas portugueses, registrados por Perestrelo da Câmara,[8] vem a comparação: "negro como a alma do diabo".

Na feitiçaria e na superstição europeias agem o galo preto, o gato preto, o porco preto, a ovelha preta, o papão negro, o bode preto, etc. Em Portugal se diz que é bom ter sempre uma galinha preta em casa, porque as desgraças cairão todas sobre a ave; ao que em Vila Nova de Famalicão se especifica melhor que a galinha preta afugenta qualquer doença. Em Vila Real a borboleta branca é sinal de boa notícia, e a preta de má, pelo que a matam. No Alentejo, galo cantando de-noite todas as coisas se espalham, e se é preto então a desgraça inda é maior.

Na feitiçaria, o preto é também duplamente usado: 1º como cor do mal; 2º mas tão detestável que afugenta o próprio mal. O bode preto é o das bruxas e bruxedos europeus, que veio feminilizar-se entre nós na cabra preta dos catimbós e candomblés. Num curioso texto português setecentista, "As bruxas namoradas",[9] elas invocam o bode preto diabólico pela boca de Bruxamaia, em decassílabos mais ou menos frouxos:

> Correi da ferra, ó bodes cor da noite,
> Acendei com as caudas a fogueira!

No *Auto das fadas* de Gil Vicente, o galo é preto, o gato é preto, o bode é preto, o corvo e o pez são pretos. E mais: o próprio "sino Samão", o signo de Salomão, está

> metido num coração
> de gosto preto.

---

8 Nota da edição: V. nota 3 do texto "Cinquentenário da Abolição".

9 Nota da edição: MA refere-se a trecho à p. 256 do artigo de A. Thomaz Pires, "Investigações ethnograficas" na *Revista Lusitana,* nº 11, v. 3-4 (Lisboa, 1908): O autor transcreve o diálogo de Bruxamaia e Fadamaia, personagens da obra: BUSSE, Francisco Pedro. *Poemas líricos de um natural de Lisboa.* Lisboa: Régia Oficina, 1789. MA refere-se à estrofe dita por Bruxamaia: "Correi da ferra, ó bodes cor da noite/ Acendei com as caudas a fogueira./ Vigiai, porque aqui não haja agouros./ Em paga com anéis vos ornaremos./ Amor merece amor: amor queremos."

Mas que o preto chegue a horrorizar as próprias bruxas europeias, não há dúvida. Leite de Vasconcelos, ainda uma vez, colheu um refrão usado pelas bruxas portuguesas de Alcobaça, que diz assim:

> Galo branco?
> Não me espanto.
> Galo loiro?
> É agoiro.
> Galo preto?
> Não me meto![10]

E essa é a crença mais universal, como prova outro autor pela *Revista Lusitana*, v. 21.[11] A cor preta é tão horrível que é da maior eficácia como exorcismo, usada pra afastar bruxedos e feitiçarias e quase todos os malefícios extranaturais.

Em todo caso é possível por motivos econômicos não ser muito exigente com a cor negra... É ainda em Portugal (Turquel) que corre o provérbio condescendente:

> Negro é o carvoeiro
> Branco é o seu dinheiro.

Esta superstição primeira, pueril e depreciativa, que botou os negros no ostracismo do Bem. Não se trata de uma questão antropológica, nem da estupidez de um Gobineau ou de um ariano, nem de uma comparação de culturas: se trata de uma simples superstição de cor, anterior ao convívio histórico de pretos e de brancos, que se descarregou sobre as raças negras dominadas. Aplicou-se ao preto

---

10 Nota da edição: RIBEIRO, José Diogo. Turquel folclórico. *Revista Lusitana*, v. 20, nº 1-2. Lisboa, 1930, p. 54-80. À p. 55: presença do apodo citado.

11 Nota da edição: MA refere-se ao artigo: ADRIÃO, José Maria. Retratos de um adagiário. *Revista Lusitana*, v. 21, nº 1-2. Lisboa, 1930, p. 33-57; às p. 37-40, o autor focaliza feitiçarias, de diferentes lugares do mundo – Portugal, França, Cabo Verde, Prússia, Grécia, Índia, Tailândia, Sri Lanka.

homem o que se dera à cor preta, fosse na chita ou no pelo do bode. E o homem preto chega por isso a ser o próprio diabo. Quando este aparece no famoso desafio que teve com Manuel do Riachão, aparece na pessoa de um negro. Lindolfo Gomes lembrando a tradição do "negro velho" em cima do telhado, que recolheu em Minas, verifica também que ele é o símbolo do demônio, a quem o povo ainda chama de "negro sujo". Às vezes, pela cor que tem, é um valor exorcístico, afasta as desgraças e dá felicidade; outras vezes, pela cor que tem, é um valor invocativo, chama as desgraças. Preso por ter cão, preso por não ter cão... Já em Portugal ver uma mulher preta dá infelicidade mas ver um preto dá felicidade: ver um casal é felicidade garantida. No Nordeste brasileiro ver um padre e depois um soldado traz felicidade, mas ver um padre e depois um negro traz desgraça. Em Barretos, viajante encontrando negro velho na estrada é sinal de desastre na viagem. Entre outras superstições colhidas por Edmundo Krug em nosso estado, preto vestido de branco dá possibilidades da gente se avistar com a pessoa amada e a contagem de pretos entra nas sortes de amor e nas da loteria, mas também ver preto cambaio é sinal de desgraça e sonhar com preto conhecido é doença, desgosto ou a própria morte na família.

Todas estas observações podem ser mesquinhas como elevação moral do homem branco ou muito interessantes como folclore, mas é realmente trágico a gente verificar que foi duma simples superstição inicial, uma questão de cores-símbolos, que o branco derivou o seu repúdio, a sua repulsa por toda uma larga porção da humanidade, as raças negras.

Deus, onisciente nas coisas da eternidade, também é onisciente nas coisas da terra... Os dois grandes castigos terrestres registrados pela *Bíblia* o provam bem. Querendo castigar os israelitas, Deus tirou-lhes a pátria; querendo castigar os filhos de Cam,[12] deu-lhes a cor. Por acaso

---

12 Nota da edição: No dossiê *Preto*, de MA, a nota de trabalho, documento 142, fólio 173, que integra o subtema "Escravidão", guarda indicação de leitura e comentário: "Preto/n 186 p 104/ Cham vendo Noé/ bêbado e descober-/to, olha e vem con-/tar pros manos./ Es-/tes andando

virá um dia em que celebremos o homem, liberto de suas trágicas superstições?...

Mário de Andrade

---

de/ costas vem cobrir/ o pai sem vê-lo./ Daí a maldição/ de Cham que será/ pra sempre o servo/ dos servos de seus/ manos.". MA refere-se ao volume de sua biblioteca: SALES, O. P.; Marco M, (Coment.). *La Sacra Bíbbia:* Il Vecchio Testamento. v. 1. Torino: Tipografia Del Sacro Cuore, 1919. A passagem trata dos versículos 18-27 do livro de "Gênesis": "(18) Os filhos de Noé, que saíram da arca, foram Sem, Cam e Jafé. Cam é antepassado de Canaã. (19) Esses três eram os três filhos de Noé, pelos quais se povoou toda a terra. (20) Noé começou a praticar a agricultura e plantou uma vinha. (21) Bebeu vinho e se embriagou, ficando despido dentro da tenda. (22) Cam, o pai antepassado de Canãa, viu a nudez do pai e foi contar aos dois irmãos que estavam fora. (23) Sem e Jafé, porém, puseram o manto nos ombros e, caminhando de costas, cobriram a nudez do pai. Como estavam de costas, não viram a nudez do pai. (24) Despertando da embriaguez, Noé ficou sabendo o que fizera o filho mais novo e (25) disse: 'Maldito seja Canaã! Que se torne o último dos escravos de seus irmãos'. (26) E acrescentou: 'Bendito seja o Senhor Deus de Sem, e Canaã seja seu escravo. (27). Que Deus faça prosperar Jafé, que ele habite nas tendas de Sem, e Canaã seja seu escravo." (*Bíblia Sagrada*. Tradução da Conferência Nacional dos Bispos do Brasil. Introdução, notas, linha do tempo e glossário de Padre Johan Konings. 10ª ed. São Paulo: Editora Canção Nova, 2010, p. 23).

LINHA DE COR[1]

Ao correr das minhas leituras e aventuras o problema do preconceito de cor, no Brasil, foi um dos que me interessou muito, e sobre ele reuni farta documentação. Não quis, como em geral se tem feito sobre o assunto, observar apenas a superfície. Não há dúvida que por esta superfície poder-se-ia concluir que negros e brancos vivem entre nós naquela paz diluvial em que a corça e o tigre viveram na arca de Noé e na "Queimada" de Castro Alves. Os ecos ainda tradicionais da campanha abolicionista, a consequente libertação dos escravos, a numerosa falange de negros ou mestiços valiosos que somos forçados a incorporar à nossa galeria de grandes homens para que esta se valorize mais convincentemente, e finalmente um novo preconceito de liberalismo que de tudo isso nos veio e que faz a espécie de "ariano" brasileiro dar sem nenhuma reserva a sua mão a um negro, seriam provas concludentes de que no Brasil não existe linha de cor. Mas se formos auscultar a pulsação mais íntima da nossa vida social e familiar, encontraremos entre nós uma linha de cor bastante nítida, embora o preconceito não atinja nunca, entre nós, as vilanias sociais que pratica nas terras de influência inglesa. Mas, sem essa vilania, me parece indiscutível que o branco no Brasil concebe o negro como um ser inferior.

Numa das sessões realizadas o ano passado pelo Departamento de Cultura, para solenizar o Cinquentenário da Abolição, um escritor de origem negra, o sr. Fernando Góes,[2] apresentou uma documentação

---

1 Nota da edição: No dossiê *Preto*, MA guardou um recorte de "Linha de cor", artigo seu publicado n'*O Estado de S. Paulo*. São Paulo, 29 mar. 1939.

2 Nota da edição: Fernando Ferreira de Góes (V. nota 25, em "Cinquentenário da Abolição", neste volume, p. 90).

muito curiosa, na intenção de provar essa inferioridade com que o branco concebe o negro, entre nós. Mas a documentação apresentada, apesar de interessantíssima, me pareceu na realidade pouco convincente como demonstração de preconceito de cor, porque quase toda ela se convertia principalmente em preconceitos de classe. Era documentação de classe e não de cor. Assim por exemplo, se um grupo de senhoras da elite funda uma escola para moças "de cor", com o fito de formar boas cozinheiras, é certo que não fundariam, por outro lado, nenhuma escola de operárias brancas para educá-las na indústria de melhormente gastar os ócios da elite. E o engraçado no caso é que havia uma espécie de elogio ao preto e à sua extraordinária habilidade nas artes do bom comer.

Da mesma forma: se um pai burguês recusar sua filha branquinha em casamento a um negro – o que, de resto, não é uma lei absoluta entre nós – também é profundamente certo que a recusará mais peremptoriamente e, com certa e fatal razão, a um remendão ou lixeiro de qualquer cor. O preconceito de cor me parece incontestável entre nós, porém, na sua complexidade e esperteza de disfarces... constitucionais, temos que não confundi-lo com o problema de classe, não só para não exagerá-lo em sua importância, como para lhe dar melhor iluminação e não enfraquecê-lo em suas provas legítimas.

Neste sentido, creio que não há melhor jeito de provar a existência do preconceito do que buscando a sua documentação folclórica. E então veremos essa coisa espantosa de ser o próprio povo inculto a esposar o preconceito e cobrir o negro de apodos, pelo simples fato de ser negro. Aqui não se trata mais, evidentemente, de problemas similares mas não idênticos, como são os de classe e de raça, o problema é exclusivamente de cor.

Por hoje me conservarei apenas na seara dos provérbios, que só por si é assustadoramente violenta. Eis alguns, para começar:

> Em festa de branco
> Negro não se mete.

> Negro comendo com branco
> A comida é do negro.

Negro em pé é um toco,
Dormindo é um porco.

Negro é como trempe:
Quando não queima, suja.

Negro que não gosta de mel,
É ladrão de cortiço.

Negro quando não suja na entrada,
Na saída é certo.

Quando o negro não quer fava,
Fava no negro.

Matolotagem de negro
Não salta riacho.

Negro não come gostoso,
Porque não espera cozinhar.

Eis alguns provérbios colhidos no Nordeste:

Negros, criá-los e depois vendê-los;
Mulatos, criá-los e depois matá-los.

Quem mata mulato é capricho.

Negro ensaboado,
Tempo perdido,
Sabão esperdiçado.

Há toda uma série de provérbios detestáveis para demonstrar, pelas variantes de vocabulário, a distinção entre o negro e o branco. São os prolóquios em que se nega ao negro o direito de empregar, para seu uso, palavras usadas em relação aos brancos, nos seus atos tanto individuais como sociais. Escolho esta série edificante, entre os quais já recenseei:

Negro não fala,
Resmunga.

Negro não come,
Babuja.

Negro não dorme,
Cochila.

Negro não dá a luz,
Estóra.

Negro não nasce,
Aparece.

Negro não namora,
Embirra.

Negro não acompanha santo,
Corre atrás.

Negro não casa,
Se ajunta.

    Esta série de provérbios baseados em diferenciação de terminologia, foi relacionada, aliás, no número de janeiro de 1931 da *Revista da Academia Brasileira de Letras*.[3] E não querendo insistir no gênero, lembro apenas que Sílvio Romero enumera vários outros mais, numa lenga--lenga que colheu da própria boca de pretos, e à qual eles chamavam de "Padre Nosso do Negro"!

---

3   Nota da edição: MA refere-se ao artigo de Leonardo Motta, Paramiolojia Nacional. *Revista da Academia Brasileira de Letras*, a. 22, v. 35, nº 109. Rio de Janeiro, jan. 1931, p. 45-63; à p. 58: <u>Nota MA</u>: "Negro" e traço à margem do apodo "Negro comendo com branco, a comida é do negro". À p. 59, <u>Nota MA</u>: "Preto" e traço ligando os apodos "Negro em pé é um toco, dormindo é um porco." com "Negro não casa, se ajunta".

Ainda outro provérbio bem cruel é aquele registrado por Afrânio Peixoto nas suas *Miçangas*:[4]

> Abelha preta é arapuá.
> Tempero de negro é manguá.

"Manguá" é pau, no sentido de sova.
A inferioridade do mulato ainda vem assinalada noutro provérbio:

> Mulato em burro é lacaio.

Há um outro ainda, crudelíssimo, colhido por Spix e Martius em Minas, e cuja parte central não pode ser literalmente dita aqui:

> As brancas são para casar,
> As mulatas para...
> As negras para servir.

Finalmente, um provérbio muito conhecido, é o que se originou dos "andas" como se dizia antigamente, os escravos vestidos apuradamente, destinados a carregar suas senhoras nos veículos coloniais. Usavam sempre luvas, donde o dizer:

> Negro de luva,
> Sinal de chuva,

que também se diz, pelo menos em São Paulo, piorando o apodo:

> Macaco de luva,
> Sinal de chuva.

---

4   Nota da edição: PEIXOTO, Afrânio. *Miçangas*: poesia e folklore. São Paulo: Companhia Editora Nacional, 1931. À p. 68: <u>Nota MA</u>: cruzeta à margem do apodo citado.

Esta equiparação nacional do negro ao macaco, bem que para o estrangeiro sejamos todos uns "macaquitos", deu também o ditado que indica alguém ser mestiço, "coçar a orelha com o pé", que Amadeu Amaral já estudou.[5]

E basta de provérbios maus. Outro dia de pachorra hei de mostrar que a canção popular brasileira não é menos abundante em ofensas. Reconheço que se fossem ofensas simplesmente, seriam insuficientes para provar uma linha de cor, seriam, quando muito, comprovantes. Também o português foi fartamente insultado entre nós, e ganha do papagaio como personagem principal do nosso anedotário, da mesma forma com que nós não somos esquecidos diariamente em Portugal. Mas pela abundância e pela forma comparativa que a maioria deles veste, é incontestável, nestes provérbios, a consciência de uma diferenciação moral e social. Consciência que os provérbios, as parlendas e as cantigas ajudam a conservar.

Mário de Andrade

---

5   Nota da edição: AMARAL, Amadeu. Os ditados que, de fato, se dizem. *Revista da Academia Brasileira de Letras*, a. 22, v. 37, nº 118. Rio de Janeiro, set. de 1931, p. 5-13.

NÓTULAS FOLCLÓRICAS

1. O fado (1)[1]

Coisa estranha... Não há dúvida nenhuma, pelo menos enquanto não surgir documentação contrária, que ficou demonstrado por mim que o fado, como dança, já existia no Brasil desde os últimos tempos de colônia, ao passo que em Portugal só principia sendo registrado em 1849, que se saiba. Mas a documentação que forneci, embora probante, é muito escassa e quanto mais melhor. Agora me aparece um caso bastante esquisito.

O documento mais antigo que consegui descobrir denunciando a dança do fado no Brasil é o *Essai statistique sur le royaume de Portugal et d'Algarve* de Adrien Balbi, publicado em 1822. Um geógrafo que viveu dois anos em Portugal quase sempre em Lisboa e nunca veio ao Brasil, eis que vem enumerar o fado entre as danças populares brasileiras, e não o cita entre as danças populares portuguesas. Me parece impossível recusar ou mesmo discutir a validade comprovatória duma documentação assim.

Eu não conheço, no original impresso, o trabalhinho do visconde de Pedra Branca, em que ele, um dos primeiros, tratou das diferenciações vocabulares entre Portugal e o Brasil. Mas João Ribeiro o reproduziu na

---

1   <u>Nota MA</u>: "(1) Já publicado em 'Mundo Musical', *Folha da Manhã* de 15-VII-43".
Nota da edição: V. COLI, Jorge. *Música final*: Mário de Andrade e sua coluna jornalística Mundo Musical. Campinas: Editora da Unicamp, 1998. O texto referido não foi selecionado no livro em que o pesquisador coligiu as crônicas de MA, na coluna "Mundo Musical".

íntegra num dos volumes da *Revista de Língua Portuguesa*. Aqui principia a complicação. O trabalho do visconde de Pedra Branca foi escrito, ou pelo menos publicado em francês, em francês naturalmente, João Ribeiro o transcreve. Ora na pequena coleção de brasileirismos, se encontra a palavra "fado", cujo sentido, dado em francês, vem impresso "Bonderie" (sic, com êne). Não encontro esta palavra nos meus dicionários franceses. Será erro já do original ou do linotipista transcritor da *Revista de Língua Portuguesa*?

A palavra "bonderie" evoca terrivelmente o verbo "bondir", mas isto é pura fantasia minha, está claro. Deve ser "bouderie", com u, arrufo, briguinha sem muita consequência. Enfim, um estado que em português também se diz "enfado": "Fulano se enfadou comigo", "anda enfadado comigo". Mas só o visconde encontrou a palavra "fado" significando "enfado" no Brasil, não lembro outro. Será isso mesmo?...

E se o nosso prezado visconde já conhecesse a palavra "fado" como dança popular brasileira? Que a pergunta não é nada ociosa provo pelo seguinte: o trabalho linguístico dele, escrito, imagina João Ribeiro, em 1824 ou 25, foi inserido na obra *Introduction à l'atlas ethnographique du globe*, de quem meu Deus! do mesmo Adrien Balbi que em 1822 publicara o *Essai statistique*, onde o fado já é muitíssimo dança do Brasil. Ora não será o mesmo futuro colaborador brasileiro do *Atlas ethnographique* quem, quando em 1820 era deputado do Brasil às Constituintes de Lisboa, teria dado a informação sobre o fado-dança a Balbi, que nessa época também estava lá? Parece mais que provável.

O problema não para nisso. É que, entre os seus brasileirismos, o visconde de Pedra Branca recenseia também "fadista" que dá como significando "fille publique". Esse homem, que formara-se em Coimbra, nunca escutara a palavra "fadista" em boca portuguesa e a registra como brasileira e significando "mulher da vida"!

Mas carece também agora constatar que nem sempre as traduções francesas dos seus brasileirismos são feitas com exatidão pelo visconde. Ele traduz "dondon" por "vaudeville" quando que eu saiba é apenas uma dança; "capeta" é "lutin"; "tapera" vira "terrein abandonné", coisas assim. É possível que ele tenha escutado chamar "fadista" a uma ou várias mulheres visivelmente "da vida" e imaginasse a sinonímia que registrou. Quando elas eram "fadistas" não porque andassem "cumprindo seu fado" triste, mas porque "batiam o fado" alegre nos botecos noturnos da má vida.

Porque o que está mais me interessando agora, por sugestão desse ínclito visconde que me faz bondir a imaginação e bouder a indecisão, é o processo semântico pelo qual fado-destino veio a significar fado-dança. É uma coisa curiosa observar que, embora haja fados-destinos tanto maus como bons, "fado" e suas derivações se aplicam geralmente à infelicidade que é mais cotidiana. Ninguém não diz dos bem-fadados que "foi o fado", que "aquilo era o fado dele", que estão "seguindo, ou, cumprindo o fado": só o diz dos malfadados. Se acaso o visconde de Pedra Branca traduziu com exatidão o sentido que a palavra "fadista" ainda tinha no tempo dele, é que também ela se criara só pra todos os, ou pelo menos, todas as malfadadas.

Ora que o fado-dança nasceu entre gente das classes inferiores, menos protegida pelo *fatum*, e mesmo especialmente dada a forrobodós, furdunços e forrós, está provado por toda a documentação existente. Imagino pois toda uma evolução, não propriamente semântica, mas que provocou como que a recriação da mesma voz. De "fado", destino mau, gente do Brasil fizeram a palavra "fadista" pra designar pelo menos as malfadadas; e como estas fadistas dançassem duais numerosamente uma dança, imitada das coreografias dos negros escravos, mas não exatamente mais um batuque, samba ou lundum, dessas "fadistas" que não eram nem valsistas ainda nem mais sambistas, se tirou de novo o substantivo "fado" já tão conhecido desses coitados, pra designar a dança nova. E desta forma os que "cumpriam o fado", principiaram sendo os que "batiam o fado" também. Engenhoso.

A respeito da origem negra do fado... Certos escritores portugueses afirmam dogmaticamente, como Freitas Branco por exemplo, que o fado é uma derivação do lundu. Não sei se deveria dizer assim. Não conheço nenhum documento histórico que afirme isso. A desinência negra, sim, essa parece incontestável e Von Weech a indicou *in loco* e no tempo. Mas não determinou especializadamente o lundu. Será talvez preferível dizer origem afro-brasileira.

São Paulo, 3 de outubro de 1942

2. Aboiar (1)[2]

No *Dicionário de brasileirismos* que a Academia Brasileira de Letras pretendeu fazer e andou publicando por partes na sua *Revista*, encontro esta definição de "Aboiar": "cantar à frente do gado em toada monótona e triste". Não estará errado, mas sempre me impressionou muito aquela definição de "Poésie" do *Petit Larousse*: "art de faire des vers".

Eu creio haver uma distinção muito profunda entre definir "aboiar" o qualificando de "triste", e definir por exemplo o lundu qualificando-o de "meio cômico", de "joco-sério", coisa assim.

O aboiar e o aboio não são necessariamente tristes: eles resultam tristes por certos elementos exclusivamente musicais (e nunca textuais) que empregam. Aliás a própria qualificação de "tristeza" dada a essa música me parece abusiva, pro meu gosto pessoal. O aboio e o aboiar mais elaborados, mais longos, eu os sinto melancólicos, e não exatamente tristes. E quanto aos aboios menos elaborados, pequenas formulinhas rítmico-melódicas, no geral de excitação, não raro são alegres, e sempre alertas, vivazes, nada sequer melancólicos. E quanto a texto, se há os que falam em vir embora pro sul, também há os que falam das malhadas onde o gado descansa na sombra.

Ao passo que o lundu que empregue textual e musicalmente elementos tristes, perde uma das suas características essenciais. Já não é mais um lundu típico – coisa que prova toda ou quase toda a documentação existente.

Definir é muito difícil... Principalmente quando não há elementos técnicos decisórios, definidores por si mesmos. Definir pelo "espírito" da coisa será sempre insuficiente. Sobretudo porque a pessoa que ainda não conhece a coisa, não tem elementos vividos, para a identificar.

---

[2] Nota MA: "(1) Já publicado em 'Mundo Musical'. *Folha da Manhã*, de 15-VII-43." Nota da edição: Localizado pela pesquisa no manuscrito *Mundo Musical*, da série Manuscritos Mário de Andrade, no IEB-USP. Mário de Andrade organiza, dentro desse manuscrito, uma pasta em que subescreveu: "Do meu diário" em vermelho, grifo em azul e vermelho e um círculo vermelho com o núcleo azul. Ali, reuniu as crônicas relativas à série "Do meu diário".

Aliás, mesmo "cantar à frente do gado" me parece pervertidor do sentido completo de Aboiar. Não só pode-se aboiar ao lado ou atrás do gado em marcha, como, no caso, "à frente" dá uma noção de motricidade, de gado em marcha na estrada que, se é momento muito comum de aboiar, não é imprescindível. Se pode aboiar pra gado parado e pra de qualquer jeito lidar com gado – se entendendo aqui por "gado" até um animal sozinho. Quando os vaqueiros de Marajó gritam "Êh boi!", "boi, vá" etc. pra fazer como que um só Boi se mexa na caiçara e caia n'água pra ser içado no navio, estão aboiando... na verdade a única definição técnica pra Aboiar que me parece razoável é: "processo de cantar ou gritar usado pra lidar com o gado". E até se poderá talvez acrescentar: "gado vacum".

Mas isto, no momento, não sei com toda a certeza. Deve ser isso, mas não vê que tive o acaso de um amigo nordestino que me falava em "aboio de besta", num tempo em que eu não estava em condição de tirar logo a limpo se a invenção do composto era dele ou tradicional. E tenho me esquecido de esclarecer o caso até agora.

3. Rudá em Portugal... (1)[3]

Um dos casos que dão mal-estar na etnografia brasileira é o deus Rudá, recenseado por Couto de Magalhães como pertencente à mitologia dos tupis, no *Selvagem*. O fato é que ninguém mais, nunca mais, nenhum etnógrafo, nenhum viajante encontrou memória desse deus entre os tupis de qualquer parte do Brasil. Mas por outro lado é impossível negar a honestidade e mesmo o espírito científico atilado de Couto de Magalhães, um dos primeiros brasileiros a fazer etnografia com legitimidade científica moderna. *O selvagem*, apesar dos seus defeitos, é livro clássico da etnografia nacional. E o que é pior: o resto desse capítulo sobre daimônios tupis é incontestável e legítimo.

---

3 Nota MA: "(1) Já publicado em 'Mundo Musical', *Folha da Manhã*".

Isso levou e leva muita gente a admitir a existência de Rudá, e se alguns o puseram delicadamente em dúvida, só mesmo agora vejo um Basílio de Magalhães tratar com aspereza, aliás fora de propósito, o caso, dizendo pelo nº 19 de *Cultura Política* que "a teogonia dos tupis era pobre, apesar de Couto de Magalhães havê-la fantasticamente enriquecido com um deus do amor, Rudá". Não sou forte em mitologia tupinambá nem lido etnografia, mas creio que Basílio de Magalhães é o primeiro que se atreve a negar peremptoriamente, com um tabefe o simpático deus guerreiro que vivia nas nuvens protegendo as cunhãs que tinham seus companheiros longe. Mas Métraux fez mais. Ou fez menos... A verdade é que em *La Réligion des Tupinambás*, nem se lembra de tocar em Rudá – o que é mais ou menos justo. Mas talvez só pra não tocar no deus improvável, se viu obrigado a não incluir Couto de Magalhães na bibliografia do livro – o que é injustiça incontestável. Tanto mais que a Métraux era impossível não conhecer *O selvagem* e se não utilizou-se dele nas citações e provas do que afirmava, certamente se apoiava moralmente também nele como comprovação de verdade a afirmar.

Já disse, nada tenho com a etnografia, mas talvez uma prova que se podia talvez lembrar contra a existência tupi de Rudá é que todos os daimônios da mitologia ameríndia brasileira passaram para o folclore nacional e são conhecidos como entes maléficos pelo povo do Brasil. Pelo menos os generalizadamente tupinambás, como o Boitatá, o Corupira, o Capora, o Saci-Pererê (Matintaperera).

Aliás, sobre isto, cabem mais duas observações laterais: 1- Não será essa também uma boa prova de inexistência, como divindade, do tão discutido deus Tupã?; 2- Os daimônios tupis se generalizaram no folk brasileiro, principalmente no mais folclórico, o rural que de norte a sul conhece e ainda conhece muito o boitatá, o corupira, a capora e o saci. Ora os deuses africanos não tiveram essa força nem se aclimaram muito bem no folk brasileiro. Em regiões enormes e fartamente servidas de mestiçagem afronegra, Xangô, Obatalá, Iansã, Exu, etc. são por completo ignorados. E mesmo nas regiões onde batuca a macumba, o candomblé, o xangô, com exclusão dos iniciados do culto, é muito difícil afirmar que esses deuses sejam um fenômeno exatamente folclórico. Pelo menos este é o caso incontestável da região da macumba (Distrito Federal[4] e vizinhança) onde, se a maioria da população conhece, não há dúvida, um Xangô é um Exu, é que em máxima parte estes nomes foram vulgarizados pelos jornais, pelos cantos de Carnaval, pelos sambas, pelo teatro nacional, o disco e o rádio. O fato folclórico é também um fato de psicologia social. Quando o nosso homem rural entra no mato consciente de que não há corupiras; quando minha Mãe faz sentarem à sua mesa treze pessoas; quando um cantador de embolada recifense se nega a cantar o "Pinião" ou "Meu barco é veleiro" por "muito conhecidos": o fato folclórico se deu da mesma forma. Houve apenas uma reação individualista contra uma inverdade científica ou contra uma tradição. Mas isto não impede que o fato folclórico tenha se dado integralmente: conhecimento coletivo de uma realidade popular tradicional.

Ora, a bem dizer, toda a população da cidade do Rio de Janeiro conhece Xangô ou Oxalá. Mas não se lembra nunca de os invocar, de os cultuar, ou de reagir contra eles por serem uma inverdade. Os conhece como conhece Caxias ou Camões, da mesma forma, por culteranismo, por "intriga" urbana.

Com Rudá, mesmo pertença ele a uma parte pequena dos espalhados tupis, nem nessa região ele é conhecido pelo povo folclórico, como sucede, por exemplo, com o Jorupari, nas regiões em que é cultuado com este nome.

Couto de Magalhães confessa que obteve conhecimento de Rudá por "uma senhora", evidentemente uma civilizada aproximadamente branca. Foi ela e exclusivamente ela quem lhe deu a descrição do deus, sua lenda e, o que é mais curioso, o canto de invocação com texto e melodia. Melodia que ele não registrou. Mas registrou o texto da invocação, poema incontestavelmente de uma notável beleza lírica, mas que discrepava berrantemente dos outros textos ameríndios que ele colhera direto da boca selvagem. Era já quase impossível se aceitar aquela elevação, civilizada à europeia, de ideias como coisa dos nossos índios tão primitivos. Mas como provar o embuste? E de quem? De Couto de Magalhães? Da

---

4   Nota da edição: O Distrito Federal, na época, era a cidade do Rio de Janeiro.

senhora por certo digna de crédito a quem ele dera tão cego crédito, contra toda a bibliografia ameríndia conhecida?...[5]

Mas agora porém que ao menos o hino lindo ao deus Rudá seja uma espécie de embuste, creio não se poderá mais contestar, depois que Jaime Cortesão publicou *O que o povo canta em Portugal*. Lá vem por duas vezes (p. 94 e 246) vulgarizado na íntegra um esconjuro usado pelas mulheres portuguesas quando têm seus maridos longe. Ora o texto tupi recolhido por Couto de Magalhães não é mais que uma paráfrase culta e delicada do texto tradicional que as mulheres do povo dizem com sua rudeza natural. Se compare os dois textos:

Canto a Rudá	Esconjuro português
Ó Rudá, tu que estás no céu	Deus te salve sol divino
E que amas as chuvas	Tu corres o mundo inteiro
Tu que estás no céu	Viste lá o meu marido?
Faze com que ele	Se tu o viste não me negues
Por mais mulheres que tenha	Não me negues, não negues não
As ache todas feias	Esses raios que vens deitando
Faze com que ele	Ao teu nascimento
Se lembre de mim esta tarde	Sejam dores e facadas
Quando o sol se assentar no ocidente.	Que atravessem o seu coração
	Que ele por mim endoideça
	Que ele não possa comer
	Nem beber, nem andar, nem amar
	Nem com outra mulher falar
	Nem em casa particular
	Todas as mulheres que ele veja
	Lhe pareçam cabras negras
	E bichas feias
	Só eu lhe pareça bem no meio delas.

---

[5] Nota da edição: MA remete-se a Rudá em *Macunaíma*. Sofrendo de saudades de Ci, Macunaíma "invocava os deuses bons cantando cânticos de longa duração... 'Rudá, Rudá!/ Tu que secas a chuva/ Faz com que os ventos do oceano/ Desembestem por minha terra/ Pra que as nuvens vão-se embora/ E a minha marvada brilhe/ Limpinha e firme no céu!.../ Faz com que amansem/ Todas as águas dos rios/ Pra que eu me banhando neles/ Possa brincar com a marvada/ Refletida nos espelhos das águas!...". ANDRADE, Mário. "Boiúna Luna". In: *Macunaíma, o herói sem nenhum caráter*. Estabelecimento de texto: Telê Ancona Lopez e Tatiana Longo Figueiredo. Rio de Janeiro: Agir, 2007, p. 39.

A similitude é tão grande, mesma ideia fundamental (ciúme), mesma ideia religiosa consequente (invocação), mesma disposição das ideias (invocação primeiro e pedido depois), mesmo pedido com até encontro das mesmas palavras. Me parece impossível se argumentar com a noção da "ideia elementar" (*Elementargedanke*) que tanto pode nascer aqui como nos antípodas, para defender a coexistência independente dos dois cânticos. Se trata da mesma coisa.

E aqui o critério da beleza pode entrar porque é argumento. Visivelmente o texto tupi de que dei a própria tradução feita por Couto de Magalhães é um refazimento culto e melhorado do texto folclórico português. Em vez do derramamento, tão próprio do povo inculto, a síntese sugestiva e profunda, em vez do desperdício de ideias laterais desimportantes, a concentração na ideia essencial. O texto tupi tem sabor clássico!

O mais provável é se tratar de algum conhecedor do tupi que tenha se divertido em fazer a paráfrase e, satisfeito com ela a contasse a outrem. Quem sabe se até os próprios índios com quem convivia? Não posso duvidar da honestidade de Couto de Magalhães, ele não foi desonesto. Também não duvido de tal "senhora". Se ela fosse etnograficamente duvidosa, o general não lhe aceitava com tamanha candidez os "causos" de Rudá. Talvez nem tenha havido ideia de embuste e o parafraseador tenha feito o seu poema apenas pra exercitar a atividade linguística... Índio pega bem as coisas de branco. Kock-Grünberg registrou em disco o hino nacional holandês entre ameríndios dos limites das Guianas. Eu mesmo peguei aqui em São Paulo, num encontro assombroso que ainda hei de contar um dia, um canto terena bem esquisito como melódica, mas como texto (em terena) não passando de uma canção europeia tradicional, bem conhecida no Brasil, "Mamãe, quero me casar".

Contando este caso engraçado ao historiador Afonso de Taunay, ele me contou que o visconde de Taunay, quando entre índios desse mesmo sul de Mato Grosso, se divertia em lhes ensinar cantos e facécias da nossa possível civilização.

7 de outubro de 1942

Talvez não tenha havido em ninguém a intenção do embuste. Mas o cântico de Rudá nos veio de Portugal.

4. Truta (1)[6]

É voz popular no Brasil chamar a mentira por "truta". Candido de Figueiredo, no *Pequeno dicionário brasileiro da língua portuguesa* registrou este brasileirismo popular. Colho em Mario Lamenza, *Provérbios*, 1941, p. 27, o seguinte provérbio, certamente português: "A truta e a mentira, quanto maior, melhor". Houve assimilação muito provável de brasileiro que não conhecia o peixe.

18 de outubro de 1942

Aliás é curioso observar que a truta frequenta o rifonário português. Pelo menos já achei ela mais em dois provérbios, até a p. 72 em que estou, do livro acima. Uma vez como não interessava, não anotei, mas nesta p. 72 o provérbio diz: "Com uma sardinha – Comprar uma truta", em que de novo se envolve a mesma noção de engano, de passar a perna, de mentira.

20 de outubro de 1942. (1)[7] (V. adiante, p. 131).

5. Quadrinha brasileira

A respeito de quadrinhas me parece que muito raras são as que se provam legitimamente brasileiras de criação. Nesse campo o brasileiro quase que apenas se limitou a adotar na íntegra, ou a adotar e variar as quadrinhas tradicionais de Portugal. Uma quadrinha que eu imaginava brasileira é aquela que diz:

---

6 Nota MA: "(1) Já publicado em 'Mundo Musical', *Folha da Manhã*".

7 Nota MA: "Ainda existe 'Não se apanham (ou: comem) trutas a bragas (ou: barbas) enxutas', p. 159; que está no Judeu também (836, I, 481)". Nota da edição: MA refere-se a: SILVA, Antonio José da (o Judeu). "Obras do diabinho da mão furada". In: *Óperas*. v. 2. São Paulo: Edições Cultura, 1944, p. 481: cruzeta ao lado do trecho: "'Ainda (replicou o diabinho) não se pescam trutas e bragas enxutas – Respondeu Peralta: 'Também se tomam trutas e bragas enxutas'".

Batata não tem caroço
Bananeira não tem nó
Pai e mãe é muito bom
Barriga cheia é mió (melhor).

Agora vejo que não passa de uma paráfrase de um provérbio português, compendiado por Mário Lamenza, na p. 57 dos seus *Provérbios*:

Bom é ter pai e mãe
Mas comer e beber rapa tudo.[8]
20 de outubro de 1942.

6. Viado

É conhecidíssimo o brasileirismo "viado" pra designar o homossexual passivo. Mario Lamenza, nos seus *Provérbios*, registra:

Marido banana e efeminado
Depressa emparelha com o viado (p. 136)[9]

Não conheço este provérbio que tem muitas aparências de espúrio. Não se pode dizer que seja brasileiro, não tem nenhum brasileirismo. A maneira de dicção é bem de estilo popular, o que é desmentido pela palavra "efeminado". Pode ser um caso como o da "truta" que comentei p. 18[10] atrás. Mas o certo é que considerando "viado" como animal, o dito parece não fazer nenhum sentido. Talvez já esteja no seu sentido sexual brasileiro.

---

8   Nota da edição: LAMENZA, Mário. *Provérbios*. Rio de Janeiro: Livraria H. Antunes, 1942; à p. 57, MA faz uma cruzeta diante do provérbio citado.
9   Nota da edição: IDEM, ibidem; à p. 136, MA assinala o provérbio citado.
10 Nota da edição: MA refere-se à numeração das páginas do manuscrito.

7. Truta (1)[11]

O mesmo livro de Mário Lamenza, na p. 161, me sugere a etimologia popular que facilitou a caminhada semântica da truta-peixe para truta-mentira. É o provérbio:

> Não tem letras
> Mas tem tretas.

Aliás creio que conheço este provérbio assim:

> Não há letras
> Sem tretas.

Mas não estou bem lembrado. O importante, porém, é a palavra "tretas" que no plural significa "palavreado para enganar" no *Pequeno dicionário brasileiro*. Enfim, "mentira". Dois provérbios da truta-peixe a assimilavam à mentira e à noção de enganar. Tretas eram e são enganosas. O povo do Brasil viu na truta portuguesa as tretas e pensou que tudo era uma coisa só, e principiou falando "truta" por "mentira", "engano".

28 de outubro de 1942 (V. "Viado" p. anterior). (V. "Truta")[12]

8. Tapera da Lua (1)[13]

Entre os contos etiológicos inventados pra explicar as manchas da lua, existe aquele dos índios brasileiros, floreado por Afonso Arinos nas

---

11 <u>Nota MA</u>: "(1) Já publicado em 'Mundo Musical', *Folha da Manhã*.".

12 Atualmente é possível encontrar a ocorrência "treta" como sinônimo de briga, confusão. "Truta", em contrapartida, tem o sentido de amigo, parceiro. O termo "viado" continua sendo usado com o mesmo significado.

13 <u>Nota MA</u>: "(1) Já publicado em 'Mundo Musical', *Folha da Manhã*".

Lendas e tradições com o título de "Tapera da Lua".[14] A irmã se apaixona pelo irmão e lhe frequenta a rede na escureza da noite. E pra saber quem é a mulher, o rapaz se pinta todo de urucum e jenipapo de forma que a visitante fica marcada com a pintura. E pra esconder a vergonha ela atira setas e mais setas no céu, forma uma cadência de setas por onde sobe e se transforma em Lua. E aí a lua se reflete no espelho das lagoas; é que está se mirando pra ver se já se apagaram as marcas que tem no rosto.

Afonso Arinos terá tirado a lenda da *Pátria selvagem* de Melo Morais Filho.[15] Donde este a tirou é que não sei, ou não lembro no momento.

No livro de W. Thalbitzer, *Légendes et chants esquimaux du Groenland*, tradução de Hollatz-Bretagne, edição de Ernest Leroux, Paris, 1929, tomo 45 da *Collection de contes et chansons populaires*, p. 154, vem a lenda Le Soleil et la Lune.[16] A primeira parte da lenda explica as manchas da Lua de maneira idêntica à da lenda de Melo Morais Filho. Lá a Lua é um homem e o Sol, a sua irmã. Ambos tomavam parte nos brinquedos dos solteiros da tribo, na casa das festas, inverno chegado. No brinquedo de apagar as luzes, quando a escuridão se fazia o irmão Lua que tomara amor por sua irmã, agarrava a Sol e a beijava. A Sol desconfiou, sujou os dedos de fuligem e quando o irmão Lua agarrou-a, a Sol marcou-o na cara. "São as manchas da Lua."

Mas se não sei ou não me lembro donde Melo Morais Filho tirou sua lenda ameríndia, não creio num embuste dele ou de ninguém. Se trata de um pensamento elementar muitíssimo plausível. Que Sol e Lua são irmãos ou casados é ideia primitiva muito generalizada. Que se amam e se perseguem também, derivada da sucessão dia-noite. Que as "manchas" da Lua sejam "manchas" derivadas desse animismo planetário é uma derivação quase lógica.

14 de outubro de 1942

---

14 ARINOS, Afonso. *Lendas e tradições brasileiras*. Rio de Janeiro: F. Briguiet & C., 1937, p. 33-35.

15 MORAIS FILHO, Melo. *Pátria selvagem*. Rio de Janeiro: Editora Garnier, 1899. A obra não consta na biblioteca de MA.

16 THALBITZER, William. *Légendes et chants esquimaux du Groenland*. Tradução do dinamarquês por Hollatz-Bretagne. Paris: Librairie Ernest Leroux, 1929.

9. Mula sem cabeça

Parece que no Peru a aparição não implica a falta de cabeça. Benvenutto Murrieta (*Peruanidad* de agosto, 1942, p. 787)[17] comentando um dicionário de Enrique Tovar,[18] comenta: "Más explícita y hasta propria pudo quedar la definición de mula (sic), no mujer sino barragana de sacerdote católico. También pudo explicar el porqué del nombre: la leyenda de que dicha manceba pena su culpa en vida vagando por las noches en figura de mula. Em varias provincias hay el sinónimo runamula (sic)". Mais não diz.

10. Bamba[19]

Dizem: "Fulano é um bamba", "Fulano é bamba nisso". Há um samba famoso "Nego bamba". Significa "hábil, forte, corajoso, feliz", enfim, noção de superioridade em relação aos demais. O *Pequeno dicionário brasileiro* já registra o termo. Vem decerto do angolense, onde existe a voz "di-bamba", significando "espírito", daimônio, coisa sobrenatural (V. Chatelain. *Folktales of Angola*, ed. 1894, p. 260, nota 85).[20]

---

17   Nota da edição: MURRIETA, Pedro M. Benvenutto. Hacia el gran diccionario de la lengua espanola. *Peruanidad*: Organo antológico del pensamiento nacional. v. 2, nº 9. Lima (Peru): ago. 1942.

18   Nota da edição: TOVAR, Enrique. *Gran diccionario de la lengua espanola*. Buenos Aires: Imprenta y Casa Editora Coli, 1942.

19   Nota da edição: Sob o pseudônimo de Luiz Antonio Marques, MA publicou no *Diário Nacional*, 13 de abril de 1930, o conto "O bamba". V. BATINI, Rafael Antonio. *O contista Mário de Andrade e seus pseudônimos no Diário Nacional*: edição dos textos. Dissertação de mestrado. Orientação: Profa. Dra. Telê Ancona Lopez. FFLCH. USP, 2011.

20   Nota da edição: CHATELIN, Heli. *Folk-tales of Angola*: Fifty tales, with Ki-mbundu Text Literal English Translation, Introduction and Notes. Boston and New York: G.E. Stechert & Co., 1894. MA indica a nota que explica a palavra em Ki-mbundu "sandu" do conto popular, transcrito na íntegra "Ngana Fenda Maria". À p. 260, nota 85: "*Sandu*, from portuguese 'santo', i.e., saint. Combining the Catholic custom of calling a child after the saint on whose day is born with the native custom of naming a child after the *di-hamba* or *di-bamba* (spirit) the whose influence

11. Velório

Me contou um dos bambas da Frente Negra Brasileira, um sr. Lucrécio,[21] que entre os pretos inferiores de São Paulo é costume, nos velórios, brincarem o jogo do "grufim". Palavra que o informante garantiu ser deformação de "golfinho", e parece. O jogo geralmente se realiza ao ar livre, no quintal pobre do morto, no pátio do cortiço. Os negros (e brancos) fazem roda, cada qual tomando o nome dum peixe, tubarão, peixe-espada. Quem manda o jogo se chama Grufim ou Golfinho. Este dá um giro por trás da roda, entra nela e pergunta, por exemplo, pelo tubarão. Trava-se um diálogo de frases obrigadas entre o tubarão e o grufim, que infelizmente o informante não sabia de cor, mas em que o assunto gira em torno do fato dum peixe ir comer outro. No caso do chamado à fala errar no ritual das respostas, é castigado. O castigo mais comum é receber uma palmatoada forte lhe dada pelo grufim com uma tala. A caninha com mel circula sempre. Aos poucos vão inventando castigos mais alcoolizados, beijar o defunto, lhe aproveitar uma das velas pra receber pingos de cera na testa, e mesmo desentocar um dos paralelepípedos da rua quando já calçada.

Deve se tratar de uma adaptação (afro-paulista?) dos muitos jogos de prendas ainda em muito uso na primeira década deste século. A palmatoada parece relembrar os tempos da escravidão.

Golfinho – Gorfinho – Grufinho – Grufin'?... Grufin' lembra a fonética nordestina, que dá v. g. "padin'" por "padrinho": nosso padin' padre Ciço...

---

the birth is ascribed, and of considering the children born under the same spirit as related in that spirit, the A-mbundu call a namesake a *sandu*; and two namesakes, when they meet, are morally bound to treat each other as brothers or cousins. Examples of this name-brotherhood will occur in several parts of these stories. Another word of namesake is *xalá*, in colonial Portuguese 'xará'. This seems to be of Brazilian origin.".

21   Nota da edição: Francisco Lucrécio (1909-2001), cirurgião-dentista, um dos fundadores da Frente Negra Brasileira (FNB); trabalhou no jornal *Senzala* e em 1934 assumiu o cargo de secretário-geral da referida frente. Proferiu a conferência "A liberdade e o negro", no Palácio do Trocadero, em 10 de maio de 1938, nas comemorações do Cinquentenário da Abolição, organizadas por Mário de Andrade, enquanto diretor do Departamento da Cultura da Municipalidade de São Paulo.

Me afirmou o sr. Lucrécio que o assunto do diálogo versava um peixe comer outro e é sabido o sentido sexual de "comer". Aliás o jogo do Golfinho é só pra homens. Uns dez anos atrás, talvez mais, apareceu aqui em São Paulo uma espécie de golfe em miniatura, que num átimo atingiu a moda e fez furar, havendo empresários que gastaram dinheiro forte na visitagem de jogos luxuosos. E se chamava "Golfinho", por ser um golfe em miniatura. Mas da mesma forma com que fez furor e em dois meses não havia quase bairro que não tivesse o seu golfinho, em pouco mais de seis meses não havia mais quem o jogasse. É que atribuíam ao jogador hábitos de homossexualidade passiva e chamavam-lhe "golfinho".

Que o jogo era ridículo pelo seu pingue-ponguismo sem esporte nem masculinidade, não há que duvidar. Mas nem por isto o pingue-pongue deixa de existir. A ridicularização teria vindo duma como que etimologia popular, o diminutivo de golfe sendo tomado pelo grufim-golfinho, que trata de indivíduos-peixes "comerem" uns aos outros. (30 de dezembro de 1942. O caso vai aqui transcrito da data em que recebi, 1937.)

12. Superstições do parto

Antonio Picarone, médico italiano de Araraquara, nos princípios deste século, chamado uma feita para salvar uma parturiente grave, cujo caso a parteira não conseguia resolver, viu em cima da cômoda da casa pobre um santo do tamanho natural. Com a vista mais ajeitada à luz da simples candeia de azeite, percebeu que não era estátua nada. Era mas sim o marido da parturiente, um mulato, vestido apenas com a camisola usada da mulher e bancando diz-que o Senhor dos Passos, pra auxiliar quem de direito no seu passo difícil.

13. "Fiquei pasmo"

Ficar pasmo, em vez de pasmado, é o mais comum por São Paulo, mesmo entre cultos de linguagem despretensiosa. "Pasmado" entre nós é substantivo, e é neste caso sempre um pejorativo: "Fulano é um pasmado"; "ôh seu pasmado!" etc. em que sempre se trata dum sujeito bobo.

"Pasmo" por "pasmado" está muito bem, entre os nossos particípios passados irregulares. É muito conhecido o "pego" por "pegado" por todo o São Paulo. "Eu nunca tinha pego uma surucucu", eu escutei por Araraquara, de indivíduo de Itápolis.

A *Revista Nova* nº 2, p. 280,[22] consigna "canso" por "cansado". Cornélio Pires nos *Sambas e cateretês* (Ed. 1933) na p. 329, registra "trato" por "tratado", e na moda caipira "Muié sapeca" gravada em disco Arte-Fone, nº 4019-A, vem "desparelho" por "desparelhado", "desaparelhado":

> Deixô tudo desparêio
> Que nem mato mal cortado.

Na zona de Turquel (Portugal) já bem estudada, foram registrados muitos vocábulos, modismos, provérbios tidos por brasileiros legítimos. Na *Revista Lusitana*, v. 28, de 1930, p. 170, encontro a expressão "fiquei parvo", no mesmo sentido de surpresa forte, de assombro, com que dizemos "fiquei pasmo".

14. "Eu vou no-turno"

Tive ocasião de escutar uma pessoa do povo falar a outra: "Eu vou no-turno" pra significar que ia pelo trem noturno a tal parte. Pessoa

---

[22] Nota da edição: CARVALHO, Rodrigues. Ethnografia. *Revista Nova*, a. 1, nº 2. São Paulo, 15 jun. 1931. À p. 280: "CANÇO – Particípio duplo do verbo cançar, conforme o linguajar do Nordeste: estou canço (em lugar de cançado) de avisar a fulano".

muito culta e observadora, da zona de Araraquara,[23] me confirmou que isso era comum por lá.

Não se trata de uma substantivação de "turno" por condensação de sílabas homófonas "no no-". Ninguém diz "o turno" por "o noturno" trem. É um caso mais simples de puro engolimento de sílaba evitando o pipilo.

Eu mesmo já colhi outros exemplos bons no Nordeste e parece mesmo que o nordestino "é completo" nisso. Na Paraíba, o cantador Adilão do Jacaré, num romance, me cantava "con-de Aragão" por "conde de Aragão". "No Fandango" que eu registrei também no extremo Nordeste, Paraíba e Rio Grande do Norte, no canto nº 1, quarta estrofe, da Segunda Jornada, o conhecido verso "Com pedrinhas de diamantes", foi cantado "Com pedrinhas di-amantes". E logo na prosa seguinte, vem outro exemplo bonito: "bandera disafronto", por "bandeira de desafronto".

Martins de Aguiar, pela *Revista do Instituto Histórico do Ceará*, tomo 51, p. 306, conta que os cearenses falam em "bomba di-namite" por "de dinamite", e Jorge Huley (*O Paiz*, Rio [de Janeiro], 3 de outubro de 1930) registra um Boi-Bumbá de Ourém, em que o Boi, perguntado sobre seu dono, responde:

Sou do gunvernadô
Sou doutô Lauro Sodré.

É visível que o Boi não é doutor e muito menos quem! Se limitou mais humildemente a evitar o pipilo "sou do doutô Lauro Sodré". Ainda para o Nordeste, Lourenço Filho, no seu depoimento *Juazeiro do Pe. Cícero* (Ed. C. Melhoramentos, p. 244),[24] nos transcreve um romance em que vem o verso:

---

23 Nota da edição: Trata-se do primo de MA, Pio Lourenço Correa, fazendeiro em Araraquara.
24 Nota da edição: LOURENÇO FILHO. *Juazeiro do Pe. Cícero:* cenas e quadros do fanatismo no Nordeste. São Paulo: Comp. Melhoramentos, s.d. À p. 244, MA faz uma cruzeta ao lado da estrofe "O pobre Frei Marcellino/ Implorou à multidão,/ Com uma imagem divina/ De Deus Nossenhor na mão,/ Para os jagunços atirá/ Mas não sangrá os christão". MA grifa "Nossenhor".

Com uma image divina
De Deus Nossenhor na mão.

E finalmente lembro que João Ribeiro, com audácia bastante, explica o vocábulo "javeró" como também um caso de condensação (*O folklore*, Ed. 1919, p. 164).[25] Pra ele "javeró" é o sujeito grande, alto, que o *Pequeno dicionário brasileiro da língua portuguesa*[26] chama de "feio, mal-vestido, de aspecto desagradável" e faz intriga, imagino, dizendo ser só um paulistanismo. Pois João Ribeiro, na falta de melhor, acha que javeró vem da frase "Já viu vovó?", daquela brincadeira de mau gosto em que o bruto suspende a criança pela cabeça.

Talvez o creio que nordestinismo "versidade" se deva ligar a este caso. Já consignei duas ou três aplicações da palavra mas creio que perdi minhas fichas,[27] não acho elas agora. Mas ainda tenho o exemplo dado

---

25 Nota da edição: RIBEIRO, João. *O Folk-lore*: estudos da literatura popular. Rio de Janeiro: Jacintho Ribeiro dos Santos – Livreiro editor, 1919. À p. 164, encontra-se o trecho: "Ora, uma *treta* ginástica que é portuguesa e brasileira, brincadeira meio bárbara, que consiste em levantar uma criança pela cabeça, comprimindo as têmporas, até a altura de uma pessoa grande, *para ver vovó*, segundo dizem.
As fórmulas usadas são as seguintes:
– *Vamos ver vovó!*
Ou, mais frequentemente:
– *Já viu vovó?*
Entendo que por esse motivo um indivíduo muito alto é um – *já viu-vovó* – ou abreviadamente um – *já-vevó*.
O termo infantil passou à linguagem corrente, como alguns outros que arguem a mesma origem. Neste caso, *javevó* é a condensação de uma frase mediante um processo que não é raro aliás na linguagem comum (idolatra por idololatra; bondoso por bondadoso) e é frequentíssimo no linguajar das crianças."

26 Nota da edição: LIMA, Hildebrando; BARROSO, Gustavo (Org.). *Pequeno dicionário brasileiro da língua portuguesa*. Revisto por Manuel Bandeira e José Batista da Luz. Rio de Janeiro: Editora Civilização Brasileira, 1942. À p. 662 encontra-se a definição transcrita por MA, no entanto o vernáculo é "javevó".

27 Nota da edição: MA refere-se, provavelmente, ao seu *Fichário analítico*. Trata-se de um conjunto de fichas em seu arquivo, que se ligam às suas diversas pesquisas. Segundo os estudos do processo de criação de MA, desenvolvido pela equipe Mário de Andrade – IEB-USP, um diálogo se estabelece entre os documentos nos manuscritos do escritor. No caso de "Nótulas folclóricas", entende-se que o estudo se aproxima da *Gramatiquinha da fala brasileira*. Em ambos identifica-se a

por Jorge de Lima em *O anjo* (1ª ed., p. 8)[28]: "Havia nos maços de cigarros das fábricas de fumo nordestinas uma versidade enorme de invólucros coloridos". O útil *Pequeno dicionário* citado creio que se engana ao dizer que versidade significa "qualidade". Pode ser que também signifique isso, mas pelo exemplo que citei e os outros casos, sinto a palavra como significando variedade numerosa, diversidade.

E me parece incontestável que desta última palavra é que deriva o nordestinismo, por queda da primeira sílaba. Porque se deu esta queda. Por um gramatiquismo popular. O di de diversidade foi interpretado como preposição "de versidade", e não sendo mais aplicável preposição na maioria dos casos, a eliminaram, deixando a versidade sozinha.

15. "Mas porém"[29]

Documentação coligida: em Portugal sei de um exemplo popular, guardado por Teófilo Braga no seu *Cancioneiro popular português*, v. 1, p. 36:[30]

> Olhos pretos são bonitos,
> Gosto deles... mas, porém,
> Tenho medo dos amores,
> São cruéis, não pagam bem.

Na *Revista da Academia Brasileira* (fevereiro de 1933, p. 197)[31] outra quadrinha popular responde:

---

coleta de expressões populares, método usado pelo pesquisador para compreender como se dá o fenômeno linguístico brasileiro.

28 Nota da edição: LIMA, Jorge de. *O anjo*. 1ª ed. Rio de Janeiro: Editora Cruzeiro do Sul, [1934]. À p. 8, MA traça duas interrogações "??" ao lado do trecho transcrito, no qual grifa "versidade".

29 Nota MA: "V. p. 36". [MA refere-se à p. do manuscrito.]

30 BRAGA, Teófilo. *Cancioneiro popular português*. Lisboa: J. A. Rodrigues, 1911. À p. 36, Nota MA: cruzeta ao lado da estrofe e grifo em "mas, porém".

31 Nota da edição: GOIAZ, João. II Trovas luzitanas. *Revista da Academia Brasileira de Letras*, a. 24, nº 134. Rio de Janeiro, fev. 1933. Nota MA à p. 197: cruzeta à margem da estrofe citada e grifo em "mas porém".

> Você disse o sentimento,
> Mas porém já sente pouco,
> Eu podia sentir muito
> Si eu já não tivesse outro.

(Se observe, nesta, o emprego sistemático do pronome pessoal, que os gramáticos imaginam galicismo dos nossos literatos.)

No domínio da erudição não me lembro de exemplo português. Mas Gregório de Matos, tão popularesco, usava sistematicamente a locução. Sei de quatro exemplos dele, tirados da edição da Academia.

> 1º E para parecer mulher que poupa,
> Não se descuida em recomendar-lhe a roupa.
> Mas porém advertindo que há-de ser
> Quando ele de raiva a não romper.
> (3º volume, p. 329)

> 2º Como quereis que se perca
> Tendo um juízo de tábua
> Donde no mar de desgostos
> Permeia, mas porém nada.
> (4º volume, p. 79)

> 3º Achou este muito médio,
> Tratou de se aproveitar,
> Mas porém se o foi fechar
> Em um armário de pratos,
> Foi por ver a muitos gatos
> Por esta carne miar.
> (5º volume, p. 308)

> 4º ... Será, que tudo é pior;
> Mas porém seja o que for,
> E feitos são do cometa.
> (5º volume, p. 91)

E finalmente há um exemplo que Gonçalves Dias se permitiu, na edição das *Poesias Completas*, Garnier, 2º volume, p. 203.[32] É no canto quarto dos timbiras:

> Embora ostente o chefe dos timbiras
> O ganhado troféu; embora à cinta
> Ufano prenda o gadelhudo crânio,
> Aberto em croa do infeliz Gamela.
> Embora; mas porém amigas quedem
> Do Timbira e Gamela as grandes tabas...

16. Canidé-Yune (1)[33]

Fétis, na *Histoire générale de la musique*, 1869, 1º v., p. 14, cita o canto da arara canindé, colhido e registrado por Léry no Brasil. Mas Fétis escreve "canide jouve" e o diz "recuelli chez les sauvages du Canada". Avisa mais que tirou o documento do *Dictionnaire de musique* de J.J. Rousseau, ed. de 1768, planche IV. Numa indicação meio dúbia que não se consegue saber exatamente se se refere ao Canidé-Yune, afirma que "ce même chant est rectifié par P. Kalen", "Reis dvor Noord-Amerika", Utrecht, 1772, planche VII.

Não conheço este último livro, mas é muito possível que Kalen tenha roubado o documento exposto por Rousseau sem indicação bibliográfica e o dado como recolhido por ele mesmo. Estes roubos eram comuns nos viajantes.

Tenho o *Dicionário* de Rousseau,[34] e nele encontro, com efeito, o "Canidé-Yune" dado como "chanson des sauvages du Canada". Aliás vem na prancha N, que de fato é fácil confundir com IV, e foi o que suce-

---

32 Nota da edição: DIAS, Gonçalves. *Poesias de A. Gonçalves Dias*. v. 2. Rio de Janeiro: Livraria Garnier, s.d. À p. 203, Nota MA: cruzeta diante dos versos citados e grifo em "mas porém"

33 Nota MA: "Já publicado em 'Mundo Musical', *Folha da Manhã*".

34 Nota da edição: ROUSSEAU, J. J. *Dictionnaire de la musique*. Paris: Veuve Duchesne Librairie, 1768.

deu. Certamente houve algum engano de Rousseau, pois não é possível imaginar que ele tivesse interesse em dar aos selvagens do Canadá o que Léry escutou dos do Rio de Janeiro. Ou talvez o engano não seja dele e sim do padre Mersenne, de cujo livro Rousseau confessa ter emprestado as suas "deux chansons des sauvages de L'Amérique" que vem na prancha N. Mas o padre Mersenne eu não tenho, isso também é demais! E é bem possível que ele confesse que tirou de outro, que tirou de outro, que tirou de outro...

De tudo isto se poderá discutir a autenticidade ameríndio-brasileira do Canidé-Yune? O mais contestável é Léry ter guardado de memória o seu canto e os processos de grafia de então. No resto não há dúvida possível. Não só Léry é anterior ao padre Mersenne, como a palavra "canidé" autentica o documento.

17. "Mas porém" (1)[35]

"Costume é de Deus ameaçar um grande mal com outros males menores. Ao Egito começou por gafanhotos, rãs e mosquitos; mas porém parou em afogar ao rei e todos os seus no mar roxo." De um sermão de Frei Miguel dos Santos, pregado em 1578. Apud C. Castelo Branco, "As virtudes antigas, ou A freira que fazia chagas e o frade que fazia reis", parceria Antônio Maria Pereira, Lisboa, 1920, 3ª ed., p. 109.

18. Brasileiro

Brigam por causa de nos chamarmos "brasileiros" e querem à força que mudemos nosso nome pra "brasiliano" ou "brasiliense". Antes de mais nada, isso não se faz. Seremos sempre brasileiros, muito embora a palavra tenha nascido pra designarmos os que trabalhavam no pau-brasil.

---

35   Nota MA: "V. p. 32". Nota da edição: MA refere-se à página do manuscrito.

Mas tem outros exemplos bons e legítimos do vernáculo. Colho um no Brasil outro em Portugal, nascidos na boca legítima do povo inculto. No Nordeste chamam de "brejeiro" aos que nascem na zona do brejo. E Leite de Vasconcelos conta no *De terra em terra*, v. 1º, p. 156,[36] que são nomeados "charnequeiros" os que nascem na zona da Charneca, na Beira. Que mal há que chamem de "brasileiros" aos que nascem no Brasil? E aos que vivem nele...[37]

19. "Mas porém" (1)[38]

Camões, no *Auto de El-rei Seleuco* (nº 116, v. 4, p. 183)[39] faz o rei dizer:

– Si, mas porém nunca vemos
A natureza esmerar
Adonde haja que taxar.

---

36   Nota da edição: VASCONCELOS, J. Leite de. *De terra em terra*: excursões arqueológico--etnográficas através de Portugal (Norte, Centro e Sul). v. 1. Lisboa: Imprensa Nacional de Lisboa, 1927. À p. 156: "1. *Charneca*, região que compreende Oleiros, Certã (com os *Certainhos*), Vila de Rei, Proença e Nova, Rodão, parte do concelho de Castelo Branco, – Cebolais, Bemquerença, Retaxo, Malpica (com os *malpiqueiros*) –, Almaceda, S. Vicente da Beira etc. Os habitantes d'esta região chamam-se *charnaqueiros* e *charnecos*."

37   <u>Nota MA</u>: "(Publicado em 'Mundo Musical', *Folha da Manhã*, 5-10-44)".

38   <u>Nota MA</u>: "V. p. 36 e 32". [MA refere-se às p. do manuscrito.]

39   Nota da edição: MA refere-se à *Revista de Filologia Portuguesa*, de maio de 1924; não localizada pela pesquisa. Em sua biblioteca está: CAMÕES, Luiz de. *Auto de El-rei Seleuco*. Lisboa: Livraria Editora Viúva Tavares Cardoso, 1908. A passagem referida não foi identificada no texto.

Estudos convidados

MÁRIO DE ANDRADE, FOLCLORISTA

Maria Laura Viveiros de Castro Cavalcanti[1]

À sua maneira sempre intensa e múltipla, Mário de Andrade abraçou a causa do folclore brasileiro. Em seu anseio de modernização das artes, do gosto e do fazer artístico, que almejava a inserção do país no concerto internacional das nações, ele buscou o conhecimento das expressões culturais populares. Não de qualquer expressão popular, mas, em especial, daquelas ditas folclóricas, consideradas tradicionais e, portanto, caracteristicamente brasileiras.

A relevância da noção de folclore na arquitetura do pensamento modernista de Mário de Andrade foi bem-demonstrada por Eduardo Jardim de Moraes.[2] Ao valorizar o cosmopolitismo e o interesse de participação internacional, Mário de Andrade encontrava no folclore fundamentos não só originais como universais para a produção contemporânea da arte e da cultura nacionais. O elemento autêntico e primitivo

---

1   Professora Titular de Antropologia, Programa de Pós-Graduação em Sociologia e Antropologia da Universidade Federal do Rio de Janeiro.

2   V. MORAES, Eduardo Jardim de. *A brasilidade modernista*: sua dimensão filosófica. Rio de Janeiro: Graal, 1978; *A constituição da modernidade no modernismo brasileiro*. Tese de Doutorado. Rio de Janeiro: Universidade Federal do Rio de Janeiro, 1983; "Modernismo e folclore". In: *Folclore e cultura popular: as várias faces de um debate*. Rio de Janeiro: Centro Nacional de Folclore e Cultura popular/Funarte, 1992, p. 75-78. Série Encontros e Estudos, nº 1.

buscado no fato folclórico tinha também o sentido do encontro com uma humanidade primordial, presente de formas diversas em todas as culturas humanas. Ali estariam dados a régua e o compasso para a produção inovadora da arte erudita em curso no Brasil; ali estaria preservado o sentido de continuidade cultural, a ligação do país com seu próprio passado a zelar no presente pelos rumos do futuro almejado.

Nos diversos aspectos da obra de Mário de Andrade, na música, na literatura, na poesia, nas artes plásticas, seja como literato ou crítico, o tema do folclore se fez presente de modo marcante. Telê Ancona Lopez (1972) indicou como o autor buscou inspiração poética no folclore desde *Clã do jabuti*, de 1926, e Carlos Sandroni (1999) observou que, nesse mesmo ano, Mário de Andrade já tinha anotado melodias folclóricas do Nordeste cantadas por alunos do Conservatório Dramático Musical e por nordestinos radicados na cidade de São Paulo.[3] Gilda de Mello e Souza (1979), por sua vez, ressaltou a escolha do bailado popular do bumba meu boi como modelo de composição rapsódica utilizado no romance *Macunaíma* de 1928.[4] Moraes (1999) elucidou o valor atribuído por Andrade ao fazer artesanal na busca de uma arte com compromisso social.[5] Também Elizabeth Travassos analisou como, na visão do autor, a nacionalização da música supunha a impregnação criativa do compositor erudito pelo material musical folclórico.[6]

Ao ver o folclore como um mediador fundamental para a renovação da criação artística brasileira, Mário de Andrade aproximava seu

---

3   V. LOPEZ, Telê Ancona. *Mário de Andrade*: ramais e caminho. São Paulo: Duas Cidades, 1972, p. 77 e SANDRONI, Carlos. Notas sobre Mário de Andrade e a Missão de Pesquisas Folclóricas de 1938. *Revista do Patrimônio Histórico e Artístico Nacional*, nº 28. Brasília, 1999. p. 60-73.

4   MELLO E SOUZA, Gilda de. *O tupi e o alaúde*. São Paulo: Duas Cidades, 1979.

5   MORAES, Eduardo Jardim de. *Limites do moderno:* o pensamento estético de Mário de Andrade. Rio de Janeiro: Relume Dumará, 1999.

6   TRAVASSOS, Elizabeth. *Os mandarins milagrosos*: arte e etnografia em Mário de Andrade. Rio de Janeiro: Jorge Zahar, 1997; *Modernismo e música brasileira*. Rio de Janeiro: Jorge Zahar, 2000.
Ver também VEIGA JR., Maurício. *Entre piano e ganzá*. Música e interpretação do Brasil em Mário de Andrade. Tese de Doutorado. Programa de Pós-Graduação em Sociologia e Antropologia. IFCS/UFRJ. 2015.

modernismo de pressupostos filosóficos românticos.[7] Tratava-se não apenas de produzir conhecimento sobre o povo e utilizá-lo no programa ideológico modernista. O folclore era também um canal privilegiado de religação com um mundo que aspirava à totalidade. Mário de Andrade dedicou-se com afinco à leitura dos estudiosos de folclore e comovia-se com um contato humano que transpunha os limites de uma sociabilidade de classe.[8] Suas viagens buscaram o contato pessoal de fundo etnográfico com as expressões folclóricas contemporâneas. Em que pesem suas hesitações e pruridos em considerar-se um folclorista, todo esse empenho inseriu-o na tradição mundial dos estudos de folclore. No Brasil, desde o último quartel do século XIX, tais estudos associavam-se aos anseios cientificistas já expressos por Sílvio Romero em 1885.[9]

Florestan Fernandes, em texto de 1946, bem expressa a relevância dessa faceta do múltiplo Mário de Andrade:

> É preciso não esquecer que o folclore domina – e até certo ponto marca profundamente – sua atividade polimórfica de poeta, contista, romancista, crítico e ensaísta;

---

[7] Para um estudo da pulsão romântica nas ciências humanas e sociais, V. DUARTE, Luiz Fernando Dias. A pulsão romântica e as ciências humanas no Ocidente. *Revista Brasileira de Ciências Sociais*, v. 19, nº 55. São Paulo: Anpocs, jun. 2004, p. 5-18.

[8] Sobre a vida e obra de Mário de Andrade, V. MORAES, Eduardo Jardim de. *Eu sou trezentos.* Mário de Andrade, vida e obra. Rio de Janeiro: Ministério da Cultura/Fundação Biblioteca Nacional/Edições de Janeiro, 2015. José Miguel Wisnick interpreta a originalidade da perspectiva de Andrade acerca da cultura brasileira – "o todo visto de baixo, do alto, e 'do ponto de vista de Sirius'" (O que se pode saber de um homem. *Piauí*, nº 109. São Paulo, outubro, 2015, p. 63) – em perspectiva psicanalítica, relacionando dimensões pessoais da biografia do autor, mulato e mal-adaptado ao peculiar ambiente familiar de origem.

[9] Sobre a colaboração decisiva de Mário de Andrade ao desenvolvimento dos estudos de folclore no país, V. CAVALCANTI, Maria Laura. *Reconhecimentos:* antropologia, folclore e cultura popular. Rio de Janeiro: Aeroplano, 2012; PEIXOTO, Fernanda. Mário e os primeiros tempos da USP. *Revista do Patrimônio Histórico e Artístico Nacional*, nº 30. Brasília: Iphan/MinC, 2002, p. 156-169; SANDRONI, Carlos. Notas sobre Mário de Andrade e a Missão de Pesquisas Folclóricas de 1938. Ed. cit., p. 60-73; TRAVASSOS, Elizabeth. Mário de Andrade e o folclore. *Revista do Patrimônio Histórico e Artístico Nacional*, nº 30. Brasília: Iphan/MinC, 2002, p. 90-109. Sobre Sílvio Romero, V. MATTOS, Cláudia. *A poesia popular na República das Letras*. Rio de Janeiro: Editora UFRJ/MinC/Funarte, 1994.

e constitui também o seu campo predileto de pesquisas e estudos especializados. Por isso, quando se pretende analisar a sua contribuição ao folclore brasileiro, deve-se distinguir o folclorista.[10]

"O folclore no Brasil", aqui reeditado em sua versão original, e "Nótulas folclóricas" nos falam de facetas diversas do Mário de Andrade, folclorista.

★★★

"O folclore no Brasil" é uma avaliação não só da bibliografia e das pesquisas empreendidas nessa área de estudos, como da atuação pública em prol dos estudos e preservação do folclore no país. Foi finalizado por Mário de Andrade em outubro de 1942, complementado pela bibliografia já então organizada por sua colaboradora Oneyda Alvarenga. Mário de Andrade morreu em 25 de fevereiro de 1945 e o texto foi publicado apenas em 1949 no *Manual bibliográfico de estudos brasileiros*, organizado por Rubens Borba de Moraes e por William Berrien.[11]

---

10   FERNANDES, Florestan. "Mário de Andrade e o folclore brasileiro". In: *O folclore em questão*. São Paulo: Hucitec, 1989, p. 147-168.

11   Como indica Angela Teodoro Grillo na introdução ao presente volume, o *Manual bibliográfico de estudos brasileiros*, organizado por Rubens Borba de Moraes e William Berrien, impresso em 1949, na gráfica Souza, no Rio de Janeiro, foi reposto em circulação pela Editora do Senado Federal em 1998. Essa nova edição dividiu em dois o volume original, ambos disponíveis em formato pdf no endereço eletrônico: <http://www2.senado.leg.br/bdsf/item/id/1023>. Acesso em: 25 jun. 2018. Optei por manter aqui a referência bibliográfica à edição original, de 1949, que tem um exemplar disponível na Biblioteca Amadeu Amaral, do Centro Nacional de Folclore e Cultura Popular (Iphan/MinC), no Rio de Janeiro. O *Manual* foi concebido para ser publicado em inglês, em 1943, como um desdobramento da Conferência Bibliográfica, realizada na Universidade de Michigan, em 1939, no contexto da atuação do Instituto de Estudos Latino-Americanos. Seria "um guia para o material básico do estudo de humanidades e ciências sociais, com relação às origens e ao desenvolvimento da cultura brasileira" (V. MORAES, Rubens Borba de; BERRIEN, William (Org.). Op. cit., p. V). Com as dificuldades trazidas pela Segunda Guerra Mundial, o projeto foi retomado em português com o apoio do Serviço de Documentação do Ministério do Trabalho, Indústria e Comércio. Sua publicação em 1949 foi viabilizada pelo Instituto Nacional do Livro.

Conforme nos relata Angela Teodoro Grillo em sua introdução ao presente volume, essa primeira edição do verbete de Mário de Andrade modificava ou omitia dois trechos da versão original agora publicada. O primeiro refere-se a duas páginas relativas a uma crítica metodológica a Afrânio Peixoto[12] proferida em tom de ácida denúncia e modificada pelo próprio Mário, a pedido dos organizadores. O segundo refere-se à nota relativa aos critérios de organização da bibliografia levantada, excluída sob protestos do autor. O texto original datilografado encontra-se preservado no arquivo do escritor, no IEB-USP, e foi encontrado no dossiê do manuscrito "O folclore no Brasil".

"Nótulas folclóricas" é um texto de outra natureza. São dezenove comentários integrantes do manuscrito *Anotações folclóricas* preservado no IEB no dossiê do mesmo nome. O título "Nótulas folclóricas" é fiel ao plano idealizado por Mário de Andrade para o Volume 13 de suas Obras Completas. A nótula 3 ("Rudá em Portugal") foi utilizada pelo autor em "O folclore brasileiro". A escrita das notas parece concentrada nos meses finais de 1942, embora as datas de utilização de algumas delas para publicação no jornal paulistano *Folha da Manhã* se prolonguem até 1945, e possam advir de anotações bem anteriores apenas então reunidas no contexto de um novo projeto idealizado. São anotações cotidianas em tom informal, ponderações, cotejamentos bibliográficos, breves análises, curiosidades oriundas de inquirições estudiosas.

Nótulas folclóricas

Do conjunto das nótulas agora publicadas na íntegra, nove integraram a série "Do meu diário" de Mário de Andrade, veiculada, com esse subtítulo, no rodapé "Mundo Musical", no jornal paulistano *Folha da Manhã*: "O fado", "Aboiar", "Rudá em Portugal", "Truta", publicada

---

12 Segundo Andrade, Peixoto incluíra duzentas quadrinhas de sua própria autoria entre as mil quadrinhas que compõem a coleta apresentada em seu livro *Trovas populares brasileiras*, de 1919, tendo revelado tal fato posteriormente no livro *Miçangas*, em 1931.

em duas partes, "Tapera da Lua", "Canidé-Yune", "Brasileiro" e "Mas porém". Exceto "Aboiar", "Canidé-Yune", "Brasileiro" e "Mas porém", cujas datas de escritura o autor não firma, a redação das outras nótulas é por ele declarada como de outubro de 1942, respectivamente nos dias 3, 7, 18, 20 e 28 (no caso de "Truta"). Cabe lembrar, como sinaliza a organizadora desta edição, que "O fado" e "Aboiar" foram publicados em 15 de julho de 1943; "Brasileiro", em 5 de outubro de 1944; e "Mas porém", em 2 de fevereiro de 1945. No que se reporta a "O fado", trata-se de uma retomada de argumento, em 1942, do artigo "Origens do fado", que a revista carioca *Ilustração Musical* divulgara em agosto de 1930, após conferência proferida no Rio de Janeiro naquele ano, na qual, segundo Eduardo Jardim de Moraes, o musicólogo expusera, "com base em documentos, a origem brasileira da mais popular forma musical portuguesa".[13] As notas "Truta", "Canidé-Yune" e "Brasileiro" foram publicadas por Jorge Coli em *Música final: Mário de Andrade e sua coluna jornalística Mundo Musical*.[14]

Dez das nótulas encontram agora sua primeira divulgação: "Quadrinha brasileira", "Viado", "Mula sem cabeça", "Bamba", "Velório", "Superstições do parto", "Fiquei pasmo", "Eu vou no-turno" e "Mas porém" (dois textos). A que se ocupa da nossa quadrinha e "Velório" vêm datadas de 1942 – 20 de outubro e 30 de dezembro, sendo que esta última provém de um caso ouvido em 1937 –; as outras não possuem essa atribuição.

As nótulas são bastante heterogêneas com grau de elaboração bem contrastante entre a maior densidade das três primeiras – "O fado", "Aboiar" e "Rudá em Portugal", ou da oitava, "Tapera da Lua", da décima quarta, "Eu vou no-turno", bem como da décima sexta, "Mas porém",

---

13 V. o artigo no nº 1, a.1, p. 3-4 da revista *Ilustração Musical*. Em 1934, o artigo figura na parte "Folclore" na primeira edição do livro de Mário de Andrade, *Música, doce música*, pela L. G. Miranda, de São Paulo, p. 111-117. É repetido na edição póstuma preparada por Oneyda Alvarenga para as *Obras completas* do autor na Livraria Martins Editora, em 1963, e nas tiragens subsequentes. V. também MORAES, Eduardo Jardim de. *Eu sou trezentos*. Mário de Andrade, vida e obra, ed. cit., p. 115.

14 V. os textos no livro que saiu pela Editora da Unicamp, em Campinas, 1998, p. 151-154, 157.

e a curteza (para usar uma expressão de Mário de Andrade) das demais. Assemelham-se a um passeio tão informal quanto erudito por entre cotejos bibliográficos empreendidos majoritariamente na biblioteca do autor, percursos de investigação interessados no estabelecimento da proveniência ameríndia ou portuguesa e da natureza autenticamente tradicional de lendas e dizeres populares, no significado e caminhos semânticos das peculiaridades do linguajar dos brasileiros. Seu tom corriqueiro, e mesmo por vezes divertido e irônico de quem escreve como que para si mesmo, traz entretanto implícito o desejo de seu autor de reconhecimento de sua autoridade como folclorista.

As nótulas permitem também entrever uma questão relevante a perpassar o que poderíamos considerar, seguindo Eduardo Jardim de Moraes, o núcleo folclórico da obra do autor.[15] Refiro-me à estreita associação entre as ideias de folclore e de etnografia que, articulando sentidos diversos, convidam a breve reflexão.

Lopez localizou no início dos anos 1930 – na esteira, portanto, da realização das viagens à Amazônia (entre maio e agosto de 1927) e ao Nordeste (entre novembro de 1928 e março de 1929)[16] –, o amadurecimento do interesse de Mário de Andrade pelo folclore em si e o começo das leituras mais sistemáticas dos teóricos evolucionistas da antropologia de fins do século XIX (em especial Tylor, Frazer e Lévy-Bruhl), cuja visão impregnava o ambiente intelectual das humanidades nas primeiras décadas do século XX.[17] Moraes reiterou como, desde a segunda metade dos anos 1920, Mário de Andrade voltara-se para o folclore como um elemento decisivo para a almejada nacionalização da arte.[18] E como projetara reunir em livro de vários volumes, intitulado *Na pancada do gan-*

---

15 MORAES, Eduardo Jardim de. *Eu sou trezentos*. Mário de Andrade, vida e obra. Ed. cit., p. 116.
16 Para a "descoberta do Brasil" de Mário de Andrade, V. BOTELHO, André. *De olho em Mário de Andrade:* uma descoberta intelectual e sentimental do Brasil. São Paulo: Claroenigma, 2012.
17 LOPEZ, Telê Ancona. *Mário de Andrade:* ramais e caminho. Ed. cit., p. 77-90.
18 MORAES, Eduardo Jardim de. *Eu sou trezentos*. Mário de Andrade, vida e obra. Ed. cit., p. 115.

zá, o farto material folclórico obtido com intenção mais sistemática em sua viagem ao Nordeste.[19] Tal material foi distribuído postumamente por Oneyda Alvarenga em *Danças dramáticas do Brasil* (1982), *Os cocos* (1984), *As melodias do boi e outras peças* (1987) e *Música de feitiçaria no Brasil* (1963). Como propõe Moraes, este conjunto constituiria como que um "núcleo folclórico" da obra do autor, e a ele acrescentar-se-iam os livros: "*Ensaio sobre música brasileira, Namoros com a medicina*, o artigo 'Samba rural paulista' publicado como capítulo de *Aspectos da música brasileira* [...], e ainda 'Romanceiro de Lampião' publicado na *Revista Nova* (1932) e incorporado mais tarde ao livro *O baile das quatro artes*".[20] Vale incluir ainda, nesse mesmo conjunto, os dois relatos de viagem do *Turista aprendiz*, além de *Vida do cantador*, edições póstumas de inéditos em 1976 e 1993, assim como os dois textos aqui comentados.

Nesse conjunto ampliado, embora o "folclórico" sirva a diferentes finalidades e ganhe diferentes sentidos, uma coisa é certa: ao amor declarado de Andrade pela "coisa folclórica" associa-se seu grande interesse pela etnografia. Nessa estreita associação entre folclore e etnografia, é importante notar que a própria ideia de etnografia também varia bastante, servindo de base tanto para os relatos mais descompromissados, em tom de diário íntimo, da primeira viagem do *Turista aprendiz*, como para os relatos mais sistemáticos e objetivos da segunda viagem. A diferença de uso da experiência e da narrativa etnográficas emerge também de modo notável se considerarmos, por exemplo, "Música de feitiçaria", conferência elaborada para a Associação Brasileira de Música, em 1933, e "Samba rural paulista", publicado em 1937, produzido no contexto das atividades da Sociedade de Etnografia e Folclore em estreita colaboração com Mário Wagner Vieira da Cunha.[21]

---

19   LOPEZ, Telê Ancona. Um projeto de Mário de Andrade. *Arte em Revista*, a. 2, nº 3. São Paulo: Kairós Ed., março de 1980, p. 52-58.

20   MORAES, Eduardo Jardim de. *Eu sou trezentos*. Mário de Andrade, vida e obra. Ed. cit., p. 116.

21   Mário Wagner Vieira da Cunha é autor de bela etnografia sobre Bom Jesus de Pirapora, uma pesquisa que serviu de base para a de Mário de Andrade sobre o "Samba rural paulista". As duas pesquisas complementam-se e, por sinal, foram publicadas conjuntamente no nº 41 da *Revista do*

Mário de Andrade experimentou a ideia de etnografia em diferentes registros, fez dela usos diversos e a própria ideia de folclore varia junto com aquela de etnografia. As nótulas trazem essa flutuação. Na maior parte das vezes, a ideia de etnografia liga-se à preocupação com a autenticidade do material folclórico apresentado nas fontes bibliográficas. Ou seja, foi coletado de fonte segura aquilo que um autor diz sobre um fato folclórico? Suas conclusões ou interpretações podem ser cotejadas com as coletas feitas por outros autores? Predomina aqui a ideia da coleta feita por outrem de um fato em sua pureza e sem nenhuma intervenção em seu registro escrito por parte do autor; e tais registros servem de base à discussão mais especulativa, que tanto absorvia o pensamento antropológico evolucionista, acerca da origem nacional ou étnico-racial das expressões artísticas em pauta.

Porém, uma outra acepção de etnografia se faz presente também, ainda que timidamente – especialmente em "Aboiar", a segunda nótula. Nela, Mário de Andrade argui em favor da diferença existente entre a qualificação (a seu ver apropriada) do lundu como "meio cômico" e a atribuição (a seu ver incorreta) da tristeza como característica do aboio. Depois de afirmar que "eu os sinto melancólicos, e não exatamente tristes", ele nos diz:

> Definir é muito difícil... Principalmente quando não há elementos técnicos decisórios, definidores por si mesmos. Definir pelo "espírito" da coisa será sempre insuficiente. Sobretudo porque a pessoa ainda não conhece a coisa, não tem elementos vividos para identificar [...].

Arquivo Municipal (Separata), de 1937. Foram realizadas no contexto das atividades da Sociedade de Etnografia e Folclore, sendo a de Mário Wagner a finalização monográfica de curso sobre pesquisa de campo ministrado por Dina Lévi-Strauss. V. VALENTINI, Luiza. *Um laboratório de antropologia*. O encontro entre Mário de Andrade, Dina Dreyfus e Claude Lévi-Strauss (1935-1938). São Paulo: Ed. Alameda, 2013; MONTEIRO, Luciano. *Para uma ciência da brasilidade*: a institucionalização da pesquisa folclórica e etnográfica em São Paulo na década de 1930. Dissertação de Mestrado. Programa de Pós-Graduação em História das Ciências e da Saúde. Casa de Oswaldo Cruz-Fiocruz. Rio de Janeiro, 2014; SOARES, Lélia Gontijo. "Mário de Andrade e o folclore". In: *Mário de Andrade e a Sociedade de Etnografia e Folclore. 1936-1939*. Rio de Janeiro/São Paulo: Funarte/Secretaria Municipal de Cultura de São Paulo, 1983, p. 7-14.

A passagem revela a empatia experimentada pelo autor com esse tipo de vivência que fundamentava o desejo de conhecimento direto das expressões artísticas populares. O que atraía particularmente a Mário de Andrade no folclore brasileiro eram as muitas formas artísticas e expressivas ali abrigadas: a música, a dança, a poesia, o linguajar, o artesanato. Em muitos momentos, certamente, seus encontros etnográficos transcenderam o projeto de nacionalização da arte erudita por meio da arte popular, ganhando valor por si mesmos. No entanto, malgrado suas empreitadas conceituais e mesmo normativas no campo dos estudos de folclore, o Mário de Andrade folclorista/etnógrafo convivia com o artista e o crítico de arte, geralmente consciente – ainda que de modo ambivalente – de suas limitações científicas. No delicioso "Rudá em Portugal", ele questiona com plausibilidade a autenticidade ameríndia do canto colhido por Couto de Magalhães da boca de uma senhora branca, e lhe atribui origem portuguesa apressando-se, entretanto, em nos dizer "Não sou forte em mitologia tupinambá, nem lido em etnografia [...]".

Ao mesmo tempo, a autoridade obtida por Mário de Andrade em vida no campo do folclore está explicitada em "O folclore no Brasil", originalmente publicado no *Manual bibliográfico de estudos brasileiros* em 1949. Entretanto, ao falar desde esse lugar de reconhecimento certamente também almejado por ele, nosso autor começa e encerra seu verbete com amargo pessimismo: "A situação dos estudos do folclore no Brasil ainda não é boa". Desde que ponto de vista nos interpela Mário de Andrade? A esse texto voltamos agora nossa atenção.

O folclore no Brasil

O *Manual bibliográfico de estudos brasileiros*, coordenado por Rubens Borba de Moraes e William Berrien, publicado em 1949 pela Gráfica Editora Souza no Rio de Janeiro, abrangeu doze áreas temáticas (além de uma seção de obras gerais de referência),[22] com verbetes introdutórios ao

---

22 Os temas, por vezes internamente subdivididos e sempre entregues a renomados intelectuais da época, eram: Arte, Direito, Educação, Etnologia, Filologia, Folclore, Geografia, História (desdo-

estado atual da arte, seguidos de uma bibliografia com resumos e comentários para cada título selecionado. Nele, o texto de Mário de Andrade foi publicado como "Folclore", nas p. 285-317. Para além de seu próprio conteúdo, que orienta as reflexões e comentários a seu respeito, merece também atenção sua inserção entre alguns dos demais verbetes publicados no livro. Em especial, "Etnologia", redigido por Herbert Baldus (p. 199-255); "Música", por Luiz Heitor Corrêa de Azevedo (p. 741-779); e "Sociologia", por Donald Pierson (p. 789-851). Ao compartilharem com "Folclore" o interesse pela etnografia como instrumento de conhecimento da cultura brasileira, esses três verbetes propiciam uma visão ampla da relação dos estudos de folclore com outras áreas das ciências humanas e sociais de então. Ao fazê-lo, permitem também relativizar o amargor das avaliações negativas de Mário de Andrade acerca da situação dos estudos de folclore que esbarravam, a seu ver, em grandes dificuldades no rumo de seu reconhecimento como ciência.

Referi-me anteriormente à ideia de etnografia como relacionada tanto ao problema da fidedignidade dos dados coletados por um pesquisador e apresentados seja por ele mesmo, seja por outro autor (tal como ocorria no contexto evolucionista) como aos relatos resultantes do contato direto do pesquisador/autor com o assunto de seu interesse. No *Manual*, emerge também o sentido primordial da ideia de etnografia: o estudo dos grupos humanos considerados "outros" com relação aos pesquisadores.

Como sabemos, a tradição de estudos etnográficos foi fortemente assumida como uma marca disciplinar pela antropologia desde a segunda metade do século XIX até os nossos dias, com seu apogeu no desenrolar do século XX, conforme George Stocking.[23] Embora no *Manual* a antropologia não seja distinguida como uma disciplina particular entre as humanidades, essa forma de conhecimento está nitidamente abarcada pelo verbete de Herbert Baldus, "Etnologia", termo com o qual se

---

brada em oito itens, por diferentes autores), Literatura (desdobrada em cinco itens por diferentes autores), Música, Sociologia, Teatro.

23 STOCKING JR., George. *Romantic motives:* essays on anthropological sensibility, v. 6. Madison: The University of Wisconsin Press, 1989.

designava o estudo dos índios no Brasil. Ela está incluída também no verbete "Sociologia", cujo autor, Donald Pierson, que tivera como orientador Robert Park (Universidade de Chicago),[24] não distinguia entre sociologia e antropologia social em sua concepção do fazer sociológico. Os verbetes "Etnologia" e "Sociologia", portanto, abarcam a tradição etnográfica seja como um veio central do conhecimento etnológico, seja como uma vertente significativa entre as tendências formadoras do saber sociológico. Ora, por suposto, essa mesma tradição etnográfica é abraçada em "Folclore", de Mário de Andrade, e também no verbete "Música", de Luiz Heitor de Azevedo, que o faz a partir da perspectiva dos estudos de folclore. Sob esse aspecto, esses quatro campos de conhecimento se recobrem, e dialogam entre si. Àquele tempo em que os diferentes campos de saber iniciavam sua especialização, esses intelectuais compartilhavam também interesses, e circulavam entre fronteiras disciplinares fluidas em que a necessidade de conhecimentos teóricos aprofundados e de procedimentos metodológicos considerados científicos era já, entretanto, fortemente experimentada.

Para Baldus, em seu verbete, a tradição de estudos etnográficos incorporada pela etnologia brasileira teria sido inaugurada com a própria carta de Pero Vaz de Caminha ao rei Dom Manuel de Portugal, no momento mesmo da chegada da esquadra portuguesa na costa sul da atual Bahia. Baldus compartilha com Mário de Andrade a preocupação com a exatidão das observações comunicadas. Porém, para ele, o valor de um estudo se mediria também pelo "grau de distância em que o observador se colocou quanto aos preconceitos de seu próprio povo, procurando compreender objetivamente a cultura estranha que se propôs a observar".[25]

---

24 V., na "Bibliografia" deste estudo, VALADARES, Lícia (2005), para as tradições de conhecimento abarcadas pela chamada Escola de Chicago; para a estreita colaboração entre os departamentos de sociologia e antropologia na Universidade de Chicago, V. VELHO, Gilberto (1999); sobre Donald Pierson, V. VILA NOVA, Sebastião (1998), LIPPI, Lúcia (1995), CORRÊA, Mariza (1987); para uma abordagem geral da institucionalização das ciências sociais, V. MICELI, Sérgio. (1989; 1995).

25 BALDUS, Herbert. "Etnologia". In: MORAES, Rubens Borba de; BERRIEN, William (Org.). *Manual bibliográfico de estudos brasileiros*. Ed. cit., p. 206.

Seu verbete ilumina, assim, o problema tão central da relativização trazido pela narrativa etnográfica: "a escolha de fatos feita pelo observador representa certa informação sobre o ambiente social e cultural em que ele se criou e costumava viver".[26]

Ora, naquele início dos anos 1940, a autoconsciência do pesquisador com relação à interferência de seus próprios valores no trabalho de pesquisa com grupos humanos, revelada com clareza por Baldus, era ainda incipiente. Ela só viria a se acentuar com o estabelecimento gradual de uma nova modalidade da prática etnográfica: o trabalho de campo intensivo. Baldus termina seu verbete falando justamente da "necessidade do 'estudo intensivo' pelo convívio de muitos meses e anos com a mesma gente", desse "espírito novo [que] não teme perder o trabalho 'in loco', pois suas possibilidades são inúmeras".[27]

Mário de Andrade bem conhecia e valorizava essa nova acepção do método etnográfico. Desde meados do século XIX, o campo dos estudos de folclore participava ativamente da construção do conhecimento sobre os grupos humanos considerados "outros": o povo respondia pelo lugar do outro interno às nações e à própria civilização ocidental;[28] ao passo que os chamados primitivos, por aquele do outro externo e geograficamente distante das sociedades europeias. No verbete "Folclore", nas p. 285-317 do *Manual*, Andrade reconhece ter sido "o movimento intelectual do Romantismo que chamou a atenção dos escritores brasileiros para as manifestações tradicionais populares e provocou as primeiras colheitas sistemáticas de documentos". Cogita que a valorização do pioneirismo de Sílvio Romero deve-se sobretudo à associação do "estudo técnico" às "colheitas" para antologias de contos e poesias populares organizadas nos anos 1880. Outros expoentes desse mesmo espírito sistematizador se seguem, passando por Nina Rodrigues, "abrindo a pesquisa

---

26 Idem, ibidem, p. 206.
27 Idem, ibidem, p. 208.
28 Para uma visão do desenvolvimento dos estudos de folclore em outros países, V., na "Bibliografia" do presente estudo, para a Alemanha, BAUSINGER, Herman (1995); para a França, BELMONT, Nicole (1986); para Portugal, LEAL, João (2016).

folclórica do século atual, com muito maior técnica", até Amadeu Amaral, que nos "dava a primeira monografia de ordem sistemática e crítica, com o *Dialeto caipira*". Porém, a consideração da integridade do folclore teria despontado apenas com as próprias iniciativas do autor no Departamento de Cultura da Municipalidade de São Paulo e com a criação do SPHAN. Segundo ele, os mais novos "cultores do folclore no Brasil" revelariam justamente o "apego ao conceito monográfico de especialização circunscrita". O exemplo da Sociedade de Etnografia e Folclore refletiria o "desejo seguro de 'alevantamento' científico dos estudos folclorísticos do país" trazendo entre outras coisas "o benefício do controle nas pesquisas e estudos".[29]

Assim é que "Folclore", "Etnologia", "Sociologia" e "Música" caracterizam unanimemente o século XIX, em especial seu último quartel, como um marco da visão de que os conhecimentos produzidos vinham se tornando um campo de trabalho a requerer treinamento especializado. O sentimento seja de precariedade seja de incipiência manifesto por Mário de Andrade em seu verbete é, portanto, compartilhado pelos autores dos demais verbetes mencionados. Pierson queixa-se da falta de atenção dos homens públicos para as necessidades da pesquisa profissional, pois sua concepção de sociologia a entendia como "a investigação sistemática de processos sociológicos"[30] requerendo a formação acadêmica especializada. O verbete de Luiz Heitor parte da mesma afirmação queixosa: "É certo que os estudos sobre música, no Brasil, ainda se encontram em fase incipiente; de nenhum modo pode estabelecer paralelo com o pujante labor de criação musical pura do país; escreve-se pouco e, em geral, escrevem-se coisas de escasso valor, sobre esse assunto, em nossa terra."[31] A voz de Mário de Andrade une-se à deles: "Em resumo, o folclore no

---

29 Na versão original, publicada neste volume, o trecho final dessa frase segue um pouco diferente: trazendo entre outras coisas "um policiamento amável que provocará maior severidade nas pesquisas e estudos".

30 PIERSON, Donald. "Sociologia". In: *Manual bibliográfico de estudos brasileiros*. Ed. cit., p. 790. Para a concepção de Pierson sobre o ofício sociológico, V. MAIO, Marcos Chor; LOPES, Thiago.

31 AZEVEDO, Luiz Heitor Corrêa de. "Música". In: *Manual bibliográfico de estudos brasileiros*. Ed. cit., p. 741.

Brasil ainda não é verdadeiramente concebido como um processo de conhecimento [...]. Ainda não é a procura do conhecimento, a utilidade de uma interpretação legítima e um anseio de simpatia humana."[32]

A cientificidade almejada na área de estudos de folclore era assim percebida por Mário de Andrade como hesitante, malgrado todos os esforços nessa direção. É forçoso observar, no entanto, o prestígio de que a mesma área se reveste na avaliação do *scholar* e *research man*, Donald Pierson. Sua concepção da sociologia como uma disciplina "*limitada* e não *inclusiva*" [grifos do autor], ou seja, de que "o sociológico não coincide com o social", faz com que Pierson valorize a existência de farto material socioantropológico entre historiadores sociais, folcloristas, viajantes, artistas e romancistas. Ao afirmar a relevância da cultura popular ["folk"] no país dos anos 1940, e percebendo na bibliografia dos estudos de folclore o quanto o termo "folclore" correspondia integralmente ao termo "cultura", Pierson integra os estudos de folclore, junto com os estudos das religiões brasileiras, ao item relativo à "organização social, mudança e desorganização social" da bibliografia levantada e comentada por ele.[33]

O verbete de Azevedo merece especial cotejamento com o de Mário de Andrade. Ao destacar os trabalhos etnográficos realizados desde finais do século XIX até o momento em que escreve, Luiz Heitor Corrêa de Azevedo relaciona as coletas e documentações "folclórico--etnográficas" empreendidas não só por Andrade e Oneyda Alvarenga, como por Melo Morais Filho, Alexina de Magalhães Pinto, Luciano Gallet, Jaime Cortesão. Sua fala secunda o projeto de nacionalização da cultura proposto por Mário de Andrade: "O folclore musical ocupa grande

---

32 ANDRADE, Mário de. "Folclore". Ibidem, p. 286.
33 PIERSON, Donald. "Sociologia". Ibidem, p. 811-828. Nesse item estão incorporados, além do próprio Pierson, autores como Emílio Willems, Gilberto Freyre, Roquette-Pinto, Sérgio Buarque de Holanda, Pereira da Costa, Sílvio Romero, Nina Rodrigues, Mário de Andrade, Renato de Almeida, Arthur Ramos, Manuel Querino, Luís da Câmara Cascudo, Gustavo Barroso, João Ribeiro, Edison Carneiro entre outros. Comentam-se também artigos de revistas como *Sociologia*, da Escola Livre de Sociologia e Política de São Paulo, a *Revista do Arquivo Municipal*, tão valorizada por Mário de Andrade em seu verbete, a *Revista do IHGB*, entre outras.

lugar nesta bibliografia. Não é de estranhar. A musicologia americana tem que ser, primacialmente, alentada pelos estudos de folclore. [...] Somente a música dos primitivos e a música do povo, envolvendo problemas fascinantes da gênese, de comparação, de relação entre a música e a sociedade, oferece aos estudiosos um campo fecundo para as suas explorações."[34] Obras de Mário de Andrade como o *Ensaio sobre música brasileira,* "Samba rural paulista", ou o "Prefácio" às *Modinhas imperiais* são eleitas como "verdadeiros padrões de investigação, no terreno da música folclórica". Os musicólogos ou historiadores da música folclorista, entre eles Renato Almeida[35] com *Música brasileira,* de 1942, têm lugar de destaque na historiografia da música brasileira (p. 747-748).[36]

Durante o governo provisório de Getúlio Vargas, entre os anos 1930 e 1934, quando Francisco Campos era Ministro da Educação, Mário de Andrade fora convidado, junto com Sá Pereira e Luciano Gallet, para reestruturar o Instituto Nacional de Música (INM) no Rio de Janeiro.[37] Com a não implantação do almejado projeto para o Instituto, as intenções de Andrade frustraram-se. Luiz Heitor Corrêa de Azevedo, entretanto, seguiu em frente.[38] Como relatado no verbete "Música" e

---

[34] Luiz Heitor Corrêa de Azevedo era músico, interessado em musicologia e crítica musical, próximo a Luciano Gallet e, desde 1932, fora nomeado bibliotecário do Instituto Nacional de Música, no Rio de Janeiro. Tendo se interessado pela pesquisa folclórica a partir de 1938, Azevedo foi um importante colaborador de Mário de Andrade e, em 1939, tornou-se catedrático da então recém-criada cadeira de Folclore Nacional no INM. A partir de então é intensa sua adesão ao projeto de documentar a música brasileira de modo sistemático e segundo padrões científicos iniciados, a seu ver, nos anos 1920-1930 por Mário de Andrade e Luciano Gallet.

[35] Para as relações e interinfluências entre Mário de Andrade e Renato Almeida, V. MARTINS, Marcelo Adriano. *Duas trajetória, um modernismo musical?* Mário de Andrade e Renato Almeida. Dissertação de Mestrado. Programa de Pós-Graduação em Sociologia e Antropologia, Instituto de Filosofia e Ciências Sociais, Universidade Federal do Rio de Janeiro, 2009.

[36] Luiz Heitor dá destaque também, como os demais autores dos verbetes que consideramos, à produção das revistas, entre elas a *Revista do IHGB*, a *Revista do Brasil*, a *Revista Brasileira de Música*, do Rio de Janeiro, a *Resenha Musical* de São Paulo, e a *Música Sacra* de Petrópolis/RJ, com destaque para a *Revista do Arquivo Municipal* do Departamento Municipal de Cultura de São Paulo.

[37] MORAES, Eduardo Jardim de. *Eu sou trezentos*. Mário de Andrade, vida e obra. Ed. cit., p. 109.

[38] Os frutos dessa atuação de Luiz Heitor iluminam também as atividades da Comissão de Pesquisas Populares, estabelecida no Rio de Janeiro no início dos 1940 e dirigida por Mário de

como demonstrado por Felipe Barros, em *Música, etnografia e arquivo nos anos 40*,[39] Azevedo instituiu na Escola Nacional de Música a cadeira de "Folclore Nacional" ministrada por ele.[40] Em seu verbete, Azevedo se percebe como um continuador das notáveis iniciativas da Discoteca Pública Municipal de São Paulo, que abrigou as coleções recolhidas pelo Departamento de Cultura nos tempos da direção de Mário de Andrade: a "Escola Nacional de Música tem promovido a coleta de cantos populares, gravados em discos, nas mais longínquas regiões do país; e está reunindo, num centro de pesquisas, cópias de todas as demais coleções do mesmo gênero [...]".[41] Assim é que, além das pesquisas realizadas no Rio de Janeiro, Luiz Heitor Corrêa empreendeu três viagens dedicadas à pesquisa e gravação de músicas populares examinadas em detalhes por Barros na obra citada: a Goiânia (Goiás) em junho de 1942; a Crato, Fortaleza e Itapipoca (Ceará); e a Belo Horizonte e Diamantina (MG) em fins de janeiro e fevereiro de 1944. O rico acervo sonoro resultante dessas viagens foi abrigado no Centro de Pesquisas Folclóricas,[42] criado no INM por Azevedo em 1943. É interessante observar como essa coleta de documentação folclórica se fez com os mais refinados equipamentos de gravação disponíveis na época.

A influência de Mário de Andrade e o prestígio intelectual da área dos estudos de folclore à época se fazem sentir no *Manual* para além da avaliação do estado insatisfatório desses estudos por ele enunciada. É

Andrade (V. BARROS, Felipe. *Música, etnografia e arquivo nos anos 40*. Rio de Janeiro: Ed. Multifoco, 2013, p. 80. A importante colaboração internacional dessa Comissão com instituições culturais norte-americanas, através de convênio estabelecido com o Instituto Nacional de Música, permite relativizar, a meu ver, a recorrente avaliação de diversos autores sobre as frustrações de Mário de Andrade em sua permanência na cidade.

39 BARROS, Felipe. *Música, etnografia e arquivo nos anos 40*. Ed. cit.

40 Essa cadeira, por sinal, é mencionada como "Folclore Musical" logo no segundo parágrafo do verbete de Andrade (1949, p. 285) como uma exceção à vasta regra da indiferença oficial ao tema.

41 AZEVEDO, Luiz Heitor Corrêa de. "Música". Em: *Manual bibliográfico de estudos brasileiros*. Ed. cit., p. 754.

42 Esse acervo está hoje sob os cuidados do Laboratório de Etnologia da Universidade Federal do Rio de Janeiro, coordenado pelo professor Samuel Araújo.

verdade entretanto que, ao contrário de disciplinas como a sociologia e a antropologia, os estudos de folclore nunca se configurariam como uma disciplina autônoma entre as ciências sociais e humanas universitárias.[43] Muito significativamente, ao expressar suas esperanças de maior cientificidade, Mário de Andrade formula de passagem uma pergunta fundamental que atormentaria ainda por algumas décadas futuras os estudiosos de folclore sem encontrar resposta satisfatória:"Mas o mais curioso, entre o que nos falta, talvez seja saber exatamente o que é folclore".[44]

Em seu verbete, Andrade levantou ainda algumas iniciativas de "arregimentação dos estudiosos do assunto" realizadas no país a exemplo da já mencionada Sociedade de Etnografia e Folclore;[45] e clama pela continuidade de uma atuação pública que estabelecesse padrões mais científicos nessa área de estudos, favorecendo a proteção e divulgação das expressões populares folclóricas. Aos olhos de hoje, é preciso lembrar que, depois da morte de Mário de Andrade em 1945, todas essas aspirações foram decididamente encampadas pelo Movimento Folclórico Brasileiro, com a criação da Comissão Nacional de Folclore em 1947, sob a liderança de Renato Almeida e, mais tarde, com a instituição da Campanha de

---

43 Nos limites deste texto, não cabe alongar-me sobre esse ponto. Para uma ampla visão da atuação do Movimento Folclórico Brasileiro, remeto ao trabalho de Luiz Rodolfo da Paixão Vilhena, em *Projeto e missão: o Movimento Folclórico Brasileiro (1947-1964)*. Rio de Janeiro: FGV/Funarte, 1997. Para a polêmica acerca da autonomia disciplinar do folclore travada entre Fernandes e Edison Carneiro nos anos 1960, remeto a Maria Laura Cavalcanti, em *Reconhecimentos: antropologia, folclore e cultura popular*. Rio de Janeiro: Editora Aeroplano, 2012 (especialmente ao capítulo 3, de autoria conjunta com Vilhena, "Traçando fronteiras: Florestan Fernandes e a marginalização do folclore").

44 ANDRADE, Mário de. "Folclore". In: *Manual bibliográfico de estudos brasileiros*. Ed. cit., p. 297. A seu ver, no mesmo texto, à mesma página, "o conceito de folclore e a sua definição, tais como nos vieram fixados pela ciência europeia, têm de ser alargados para se adaptarem aos países americanos". Esse debate acerca da conceituação do "fato folclórico" absorveria os intelectuais participantes das quatro Semanas Nacionais de Folclore e dos quatro Congressos Brasileiros de Folclore organizados pela Comissão Nacional de Folclore entre os anos de 1948 e 1963. Para mais detalhes, ver os mesmos dois livros citados na nota anterior.

45 Mencionam-se a Sociedade Brasileira de Antropologia e Etnologia, de Arthur Ramos; a fundação do Instituto Brasileiro de Folclore, em 1942, no então Distrito Federal; a Sociedade Brasileira de Folclore, no Rio Grande do Norte, criada por Luís da Câmara Cascudo. São, entretanto, ao que eu saiba, iniciativas que permaneceram incipientes em seus propósitos.

Defesa do Folclore Brasileiro, em 1958, com sede no Rio de Janeiro, ligada ao então Ministério da Educação e Cultura. A criação da Campanha, um órgão na administração pública federal que se ocuparia oficialmente do estudo, documentação, proteção e divulgação do folclore brasileiro, foi vista pelos estudiosos ligados ao assunto como um coroamento de seus esforços intelectuais e políticos.[46]

Certamente a área dos estudos de folclore nunca pode se definir academicamente como uma disciplina autônoma, e os debates acerca da natureza diferenciada do "fato folclórico" perante os demais fatos sociais revelaram-se estéreis. As bases epistemológicas de suas conceituações eram frágeis ou então, como ocorreu na "Carta do folclore brasileiro", emitida em 1951, fundamentalmente antropológicas. Essa aspiração malsucedida, entretanto, sempre esteve longe de esgotar sua relevância intelectual, institucional e política. Vilhena demonstrou como esses estudos integraram decisivamente a constituição das ciências sociais universitárias entre os anos 1940 e 1960. Nos dias de hoje, o interesse pelos estudos de folclore renovou-se imensamente com a investigação da própria história das ciências sociais, com o desenvolvimento da etnomusicologia, dos estudos do pensamento social, da crítica literária, dos muitos novos campos temáticos da antropologia – como os estudos dos rituais e performance, da arte, dos objetos, das práticas e expressões culturais populares, abarcadas desde o ano 2000 pelas políticas públicas de patrimônio cultural imaterial. A noção de "folclore" permanece, entretanto, marcada pelo pensamento de uma época que depositou em certas expressões culturais populares os atributos então tão valorizados de autenticidade e pureza cultural, vindas de um mundo que se acreditava em desaparecimento diante de aceleradas mudanças sociais. Distinguidas pelo crivo da própria autoridade de seus estudiosos, tais expressões tornaram-se canônicas dos estudos de folclore. Entretanto, desde então, elas continuaram vivas, reinventando-se e transformando-se de modos muitas vezes surpreendentes.

---

46 A Campanha de Defesa do Folclore Brasileiro transformou-se em 1976 no Instituto Nacional do Folclore da Fundação Nacional de Arte. Em 2003, como Centro Nacional de Folclore e Cultura Popular foi integrado ao Instituto do Patrimônio Histórico e Artístico Nacional.

Talvez possamos atribuir o teor pessimista da avaliação de Mário de Andrade acerca da situação dos estudos de folclore à valorização da aspiração cientificista tão comum a seu contexto de época. A isso talvez possa se somar algo de sua própria severidade para consigo mesmo; ou de sua autoconsciência da carência de formação e treinamento especializados que se faziam sentir tão fortemente naquele começo dos anos 1940. Em seu amargor talvez esteja presente, ainda, o desalento que tanto marcou seus últimos anos de vida e fez pesar em demasia as inevitáveis dificuldades da lida com a esfera das políticas públicas. Seu talento expressivo, sua empatia etnográfica e seu amor transbordante pela "coisa folclórica" superam, entretanto, qualquer uma dessas possíveis razões. Mário de Andrade, folclorista, não falou no deserto e ergue-se hoje como incontornável expoente no percurso dos estudos das artes e das culturas populares.

Bibliografia

ANDRADE, Mário. *Ensaio sobre música brasileira*. São Paulo: I. Chiarato, 1928.

_____. Samba rural paulista. Separata da *Revista do Arquivo*, n. 41. São Paulo: Departamento de Cultura, 1937, p. 37-116.

_____. Folclore. In: *Manual bibliográfico de estudos brasileiros*. Rio de Janeiro: Gráfica Editora Souza, 1949, p. 285-317.

_____. *O baile das quatro artes*. São Paulo: Martins, 1963 [1943].

_____. *Aspectos da música brasileira*. São Paulo/Brasília: Martins/INL, 1975.

_____. *Namoros com a medicina*. Oneyda Alvarenga (Org.). São Paulo/Belo Horizonte: Martins/Itatiaia, 1980 [1939].

_____. *Música de feitiçaria no Brasil*. Oneyda Alvarenga (Org.). Belo Horizonte/Brasília: Itatiaia/INL, 1983.

_____. *Danças dramáticas do Brasil*, 3 v. Oneyda Alvarenga (Org.). Belo Horizonte/Brasília: Itatiaia/INL, 1982.

_____. *As melodias do boi e outras peças.* Oneyda Alvarenga (Org.). Brasília/São Paulo: Duas Cidades/INL/Pró-Memória, 1987.

_____. *Vida do cantador.* Ed. preparada por Raimunda de Brito Batista. Belo Horizonte/Rio de Janeiro: Villa Rica, 1993.

BALDUS, Herbert. "Etnologia". In: MORAES, Rubens Borba de; BERRIEN, William (Org.). *Manual bibiográfico de estudos brasileiros.* Rio de Janeiro: Gráfica Editora Souza, 1949, p. 199-255.

BARROS, Felipe. *Música, etnografia e arquivo nos anos 40.* Rio de Janeiro: Ed. Multifoco, 2013.

BAUSINGER, Herman. *De la recherche sur l'antiquité à l'analyse culturelle.* Paris: Maison des Sciences de l'Homme, 1995.

BELMONT, Nicole. Le folklore refoulé ou les séductions de l'archaisme. *L'Homme*, v. 26, n. 1-2, Paris: École des Hautes Études en Sciences Sociales, 1986, p. 259-268.

BOTELHO, André. *De olho em Mário de Andrade:* uma descoberta intelectual e sentimental do Brasil. São Paulo: Claroenigma, 2012.

CAVALCANTI, Maria Laura Viveiros de Castro. *Reconhecimentos:* antropologia, folclore e cultura popular. Rio de Janeiro: Editora Aeroplano, 2012.

COLI, Jorge (Org.). *Música final.* Mário de Andrade e sua coluna jornalística "Mundo Musical". Campinas: Unicamp, 1998.

CORRÊA, Mariza. *História da antropologia no Brasil (1930-1960):* depoimentos. São Paulo/Campinas: Vértice/Ed. Unicamp, 1987.

DUARTE, Luiz Fernando Dias. A pulsão romântica e as ciências humanas no Ocidente. *Revista Brasileira de Ciências Sociais*, v. 19, n. 55. São Paulo: Anpocs, jun. 2004, p. 5-18.

FERNANDES, Florestan. "Mário de Andrade e o folclore brasileiro". In: *O folclore em questão.* São Paulo: Hucitec, 1989 [1946], p. 147-168.

LEAL, João. Folclore, etnografia, etnologia, antropologia: o englobamento antropológico da cultura popular em Portugal. *Sociologia & Antropologia*, v. 6. n. 2. Rio de Janeiro: Programa de Pós-Graduação em Sociologia e Antropologia, maio-ago. 2016, p. 293-319.

LÉVI-STRAUSS, Claude. *Antropologia estrutural*. Trad. de Chaim Samuel Katz e Eginardo Pires. Rio de Janeiro: Tempo Brasileiro, 1967.

LIPPI, Lúcia. *A sociologia do guerreiro*. Rio de Janeiro: Ed. UFRJ, 1995.

LOPEZ, Telê Porto Ancona. *Mário de Andrade:* ramais e caminhos. São Paulo: Duas Cidades, 1972.

_____. Um projeto de Mário de Andrade. *Arte em Revista*, a. 2 n. 3. São Paulo: Kairós Ed., mar., 1980, p. 52-58.

MAIO, Marcos Chor; LOPES, Thiago da Costa. "For the establishment of the social disciplines as sciences": Donald Pierson e as ciências sociais no Rio de Janeiro. *Sociologia & Antropologia*, v. 5, n. 2. Rio de Janeiro, ago. de 2015, p. 343-380.

MARTINS, Marcelo Adriano. *Duas trajetórias, um modernismo musical?* Mário de Andrade e Renato Almeida. Dissertação de Mestrado. Programa de Pós-Graduação em Sociologia e Antropologia, Instituto de Filosofia e Ciências Sociais, Universidade Federal do Rio de Janeiro, 2009.

MATTOS, Cláudia. *A poesia popular na República das Letras*. Rio de Janeiro: Instituto Nacional do Folclore, 1994.

MICELI, Sérgio (Org.). *História das ciências sociais no Brasil*, 2 v. São Paulo: Finep/Idesp/Vértice, 1989; 1995.

MONTEIRO, Luciano. *Para uma ciência da brasilidade:* a institucionalização da pesquisa folclórica e etnográfica em São Paulo na década de 1930. Dissertação de Mestrado. Programa de Pós-Graduação em História das Ciências e da Saúde. Casa de Oswaldo Cruz-Fiocruz. Rio de Janeiro, 2014.

MORAES, Eduardo Jardim de. *A brasilidade modernista:* sua dimensão filosófica. Rio de Janeiro: Graal, 1978.

_____. *A constituição da ideia de modernidade no modernismo brasileiro*. Tese de Doutorado. Rio de Janeiro: Instituto de Filosofia e Ciências Sociais/Universidade Federal do Rio de Janeiro, 1983.

_____. "Modernismo e folclore". In: *Folclore e cultura popular:* as várias faces de um debate. Rio de Janeiro: Centro Nacional de Folclore e Cultura popular/Funarte, 1992, p. 75-78. Série Encontros e Estudos, n. 1.

_____. *Limites do moderno:* o pensamento estético de Mário de Andrade. Rio de Janeiro: Relume Dumará, 1999.

_____. *Eu sou trezentos.* Mário de Andrade, vida e obra. Rio de Janeiro: Ministério da Cultura/Fundação Biblioteca Nacional, Edições de Janeiro, 2015.

MORAES, Rubens Borba de; BERRIEN, William. *Manual bibliográfico de estudos brasileiros.* Rio de Janeiro: Gráfica Editora Souza, 1949.

PEIXOTO, Fernanda. Mário e os primeiros tempos da USP. *Revista do Patrimônio Histórico e Artístico Nacional,* n. 30. Brasília: Iphan/MinC, 2002, p. 156-169.

SANDRONI, Carlos. Notas sobre Mário de Andrade e a Missão de pesquisas folclóricas de 1938. *Revista do Patrimônio Histórico e Artístico Nacional,* n. 30. Brasília: Iphan/MinC, 2002, p. 60-73.

SOARES, Lélia Gontijo. "Mário de Andrade e o folclore". In: *Mário de Andrade e a Sociedade de Etnografia e Folclore:* 1936-1939. Rio de Janeiro/São Paulo: Funarte/Secretaria Municipal de Cultura de São Paulo, 1983, p. 7-14.

STOCKING JR., George. *Romantic Motives:* essays on anthropological sensibility, v. 6. Madison: The University of Wisconsin Press, 1989.

TRAVASSOS, Elizabeth. *Os mandarins milagrosos:* arte e etnografia em Mário de Andrade. Rio de Janeiro: Zahar, 1997.

_____. Mário de Andrade e o folclore. *Revista do Patrimônio Histórico e Artístico Nacional,* n. 30. Brasília: Iphan/MinC, 2002, p. 90-109.

_____. *Modernismo e música brasileira.* Rio de Janeiro: Jorge Zahar, 2000.

VALADARES, Licia (Org.). *A Escola de Chicago.* Impacto de uma tradição no Brasil e na França. Belo Horizonte: Editora UFMG, 2005.

VALENTINI, Luiza. *Um laboratório de antropologia:* O encontro entre Mário de Andrade, Dina Dreyfus e Claude Lévi-Strauss (1935-1938). São Paulo: Alameda, 2013.

VEIGA JR., Maurício Hoelz. *Entre piano e ganzá.* Música e interpretação do Brasil em Mário de Andrade. Tese de Doutorado. Programa de Pós-Graduação em Sociologia e Antropologia. IFCS/UFRJ, 2015.

VELHO, Gilberto. "Anselm Strauss: indivíduo e vida social". In: STRAUSS, A. *Espelhos e máscaras:* a busca de identidade. Trad. de Geraldo Gerson de Souza. São Paulo: Edusp, 1999, p. 11-19.

VIEIRA DA CUNHA, Mário Wagner. Festa de Bom Jesus de Pirapora. Separata da *Revista do Arquivo*, n. 41. São Paulo: Departamento de Cultura, 1937, p. 5-36.

VILA NOVA, Sebastião. *Donald Pierson e a Escola de Chicago na Sociologia Brasileira*: entre humanistas e messiânicos. Lisboa: Veja, 1998.

VILHENA, Luiz Rodolfo da Paixão. *Projeto e missão:* o Movimento Folclórico Brasileiro (1947-1964). Rio de Janeiro: FGV/Funarte, 1997.

WISNIK, José Miguel. O que se pode saber de um homem. *Piauí*, n. 109. São Paulo, out. de 2015, p. 60-66.

MÁRIO DE ANDRADE, AFRICANISTA

Ligia Fonseca Ferreira[1]

Desde sua chegada ao Brasil num "dia de Carnaval"[2] em 1938, Roger Bastide (1898-1974) mostra-se ávido por compreender o país no qual permaneceria por dezesseis anos. Apaixonado por literatura, artes plásticas e religião, aproxima-se do grupo modernista que ocupa postos--chave na vida intelectual da cidade de São Paulo e logo se põe em contato com Mário de Andrade (1893-1945), travando, em plano privado e pouco conhecido, um diálogo epistolar.[3]

A primeira carta de que se tem notícia foi remetida em 27 de maio de 1938, poucos dias depois de Mário de Andrade ser exonerado do cargo de diretor do Departamento de Cultura de São Paulo. Provavelmente, não se tratava do primeiro contato entre os dois homens, como se depreende das primeiras linhas: "Não querendo incomodá-lo o tempo todo em seu trabalho, envio-lhe esta mensagem para agradecer os

---

1 Professora do Departamento de Letras da Universidade Federal de São Paulo.
2 CARDOSO, Irene. "Entrevista com Roger Bastide", 18 de agosto de 1973. Disponível em: <www.revistas.usp.br/discurso/article/view/37925/40652>. Acesso em: 15 dez. 2017.
3 FERREIRA, Ligia Fonseca. "A correspondência entre Roger Bastide e Mário de Andrade: formação de um intelectual francês no Brasil". In: ROMANELLI, Sérgio (Org.). *Compêndio de crítica genética América Latina*. 1ª ed. Vinhedo: Horizonte, 2015, p. 186-191.

livros que o senhor gentilmente me mandou [...] Eles serão para mim o guia mais seguro para penetrar as profundezas da alma negra [...]"[4]. Esse trecho suscita algumas perguntas: que livros Mário de Andrade teria encaminhado a Bastide? Obras de sua autoria ou de outros autores, como o médico psiquiatra e antropólogo alagoano Arthur Ramos (1903-1949), referência nos estudos sobre o negro e colaborador assíduo do Departamento de Cultura de São Paulo? Seja como for, tem-se a impressão de que o professor francês começava, a partir daquelas leituras, a preparar seu grande mergulho intelectual e afetivo nas "profundezas da alma negra", tema que viria a ocupar lugar central em sua produção sociológica. Por sua vez, em retribuição ao gesto simpático do escritor paulista, Bastide oferece-lhe um exemplar de seu último livro publicado na França – *Éléments de sociologie religieuse*.[5] A dedicatória é reveladora e inspirou-nos o título deste ensaio: "*Au grand romancier et africaniste brésilien, en témoignage d'admiration / Roger Bastide*" ("Ao grande romancista e africanista brasileiro, Mário de Andrade, como prova de admiração / Roger Bastide").[6] Vê-se, então, que Bastide reconhece Mário de Andrade como especialista em assuntos negros e acrescenta, ao multifário escritor, uma faceta que lhe é raramente atribuída.

Mas o que significa ser "africanista" naquela época, quando, em várias partes do mundo e áreas de conhecimento, florescem estudos sobre o negro, o ativismo anticolonial e a denúncia contra o "preconceito de cor" na África colonizada, nas metrópoles e nos territórios afetados pelo que hoje se chama de afrodiáspora?

Pode-se dizer que, grosso modo, o termo "africanista" remete a especialistas, negros ou brancos, oriundos de diversas disciplinas e de diversos países da Europa, da África e das Américas, voltados para o estudo dos

---

[4] Carta de Roger Bastide a Mário de Andrade, 27 de maio de 1938, em francês. Tradução nossa. Arquivo Mário de Andrade, Instituto de Estudos Brasileiros, Universidade de São Paulo (IEB-USP).

[5] BASTIDE, Roger. *Éléments de sociologie religieuse*. Paris: Armand Colin, 1935. O exemplar aqui ofertado ao escritor brasileiro encontra-se na Biblioteca de Mário de Andrade no IEB-USP.

[6] Grifo e tradução nossos.

povos, línguas e culturas africanas bem como para os fenômenos associados à sua transplantação a outras regiões, como a afrodiáspora originada pela escravidão, e aos efeitos do contato entre culturas. Tais objetos de estudo estão longe de serem neutros, especialmente na década de 1930, quando o mundo assiste assombrado à ascensão dos regimes e ideologias totalitárias e de cunho racial, como o nazismo, e se choca com a recrudescência das violências e do ódio racial nos Estados Unidos segregacionistas. Logo, ser africanista pressupõe atitude crítica e engajamento. Nesse sentido, Arthur Ramos, que a partir dos anos 1930 foi considerado, dentro e fora do Brasil, como o principal africanista brasileiro, deixa clara sua posição desde as primeiras linhas do texto introdutório d'*O folclore negro do Brasil* (1935), ao declarar, em tom de manifesto, que

> o movimento de interesse nos estudos sobre o negro brasileiro a que estamos assistindo presentemente, revela um estado de espírito inédito, de protesto e reivindicação. Protesto contra o desconhecimento quase absoluto de um problema que nos interessa de maneira tão notória [...] o treze de maio, que foi a data de libertação dos negros escravos, aí marcou a data de seu desconhecimento. Esta inversão de sentido transformou a escravidão de direito em escravidão de fato. A cegueira é uma modalidade de escravidão. A cegueira, a ignorância e a inferioridade daí resultante [...] Psicologicamente, o 13 de maio de 1891 [data da queima de documentos históricos ordenada por Rui Barbosa] exprime o "não querer" ver o assunto, a cegueira [...] para uma tarefa incômoda. Mas "incômoda" para os negros? Não. Incômoda para os "brancos", os falsos cientistas que quiseram apagar do papel as "manchas negras" [...] que ainda hoje têm seus teóricos, esses cientistas que nos acenam com um pretenso "branqueamento" arianizante, como se isso pudesse mudar a face de nossos destinos.[7]

---

7 RAMOS, Arthur. *O folclore negro do Brasil*. [1ª ed. 1935]. São Paulo: Martins Fontes, 2007, p. 3-4.

O engajamento marca, igualmente, a atuação do antropólogo de origem judaica e discípulo de Franz Boas, Melville Herskovits (1895--1963), pai fundador dos estudos africanistas nos Estados Unidos e autor de trabalhos pioneiros sobre a herança africana nas Américas. Em 1938, o influente *scholar* publica no *Journal de la Société des Africanistes*, fundada em 1931 em Paris, um artigo no qual defende a necessidade de se ampliarem temas e perspectivas, na medida em que as "densas populações negras do Novo Mundo, africanas de origem, africanas na variedade de seu tipo físico e, mais ainda do que até agora se imaginou, africanas por tradição, devem ser consideradas como parte integrante do campo de estudos africanistas".[8] Herskovits menciona que, na prática, a abordagem por ele sugerida já vinha sendo aplicada em algumas pesquisas etnográficas no campo religioso, nas quais, segundo ele, se verificava mais fortemente a permanência de "africanismos" no seio das culturas negras das Américas, destacando os "excelentes trabalhos de [Arthur] Ramos para o Brasil, de [Jean] Price-Mars e [Justin Chrysostome] Dorsainvil para o Haiti e de [Fernando] Ortiz para Cuba [que] fornecem descrições bastante úteis".[9] Não é difícil imaginar que, se tivesse vindo a lume na década de 1930, *Música de feitiçaria*, de Mário de Andrade, obra que aguarda uma apurada reedição, certamente teria entrado no rol das referências elencadas por Herskovits; em 1963, publica-se, além do texto da conferência pronunciada em 1933 e que dá nome ao livro, cerca de 1.200 notas contendo suas observações etnográficas (descrição dos "cultos", "deuses e sacerdotes", notações das "melodias de macumba", referências bibliográficas). Sobre o material colhido durante suas andanças pelo Nordeste, entre 1927 e 1929, o autor lança um olhar de "africanista", ao ponderar, para ficar em um só exemplo, que "seria interessante determinar se a parte africana da pajelança nortista é uma ramificação do candomblé baiano ou antes uma influência da feitiçaria

---

8   HERSKOVITS, Melville. Les Noirs du Nouveau-Monde, sujet de recherches africanistes. *Journal de la Société des Africanistes*, 1938, t. 8, p. 66. Tradução nossa.

9   Idem, p. 76. Tradução nossa.

antilhana. Minha opinião é precária, mas é certo que propendo para a segunda hipótese."[10]

Interessante notar que, no contexto enfocado, os africanistas envidaram esforços consideráveis para criar redes de colaboração e, através destas, promover a circulação de ideias e de pessoas. Especialistas de vários países buscam se conhecer, servem de intermediários entre indivíduos e instituições, difundem os próprios trabalhos bem como trabalhos relevantes de outros colegas produzidos em diversas línguas (inglês, português, espanhol, francês), fator que nem sempre representou um obstáculo para aquelas elites cultas, havendo alguns raros projetos de tradução. As correspondências conservadas no Arquivo Mário de Andrade (IEB-USP) e no Arquivo Arthur Ramos (Fundação Biblioteca Nacional – FBN-RJ) constituem fontes fundamentais, mas ainda pouco exploradas, para se resgatar, nos bastidores das trocas epistolares, os fios que tecem as relações bilaterais ou entrecruzadas de africanistas brasileiros entre si e destes com estrangeiros. Nos limites deste ensaio, pretende-se dar uma ínfima amostra de uma rica teia a ser descortinada.

Retornemos a Roger Bastide, cujo caso é mais uma vez sugestivo. Poucas semanas depois de agradecer a Mário de Andrade pela remessa de livros que o ajudariam a se aprofundar na "alma negra brasileira", o professor francês deseja entrar em contato com o principal "africanista brasileiro". Assim, em carta de 6 de julho de 1938, solicita ao escritor paulista "endereço de Arthur Ramos no Rio de Janeiro". De posse dos dados, Bastide rapidamente escreve ao antropólogo alagoano, esclarecendo seu intuito de "escrever um artigo sobre os trabalhos afro-brasileiros" realizados por seu interlocutor. Na mesma mensagem, o professor que, na França, publicara obras sobre sociologia da religião, como a que oferecera a Mário de Andrade, anuncia seu interesse de pesquisar assuntos nos quais seu destinatário era o mais proeminente especialista no país, mas, para levar a cabo a tarefa, necessitava de alguém que orientasse sua formação:

---

10   ANDRADE, Mário. *Música de feitiçaria no Brasil*. Organização, introdução e notas de Oneyda Alvarenga. São Paulo: Martins, 1963, p. 30.

> Durante a minha permanência no Brasil, eu gostaria [...] de dedicar a maior parte de minhas horas de folga ao estudo dos negros e em particular sobre a vida religiosa deles. É um tema fascinante e a leitura de suas obras [acabaram] reforçando em mim esta paixão. Porém, neste mundo das coisas afro-brasileiras, um guia é necessário e se [não] o incomodar demais ser de vez em quando para mim este guia experiente e perspicaz, seria para mim uma grande honra e [eu] lhe ficarei muito grato.[11]

O pedido é feito em caráter privado por um estrangeiro que, embora docente de uma universidade, na carta se coloca humildemente em posição de aprendiz perante o antropólogo brasileiro, com o qual se corresponderá de 1938 a 1946. A partir de 1939, Bastide cumpre a promessa feita a Mário de Andrade e a Arthur Ramos de divulgar seus respectivos trabalhos na França, através de traduções, de resenhas e artigos em revistas acadêmicas, etc.[12] Assim, em abril daquele ano, Arthur Ramos escreve agradecendo-o pelas referências feitas a sua obra e aos estudos brasileiros em geral, em "État actuel des études afro-brésiliennes", um dos primeiros trabalhos publicados por Roger Bastide sobre o tema na *Revue Internationale de Sociologie*.[13] A revista também fora enviada a Mário de Andrade, ao qual Bastide se desculpa por ter lhe dedicado apenas uma nota de rodapé no artigo sobre "coisas afro-brasileiras", e aproveita o ensejo para pedir contato de estudiosos das religiões afro-brasileiras "na região de Minas", pois quase nada encontrara "sobre os negros na zona de mineração".[14]

---

11 Carta de Roger Bastide a Arthur Ramos, 20 de julho de 1938, em francês. Tradução nossa. No Arquivo Arthur Ramos (FNB-RJ), encontram-se 25 cartas de Roger Bastide a Arthur Ramos e sete cartas (cópias) deste último ao sociólogo francês. O Fundo Roger Bastide está localizado no Imec – Institut Mémoires de l'Édition Contemporaine, Normandia, França.

12 Carta de Roger Bastide a Mário de Andrade, [jan-jun] 1939; carta de Roger Bastide a Arthur Ramos, [s.d], 1939.

13 Carta de Arthur Ramos a Roger Bastide (cópia), 28 de abril de 1939.

14 Carta de Roger Bastide a Mário de Andrade, [jan-abr] 1939, em francês. Tradução nossa.

Em 1940, é ao "mestre dos estudos africanistas",[15] palavras com que Arthur Ramos era saudado em homenagem póstuma, que Bastide confessa a satisfação de encontrar-se enfim preparado para "iniciar suas pesquisas sobre o negro brasileiro", já tendo publicado "artigo sobre a macumba paulista".[16] Trata-se, sem dúvida, das primeiras etapas da caudalosa produção do sociólogo que legou estudos decisivos sobre o negro, sobre as relações raciais e sobre os cultos afro-brasileiros como o candomblé, religião à qual ele, francês de origem protestante, se converte em 1951. Sem dúvida, as trocas epistolares bilaterais de Roger Bastide com Mário de Andrade e com Arthur Ramos revelam que, antes de se tornar referência nos estudos afro-brasileiros, o professor francês encontrou em dois "africanistas" seus primeiros mestres brasileiros.

Trabalhos recentes retiraram do inesgotável baú de documentos pessoais de Mário de Andrade a correspondência que mantém com estrangeiros e, em particular, de forma quase ininterrupta, de 1925 a 1944, com artistas plásticos, escritores, críticos literários, músicos, musicólogos folcloristas sul-americanos (argentinos, chilenos, colombianos, peruanos, uruguaios), totalizando mais de 150 documentos e sessenta destinatários.[17] As trocas epistolares tratam dos assuntos mais diversos (envio e comentários recíprocos de obras e revistas, sugestões de leitura, partituras, textos críticos, compartilhamento de contatos de pessoas e instituições sul-americanas, etc). O resultado dessas pesquisas permite delinear as conexões e preocupações políticas, estéticas e culturais de Mário de Andrade com o continente sul-americano e, no sentido inverso, os interesses de seus correspondentes pelo Brasil ou, mais especificamente, pelo renomado *chef de file* modernista, musicólogo, folclorista e etnólogo

---

15 RAMOS, Arthur. "Prefácio de Roger Bastide". In: *Estudos de folk-lore*: definição de limites teorias de interpretação. 2ª ed. Rio de Janeiro: Casa do Estudante do Brasil, 1958, p. 7, tradução nossa.

16 Carta de Roger Bastide a Arthur Ramos, 5 de setembro de 1940, em francês. Tradução nossa.

17 ARTUNDO, Patricia. *Correspondência Mário de Andrade & escritores/artistas argentinos*. São Paulo: Edusp, 2013; MATOS, Regiane. *Mário de Andrade no diálogo epistolar com intelectuais e escritores uruguaios, peruanos, chilenos e colombianos*. Dissertação de Mestrado. Orientação: Marcos Antonio de Moraes. São Paulo: IEB-USP, 2016.

brasileiro. Desde os anos 1920, Mário de Andrade estendia aos países vizinhos sua curiosidade e sensibilidade cosmopolita, ao mesmo tempo que se indagava sobre "o lugar ocupado pelo Brasil no concerto das nações americanas".[18] A leitura das cartas enviadas a Mário de Andrade espelha sua incomparável abertura, razão pela qual seus remetentes encontram nele um interlocutor privilegiado para tratar de assuntos brasileiros, de questões específicas a cada país ou transversais à América do Sul. Essa qualidade humana foi várias vezes ressaltada pelo renomado musicólogo alemão, naturalizado uruguaio, Francisco Curt Lange (1903-1997), um dos correspondentes mais assíduos de Mário de Andrade entre 1932 e 1955.[19] Curt Lange buscou desde o princípio associar o colega brasileiro, cujos trabalhos sobre música muito o impressionavam, ao movimento "Americanismo Musical", convencido de que ambos compartilhavam esse "ideal comum".[20] No primeiro contato com Mário de Andrade, o musicólogo uruguaio menciona ter sido informado por um amigo comum, Ildefonso Pereda Valdés, que seu destinatário preparava uma alentada *História da música*; para Curt Lange, o projeto parecia mais do que oportuno, pois contribuiria para preencher lacunas históricas e reforçar o papel protagonista dos musicólogos nessa parte do mundo: "Observei muito o ambiente musical na Argentina e estou em ligação com seus músicos e pedagogos musicais. Desejo-lhe, pois, estimado Mestre, que sua obra venha a lume o quanto antes, pois faz muita falta em toda a América do Sul."[21] Em fevereiro 1934, Lange manifesta a seu correspondente o desejo de manter-se sempre inteirado de suas "atividades e publicações" e, aproveitando o ensejo, convida-o a preparar uma "colaboração algo extensa" para o primeiro número do *Boletín Latino-Americano de Música*,

---

18 ARTUNDO, Patricia. *Mário de Andrade e a Argentina:* um país e sua produção cultural como modo de reflexão. São Paulo: Edusp, 2004, p. 14.

19 MATOS, Regiane. Op. cit., p. 32-33.

20 Carta de Francisco Curt Lange a Mário de Andrade, 28 de abril de 1934. In: MATOS, Regiane. Op. cit., p. 39.

21 Carta de Francisco Curt Lange a Mário de Andrade, 20 de novembro de 1932, em espanhol. Tradução nossa. In: MATOS, Regiane. Op. cit., p. 75.

publicação prevista com participação de autores de outros países.²² Mário de Andrade se anima e faz uma proposta alentadora:

> Terei muito prazer em colaborar no *Boletín Latino--Americano de Música*, e imaginei que seria de interesse fazer um estudo, embora mais propriamente etnográfico que musical, sobre um bailado popular brasileiro, de origem africana, os Congos.²³ Consegui descobrir vários dados importantes [...], e estou mesmo em condições de provar que ele celebra, em pleno século XX do Brasil, figuras históricas africanas que reinaram no século XVI. Como darei indicações musicais também, e poderei ajuntar alguns temas tradicionais do bailado, imaginei que esse trabalho [...] ficaria bem na revista. Apenas desejaria saber [...] de que tamanho deverá ser a minha colaboração. Poderei dispor dumas 8 páginas datilografadas [...]? ou mais?²⁴

Lange não coloca restrições quanto ao número de páginas e adverte que os trabalhos serão publicados no "idioma original", o que leva a crer que, para o idealizador do Americanismo Musical, as barreiras linguísticas devem ser superadas, a exemplo do que ocorre na própria correspondência, em que cada um escreve na própria língua. O editor da publicação não esconde a satisfação com a ideia de publicar um artigo voltado para um tema afro-brasileiro, contendo frutos de descobertas recentes daquele que era visto como uma referência em musicologia e folclore. O tema, como intui Mário de Andrade, interessaria os estudiosos

---

22 Carta a Mário de Andrade, 9 de fevereiro de 1934, em espanhol. Tradução nossa. In: MATOS, Regiane. Op. cit., p. 87-88.

23 Mário de Andrade inclui e comenta esta referência no recenseamento bibliográfico que se segue ao estudo *O folclore no Brasil*. Ver p. 51 neste volume. "Os congos", artigo de MA, sai no primeiro número do *Boletín Latino-Americano de Música* (Montevidéu, abr. 1935, p. 57-70).

24 Carta de Mário de Andrade a Francisco Curt Lange, 10 de abril de 1934. In: MATOS, Regiane. Op. cit., p. 90. O arquivo pessoal de Francisco Curt Lange encontra-se na Universidade Federal de Minas Gerais.

de toda a América do Sul, onde a presença das populações de origem africana, se não nas mesmas proporções que no Brasil, também foi marcante, como no próprio Uruguai. Com rigor e generosidade intelectual, Mário de Andrade atravessa os anos 1930 sem renunciar a discussões e a compartilhar ideias com seus pares sul-americanos. Nesse sentido, encarnava uma exceção. Assim, em 1943, Curt Lange lamenta a dificuldade de conduzir com seriedade seu trabalho em nosso país: "o Brasil se tornou cada vez mais, por parte dos profissionais, uma calamidade em matéria de 'Americanismo Musical' prático e positivo. Há tanta informalidade e tal confusão que só acredito em você e em Oneyda Alvarenga [...]".[25]

Focalizando ainda o contexto sul-americano, dele emerge uma figura central: o poeta, historiador, antropólogo e musicólogo uruguaio Ildefonso Pereda Valdés (1899-1996), ao qual se devem estudos pioneiros sobre o negro rio-platense. Desde meados dos anos 1920, seu nome se firma numa "rede americana de trabalhos sobre o negro".[26] Dentre suas obras com temática negra, destacam-se *La guitarra de los negros* (1926, poemas); *Raza negra* (1929, poemas); *El negro rio-platense y otros ensayos* (1937); *Línea de color. Ensayos afro-americanos* (1938); *Negros esclavos y negros libres* (1941). Seu papel relevante, dentro e fora de seu país, seria destacado por Bastide:

> O negro uruguaio foi muito bem estudado por Ildefonso Pereda Valdés que lhe dedicou inúmeros livros. Aliás, esse escritor é muito conhecido no Brasil, pois seu interesse pelas questões africanas o levou a estudar também os problemas afro-brasileiros [...] não se esqueça ainda que é um excelente poeta [e] traduziu para o castelhano os versos de vários poetas de cor brasileiros.

---

25 Carta de Francisco Curt Lange a Mário de Andrade, 11 de março de 1943, em espanhol. Tradução nossa. In: MATOS, Regiane. Op. cit., p. 139.

26 ROCCA, Pablo. *Ángel Rama, Emir Rodriguez Monegal y el Brasil*: dos caras de un proyecto latino-americano. Tese de doutorado. Faculdade de Filosofia, Letras e Ciências Humanas, Universidade de São Paulo, 2006, p. 70-71. Apud MATOS, Regiane. Op. cit., p. 27.

A exemplo de muitos intelectuais de sua época, residentes em rincões mais distantes e desejosos de romper o isolamento, Pereda Valdés desenvolveu intensa atividade epistolar com intelectuais, artistas e pesquisadores europeus e de praticamente todos os países latino-americanos. Dentre esses, os brasileiros ocupam um lugar especial.[27] De fato, no Brasil encontramos a correspondência de Pereda Valdés com Arthur Ramos e Mário de Andrade,[28] concentradas principalmente na década de 1930. Na realidade, foi para mim mero fruto do acaso, que persegue o pesquisador, constatar que Pereda Valdés escrevia a ambos os brasileiros, com objetivos semelhantes, quase ao mesmo tempo. Considerando-se o foco africanista, não será difícil compreender que a escolha de Arthur Ramos e Mário de Andrade nada tem de fortuita para o exigente e bem-relacionado intelectual uruguaio, sempre muito atento ao Brasil.

Recorde-se que, naquele período, um número farto de estudos sobre o negro no Brasil dá ensejo a obras seminais que, na contramão das crenças pessimistas herdadas no século XIX, destacam a multifacetada contribuição africana para a formação racial e cultural do país. Em 1933, Gilberto Freyre publica *Casa-grande & senzala*, obra emblemática que, ao longo do tempo, como a árvore que esconde a floresta, encobriu o papel de estudiosos que se dedicaram anos a fio à produção de trabalhos pioneiros sobre as tradições afro-brasileiras e combateram o "preconceito racial", como se dizia à época, no Brasil e no mundo. Acrescente-se a isso o fato de o Brasil aparecer, aos olhos de brasileiros e estrangeiros, como uma espécie de laboratório racial, capaz de oferecer lições ao mundo contaminado por ideologias que apregoam diferenças entre as raças. Nesse cenário, Arthur Ramos emerge como um dos mais dinâmicos "líderes da mudança",[29] quando no período se opera uma inversão positiva nos estudos africanistas entre nós. Formado pela Faculdade de Medicina da

---

27   Idem, ibidem.
28   Arquivo Mário de Andrade, Correspondência passiva, IEB-USP, São Paulo; Arquivo Arthur Ramos, Fundação Biblioteca Nacional, Rio de Janeiro.
29   SKIDMORE, Thomas. *Preto no branco:* raça e nacionalidade no pensamento brasileiro. Trad. de Donaldson M. Garschagen. Rio de Janeiro: Paz e Terra, 1976, p. 209.

Bahia, com especialização em psiquiatria, cedo se interessa pela psicanálise e se torna um dos principais divulgadores de Adler, Jung e Freud. A partir dos anos 1930, lança obras que representam verdadeiros marcos teóricos sobre o tema: *O negro brasileiro. Etnografia religiosa e psicanálise* (1934); *O folclore negro do Brasil* (1935); *As culturas negras no Novo Mundo* (1937); *O Negro na civilização brasileira* (1939); *A aculturação negra no Brasil* (1942) e *Introdução à antropologia brasileira* (1943-1947). A guinada de Arthur Ramos intrigava Roger Bastide, que desejava compreender como "o senhor [que] começou pelas pesquisas médicas e psicanalíticas, foi levado ao estudo dos negros brasileiros".[30] Arthur Ramos não tardaria ser reconhecido, no plano nacional e internacional, como a "autoridade", o "precursor", a "alma" do "estudo científico" do negro no Brasil,[31] segundo um de seus principais divulgadores, o historiador e antropólogo porto-riquenho Richard Pattee (1906-?), estudioso de culturas negras nas Américas e tradutor de *The Negro in Brazil* (1939), primeira obra sobre o tema publicada nos Estados Unidos.[32]

Embora praticamente intocada,[33] ao contrário do que acontece em relação à epistolografia de Mário de Andrade, uma visão geral da volumosa correspondência (passiva e ativa) de Arthur Ramos, composta por mais de 2.600 documentos, nos dá a medida de sua projeção e de sua habilidade em tecer redes de relações, através das quais sintoniza-se com as mais avançadas teorias e correntes de pensamento de seu tempo, da psicanálise à antropologia cultural. No plano nacional, dentre seus interlocutores, além de Mário de Andrade, destacam-se o etnólogo baiano Edison Carneiro; o historiador e folclorista gaúcho Dante de Laytano; o historia-

---

30 Carta de Roger Bastide a Arthur Ramos, 20 de julho de 1938, em francês. Tradução nossa.

31 "Introdução de Richard Pattee". In: RAMOS, Arthur. *O negro na civilização brasileira*, v. 1. Rio de Janeiro: Casa do Estudante do Brasil, 1971, p. 14.

32 A título de comparação, embora *Casa-grande & senzala* tenha sido lançado no Brasil em 1933 – ou seja, um ano antes de *O negro brasileiro*, de Arthur Ramos –, só em 1946 sairia nos Estados Unidos *The Masters and the Slaves*, em tradução de Samuel Putnam.

33 Até o momento, registra-se uma única edição de correspondência passiva: CARNEIRO, Edison. *Cartas de Edison Carneiro a Arthur Ramos, de 4 de janeiro de 1936 a 6 de dezembro de 1938*. Organização de Waldir Freitas Oliveira e Vivaldo Costa Lima. São Paulo: Corrupio, 1987.

dor e antropólogo potiguar Câmara Cascudo, etc. Porém, seus principais correspondentes, em termos quantitativos, são estrangeiros, atestando a sua interlocução com importantes especialistas em estudos negros, sobretudo nas Américas. Tal é o caso do sociólogo norte-americano Donald Pierson (1900-1995), autor de pesquisas seminais sobre as relações raciais na Bahia e em São Paulo; de Melville Herskovits, cujos trabalhos se tornarão forte referência para Arthur Ramos,[34] e dos já mencionados anteriormente, Richard Pattee e Roger Bastide, entre outros. Entre setembro de 1940 e janeiro de 1941, Arthur Ramos passa uma temporada como palestrante e professor convidado em universidades americanas (Northwestern University, Berkeley, Louisiana University), convidado por Herskovits, Richard Pattee e T. Lynn Smith, aprofundando seu contato com a antropologia cultural. Em contrapartida, para pesquisadores como Pierson e Herskovits, que vêm ao Brasil fazer trabalho de campo sobre cultos afro-brasileiros, a relação com Arthur Ramos era fundamental, pois, além das trocas e orientação intelectuais, o antropólogo brasileiro auxiliava-os no acesso a casas de culto na Bahia. Assim, o prestígio nacional e internacional de Arthur Ramos foi decisivo para sua indicação, em 1949, ao posto de chefe do Departamento de Ciências Sociais da então recém-criada Unesco, em Paris.

Aparentemente encontra-se ainda inédita a correspondência de Pereda Valdés com o antropólogo alagoano, composta de doze cartas remetidas entre 1932 e 1948. Os assuntos tratados giram quase sempre em torno de projetos em andamento, convites, contatos e, sobretudo, intercâmbio de livros, revistas e outras produções bibliográficas, pois é mister conhecer o trabalho de um colega, manter-se atualizado, quando não, divulgá-lo a outros interessados. Em carta de 1º de abril de 1938, Pereda Valdés agradece a Arthur Ramos a remessa de *As culturas no Novo Mundo*, envia-lhe os livros *El negro rio-platense* e *Linea de color*; inquieta-

---

34 GUIMARÃES, Antonio Sérgio. "Comentários à correspondência entre Melville Herskovits e Arthur Ramos (1935-1941)". In: SCHWARCZ, Lilia; PONTES, Heloísa; e PEIXOTO, Fernanda Arêas. (Org.). *Antropologias, histórias e experiências*. Belo Horizonte: Editora da UFMG, 2004, p. 169-198.

-se pelo fato de seu interlocutor não ter acusado recebimento de sua *Antologia de la poesia negra americana* e, finalmente, pede o endereço de Gilberto Freyre e Edison Carneiro. O fortalecimento das redes nas quais se inscrevem esses pesquisadores passava pela criação de associações em seus países respectivos que contam com a participação de membros estrangeiros: em 1945, Arthur Ramos é nomeado sócio correspondente da Sociedade Folclórica do Uruguay,[35] em sentido inverso, em carta oficial de 6 de setembro de 1948, Pereda Valdés é informado de sua eleição como "Membro Correspondente Estrangeiro" da Sociedade Brasileira de Antropologia e Etnologia (SBAE), fundada em 1941 no Rio de Janeiro por Arthur Ramos, tendo em vista "o importante trabalho que tem sido realizado [...] no setor dos estudos sobre o Negro" e a oportunidade de incrementar o "intercâmbio, por seu intermédio, com instituições uruguaias".[36] Mário de Andrade também fora nomeado para o cargo de "sócio correspondente" da SBAE no ato de sua criação,[37] e em 1942 é homenageado no Rio de Janeiro pela instituição.[38]

Da correspondência de Pereda Valdés com Mário de Andrade existem onze cartas, redigidas em espanhol, no período de 1928 a 1940. Além de Arthur Ramos, tinham como amigo comum Manuel Bandeira, a quem o uruguaio visitara por quinze dias no Rio de Janeiro em 1931. Dirigiu-se depois a São Paulo, desencontrando-se de Mário de Andrade, que lamentou não ter encontrado aquele "sujeito muito simpático".[39] Daí, talvez, a maior proximidade, o tom mais afetuoso empregado por Pereda Valdés ao dirigir-se ao escritor brasileiro (*"Compañero"*, *"Mi querido amigo Mário"*, *"Camarada Mário"*, *"Querido camarada"*, etc.). O assunto

---

35 Carta de Ildefonso Pereda Valdés a Arthur Ramos, 18 de junho de 1945.

36 Carta de Arthur Ramos a Ildefonso Pereda Valdés, 6 de setembro de 1948.

37 Carta de Arthur Ramos a Mário de Andrade, 9 de novembro [1941].

38 Ver fotografia da solenidade em *Arquivo Arthur Ramos. Inventário Analítico*. Organização: Vera Lúcia Miranda Faillace. Rio de Janeiro: Fundação Biblioteca Nacional, 2004, p. 20.

39 Carta de Manuel Bandeira a Mário de Andrade, 29 de julho de 1931; Carta de Mário de Andrade a Manuel Bandeira, 3 de agosto de 1931. In: *Correspondência de Mário de Andrade & Manuel Bandeira*. Organização, introdução e notas: Marcos Antonio de Moraes. São Paulo: Editora da Universidade de São Paulo/Instituto de Estudos Brasileiros, 2000, p. 512 e 514, respectivamente.

das cartas jamais resvala para confidências, pois o objetivo efetivo é o "intercâmbio intelectual"; logo, nelas discute-se poesia, música, estudos sobre o negro, sempre dentro da chave americanista. Já na primeira carta, o poeta e crítico Pereda Valdés parece dar mostras de conhecer em profundidade a obra poética de Mário de Andrade e expõe sua apreciação sobre os livros ofertados pelo autor:

> [...] muito obrigado pelo seu *Clã do Jabuti*, que li com entusiasmo, apesar das dificuldades de sua linguagem tão brasileira. [...] Com uma palavra que é muito sua, direi que você é um poeta "arlequinal", do *Losango Cáqui* ou de outra cor, pouco importa, desta nova poesia que está sendo feita no Brasil e na Bacia do Prata, americaníssima.[40]

Dez anos depois, já quase ao final da gestão no Departamento de Cultura, Mário recebe do amigo uruguaio comentários mais uma vez elogiosos ao caráter inovador da pesquisa, publicada na *Revista do Arquivo Municipal de São Paulo*, sobre "o samba rural paulista, um trabalho de grande mérito, a respeito de um aspecto da coreografia e do ritmo negro que ainda não havia sido estudado".[41] Na mesma carta, Pereda Valdés reafirma sua disposição em traduzir trabalhos de Mário de Andrade no Uruguai ou de algum amigo que eventualmente tivesse publicado "algo interessante, sobretudo afro-brasileiro", pois, interessa-lhe, naturalmente, "tudo o que se refira à cultura brasileira" ou, como faz questão de frisar, à "verdadeira" cultura brasileira de matriz africana. Quase nada escapa àquele atento leitor que, no início de 1939, confessa já ter lido "duas vezes" o ensaio "A superstição da cor preta".[42] No ano anterior, Pereda Valdés remetera ao amigo o seu livro *Línea de color*, no qual analisa vários

---

40 Carta de Ildefonso Pereda Valdés a Mário de Andrade, 16 de fevereiro de 1928, em espanhol. Tradução nossa. In: MATOS, Regiane. Op. cit., p. 56.
41 Carta de Ildefonso Pereda Valdés a Mário de Andrade, 16 de fevereiro de 1928, em espanhol. Tradução nossa. In: MATOS, Regiane. Op. cit., p. 63.
42 Idem, ibidem, p. 65.

aspectos da cultura negra norte-americana, da música e literatura à religião. Coincidência ou não, Mário de Andrade publicaria em 29 de março de 1939 o contundente ensaio "Linha de cor", mesmo título da obra de Pereda Valdés, no qual disseca o preconceito de cor *à brasileira*, sem focalizar, como o fizera o autor uruguaio, as idiossincrasias da sociedade norte-americana. Figurando na organização deste volume, ao lado de textos jamais lidos neste arranjo, o texto de Mário de Andrade assume tom grave, provocativo e de maldisfarçada indignação. Se, em 1922, Mário de Andrade se serviu de seus textos modernistas para *épater les bourgeois*, com os textos do dossiê *Preto* sua intenção talvez fosse de *épater les blancs*...

Dentro do pequeno conjunto de cartas de Pereda Valdés ora examinado, uma delas permite resgatar elos de um fato praticamente desconhecido – a presença de Mário de Andrade num ambicioso projeto editorial desenvolvido no início dos anos 1930, tendo como objetivo mapear o estado da arte da presença negra no mundo. O historiador e musicólogo uruguaio teve um papel-chave ao servir de ponte entre o amigo brasileiro e a poeta, editora, jornalista e ativista anglo-americana Nancy Cunard (1896-1965), idealizadora de *Negro Anthology* (1934). Oitenta anos depois de seu lançamento, em 2014, autora e obra, caídas em relativo esquecimento, foram tema de uma ampla exposição no Museu do Quai Branly, em Paris, reavivando a história da empreitada que representa um marco para os estudos negros no cenário mundial, na esteira do Harlem Renaissance dos anos 1920 e prenunciando a Negritude, movimento fundado em Paris, em 1939, por Aimé Césaire, Léopold S. Senghor e Léon G. Damas.

Antes de prosseguir, evocaremos brevemente alguns dados biográficos de uma figura tão excêntrica quanto arrojada, a fim de se compreender as motivações que a levaram a se dedicar, de corpo e alma, a uma obra militante, ditada pela indignação de uma rica herdeira em ruptura com os valores e crenças de sua própria classe social e origens nacionais.[43]

---

43 As informações são extraídas do dossiê "L'Atlantique noir", de Nancy Cunard, in *Negro Anthology*, 1931-1934. *Gradhiva. Revue d'Anthropologie et Histoire des Arts*, nº 19. Paris, Musée du Quai Branly, 2014.

Nascida na Inglaterra, filha única de mãe americana e pai inglês, aristocrata e dono de uma das maiores fortunas britânicas, Nancy Cunard, sufocada pelo ambiente vitoriano, instala-se em Paris, onde pode viver livremente experiências radicais na vida pessoal, intelectual e política. A convivência com artistas, escritores, poetas, editores, jornalistas, músicos, fotógrafos, mecenas, etc., intensa vida cultural, logo a consagra como "símbolo das vanguardas anglo-saxã e francesa nos anos 1920", ligando-se especialmente a surrealistas como Tristan Tzara e Louis Aragon, com quem descobre *les arts nègres*. Em 1927, cria a editora *The Hours Press*, que publica o primeiro livro de Samuel Beckett, um de seus principais colaboradores em *Negro*. Nancy Cunard aproxima-se também dos artistas afro-americanos que, para fugir da violência racial nos Estados Unidos, radicam-se em Paris, como o escritor Langston Hughes, autor do célebre poema "I, too (I, too, am America)" e um dos principais representantes do *Harlem Renaissance*, movimento de afirmação artístico-cultural e reivindicações políticas. Em 1928, sua relação amorosa com o músico de jazz negro Henry Crowder foi decisiva, despertando-a para o problema da condição dos negros e do racismo que ela vivenciará no seio da própria família. Em 1932, Nancy Cunard publica em Londres *The Black Man and the White Ladyship* (1932), obra panfletária e de denúncia contra o racismo explícito da própria mãe que a deserdara, medida de consequências dramáticas para ela, refinada e culta milionária que, em 1965, morre em Paris na miséria, depois de ter lutado também contra o fascismo e o colonialismo europeu.

A partir de 1931, Nancy Cunard dá início aos preparativos de *Negro Anthology*, obra eclética e inédita, tanto na forma quanto no conteúdo, que ela dedicará a Henry Crowder, "meu primeiro amigo negro". Pretende-se ali reunir todo o conhecimento disponível sobre a história e manifestações artísticas dos negros na África, nas Américas negras e na Europa. A tarefa é imensa e a organizadora mobilizará uma extensa rede de contatos em vários países. Não sabemos, evidentemente, por que caminhos Nancy Cunard chegou ao contato de Pereda Valdés; convida-o a enviar trabalhos para a antologia e pede-lhe para recomendar colaboradores no Brasil. O nome de Mário de Andrade se impôs naturalmente, por se tratar, na opinião abalizada de Pereda Valdés, de um dos raros musicólogos a se interessar pela música negra no continente. Esta intermediação é um dos assuntos tratados na carta de 10 de maio de 1932 ao amigo brasileiro, que recebe informações e sugestões detalhadas:

> Recebi da América do Norte uma extensa carta de Nancy Cunard – escritora que prepara uma grande obra sobre arte negra, que será publicada simultaneamente em vários países, Estados Unidos, Inglaterra, França, etc. – na qual se reunirá tudo o que no mundo se escreveu sobre a arte negra, música, pintura, escultura, sociologia, etc. Pede-me que lhe indique na América do Sul uma pessoa que possa lhe enviar um artigo sobre a música negra brasileira, sobre a situação do negro no Brasil e sobre a literatura do mesmo tema. Imediatamente indiquei você. Somos muito poucos os que na América temos nos dedicado a esses temas para não nos conhecermos. [...] Escreva [a Nancy Cunard] neste endereço [...] Envie-lhe dados sobre o folclore negro no Brasil o mais completo possível [...].[44]

A organizadora da obra mencionada na carta acima ficara sem dúvida impressionada com as informações de Pereda Valdés sobre o musicólogo e folclorista brasileiro. Poucos meses depois, ainda no ano de 1932, é ela quem escreve, insistindo no valor inestimável, para a publicação em preparo, daquele que, além de ser uma "autoridade" em música e folclore negros, ela imagina ser um homem negro, logo diretamente interessado em combater as "atrocidades e injustiças" praticadas contra eles. Em virtude de seu caráter inédito, reproduzimos abaixo boa parte da mensagem de Nancy Cunard a Mário de Andrade:

---

44 Carta de Ildefonso Pereda Valdés a Mário de Andrade, 10 de maio de 1932, em espanhol. Tradução nossa. In: MATOS, Regiane. Op. cit., p. 60.

> Prezado Senhor,
> Escrevo-lhe em francês, pois não sei nem espanhol nem português, mas espero que consiga compreender. Trata-se do grande livro, da Antologia, que estou preparando sobre a Raça Negra. Há algumas semanas recebi uma carta bastante encorajadora do Senhor Ildefonso Pereda Valdés de Montevidéu; ele vai colaborar e me disse que lhe escreveria para lhe pedir um artigo sobre música negra no Brasil (coisa que, como eu disse a ele, seria do maior interesse para o livro). Ele me disse também que o senhor é uma autoridade em folclore Negro. Esta carta é para lhe pedir seriamente sua colaboração; os dois temas são da maior importância. Os artigos deverão ter 2 000-3 000 palavras cada um; espero que, se o senhor aceitar escrever, possa nos fornecer um ou dois exemplos de música negra brasileira mais característica. O compositor George Antheil encarregou-se de fazer uma coleção mundial da música negra, mas ainda não sei se ele conseguiu encontrar música dos negros do Brasil. [...] é uma alegria contar com sua colaboração e lhe pediria para mandar também uma pequena foto sua para reproduzirmos com o texto, todos os autores negros estão representados. O objeto do livro é mostrar ao mundo que o Negro tem uma enorme e interessantíssima cultura e de denunciar as atrocidades e injustiças de toda sorte praticadas contra o Negro no mundo inteiro.

Editora experiente, Nancy Cunard antecipa ainda as estratégias empreendidas para que o livro chegue aos públicos certos, sem medo de provocar furor devido a suas incursões em lugares raramente frequentados por brancos:

> Tenho uma grande quantidade de documentos e essa obra será lançada no próximo ano em Londres e em Nova Iorque. Já recebeu uma enorme publicidade nos Estados Unidos, todos os jornais de Nova Iorque [...] ficaram enlouquecidos com minha estada recentemen-

te no Harlem [...] [Há] também publicidade na Europa e nas Antilhas. Ainda não tenho nada sobre os Negros da América do Sul, e ficaria infinitamente agradecida se pudesse incentivar algumas pessoas a me enviarem textos, fotos, artigos. Os manuscritos devem me ser remetidos ao endereço indicado no verso, o mais tardar até o mês de <u>novembro</u>. Retorno a Paris na próxima semana e espero muito receber sua colaboração.
Cordialmente,
Nancy Cunard[45]

Ao ler essa carta, era de se esperar uma participação significativa de Mário de Andrade em *Negro Anthology*,[46] na qual havia um espaço importante a ser preenchido com trabalhos sobre "os Negros na América do Sul", logo, sobre o Brasil, país com a maior população de origem africana do subcontinente e das Américas. No entanto, no livro há uma única contribuição do musicólogo brasileiro: a transcrição musical de "Canto de Xangô" e o comentário explicativo – "*Song of Xangô*" – com tradução em inglês, extraídos dos "cantos religiosos", reproduzidos no *Ensaio sobre música brasileira* (1928), aparecem curiosamente na seção "*Music – West Indies*/Música – Índias ocidentais". À organizadora que lhe pedira algum exemplo de música negra brasileira "mais característica", Mário de Andrade envia a "encantação", colhida na macumba carioca no final dos anos 1920 e dedicada ao "deus do trovão entre os negros Jorubas [iorubás de que] o Brasil se encheu na época da escravatura".[47]

---

45 Carta de Nancy Cunard a Mário de Andrade, 25 de julho [1932], em francês. Tradução nossa; grifo da remetente. No documento original, está apenas a data, "25 de julho", completada por nós considerando a menção "há algumas semanas recebi". Na tradução, mantivemos o uso de algumas letras maiúsculas usadas pela remetente.

46 CUNARD, Nancy. *Negro Anthology* (1931-1933). London: Wishart & Co, 1934, p. 406-407. Da autora, encontram-se na Biblioteca de Mário de Andrade no IEB-USP este livro, sem anotações marginais, e *Black Man and White Ladyship* (Toulon: Imprimerie A. Bordato, 1931), com uma nota de leitura.

47 ANDRADE, Mário. *Ensaio sobre a música brasileira*. São Paulo: Martins, 1972, p. 104. A primeira edição traz uma pequena diferença no título: *Ensaio sobre música brasileira* (São Paulo: I. Chiarato Editores, 1928).

A proposta de Mário de Andrade procedia, mas o real significado daquela melodia talvez tenha ficado obscuro para os leitores de *Negro Anthology*. De fato, a confirmar a singularidade do popular orixá dos raios e trovões, era a constatação de que seu culto "tende, no Brasil, a ultrapassar, em importância, o de outros orixás em discordância com o que acontecia de fato na África", conforme observa Arthur Ramos em *O folclore negro do Brasil*.[48]

Na edição final de *Negro Anthology*, a lacuna em relação à América do Sul, mencionada por Nancy Cunard na carta a Mário de Andrade, permaneceu, o que provavelmente se deve a diversos fatores, que não cabe analisar aqui. Curiosamente, os três textos integrantes da seção "*Brazil*" foram escritos por estrangeiros: "Black and White in Brazil", pelo poeta surrealista francês Benjamin Péret;[49] "The Negroes in Brazil", por Ildefonso Pereda Valdés; e "A letter on the social role of the half-caste", pelo espanhol Vicente Latorre-Bara.[50] Assim, Mário de Andrade é o único autor brasileiro a figurar naquela obra excepcional que resultou à altura das ambições sonhadas pela organizadora: 250 artigos, 850 páginas, 155 colaboradores e colaboradoras das "duas raças", representando atividades e regiões as mais diversas (militantes, intelectuais, jornalistas, músicos, fotógrafos, poetas, antropólogos; africanos, afro-americanos, antilhanos, malgaxes, latino-americanos, americanos, europeus). Nancy Cunard conseguira a façanha de reunir em seu projeto editorial pessoas que, em outras circunstâncias, jamais apareceriam lado a lado: escritores e artistas negros como Langston Hughes, Zora Neale Hurston, W. E. B. Du Bois,

---

48 RAMOS, Arthur Ramos. *O folclore negro do Brasil*. [1ª edição 1935]. São Paulo: Martins Fontes, 2007, p. 14.

49 Poeta surrealista francês (1899-1959), viveu no Brasil de 1929 a 1931. Interessado nas religiões afro-brasileiros, escreve artigos na coluna "Candomblé et Macumba", no jornal paulistano *Diário da Noite*, de novembro 1930 a janeiro 1931. Em 1928, casa-se com a cantora lírica brasileira de origem norte-americana Elsie Houston, próxima dos modernistas como Mário de Andrade e do compositor Villa-Lobos, com o qual se apresentou em Paris. V. GIUMBELLI, Emerson. Macumba surrealista: observações de Benjamin Péret em terreiros cariocas nos anos 1930. *Estudos Históricos*, v. 28, n. 55, janeiro-junho 2015, p. 87-107.

50 Professor espanhol exilado na França, militante comunista associado à União Geral dos Trabalhadores de Paris. Disponível em: <http://www.fpabloiglesias.es/archivo-y-biblioteca/diccionario-biografico/biografias/35342_latorre-bara-vicente>. Acesso em: 15 dez. 2017.

Arthur Schomburg, Nicolás Guillén, J. J. Rabearivelo, Henry Crowder, etc. ao lado de escritores e artistas brancos como Ezra Pound, Samuel Beckett, Raymond Michelet, Benjamin Péret, Ildefonso Pereda Valdés, etc. Marcada por inclinações comunistas, *Negro Anthology* também sofreu críticas por apresentar disciplinas, gêneros e, sobretudo, suportes heterogêneos (arquivos, fotografias documentais, desenhos, artigos de imprensa, poemas, partituras, estatísticas, etc.) que desafiavam a uma leitura pouco habitual. Contudo, isso não impediu, como previra a organizadora do livro em sua carta a Mário de Andrade, que a publicidade gerasse grande expectativa em torno de uma obra que, por um lado, nascia polêmica e, por outro, nascia obra de referência, especialmente para os africanistas. As repercussões chegaram ao Brasil. Em carta de 28 de fevereiro de 1935, Arthur Ramos indaga seu correspondente norte-americano, Melville Herskovits, sobre como poderia "adquirir *Negro*, de Nancy Cunard", decerto ignorando encontrar-se ali a pequena contribuição de Mário de Andrade, ao qual se ligava por múltiplas afinidades.

O envolvimento de Mário de Andrade com os estudos sobre o negro no Brasil, especialmente nos anos 1930, muito deve à sua frutífera parceria com Arthur Ramos. Examinando as trocas epistolares no período de 1933 a 1944,[51] vê-se que ambos acompanham com grande interesse as produções recíprocas no campo da literatura, da etnografia, do folclore, da música, da psicanálise. O ano de 1935 se afigura, particularmente, como ponto de partida de intercâmbios intelectuais e profissionais em torno da temática afro-brasileira, que ocupa um lugar central nas relações sempre amistosas entre os dois. Naquele ano, o africanista alagoano lança *O folclore negro do Brasil*, e, em seus comentários bibliográficos sobre o tema, Mário de Andrade sublinha o caráter "indispensável como esforço científico de inventariar o que existe de afronegrismo no nosso folclore e pela seriedade documentária do autor".[52] Aquele momento coincide

---

51   O levantamento da correspondência inédita entre Mário de Andrade e Arthur Ramos foi tema de nossa pesquisa de pós-doutorado no IEB-USP; a edição dessas cartas na Coleção Correspondência de Mário de Andrade (IEB/Edusp) encontra-se em preparo.

52   Ver neste volume, p. 73-74, o comentário de MA sobre o *O folclore negro do Brasil*, de Arthur Ramos de Araújo Pereira.

também com o início da gestão de Mário de Andrade no Departamento de Cultura de São Paulo. Ainda em 1935, encontra-se, na *Revista do Arquivo Municipal de São Paulo* (*RAMSP*), o artigo "Magia e folclore",[53] provavelmente a primeira colaboração de Arthur Ramos com um órgão da estrutura dirigida pelo escritor paulista.

A presença de Arthur Ramos em manifestações como as que então se desenvolvem em São Paulo significa, concretamente, dar espaço para a divulgação de pesquisas científicas relativas à "contribuição afronegra na formação do povo brasileiro".[54] Assim, em 1936, quando Mário de Andrade cria a Sociedade de Etnografia e Folclore (SEF), com o apoio de Dina Lévi-Strauss, a fim de garantir que o tema fosse abordado no âmbito dos cursos ministrados, ele convida o renomado africanista, residente no Rio de Janeiro, única pessoa capaz de preencher a lacuna:

> O Departamento de Cultura [...] acaba de instituir, aliás com grande sucesso, um curso de etnografia. Tem mais de quarenta alunos! Dirige o curso a professora Sra. Lévi-Strauss, técnica do assunto. Pretendo ajuntar ao curso um certo número de conferências extra, para o qual estou convidando técnicos nacionais. O seu nome se impôs desde logo [...] Caso você aceite o convite, peço-lhe com urgência dizer-me quais os meses [...] em que poderia vir e qual o assunto que escolhe. Seria ótimo qualquer coisa sobre o negro, pois não temos quem fale sobre ele.[55]

Arthur Ramos era então convidado a fazer a primeira conferência da série, com o título "As culturas negras do Brasil", posteriormente publicada sob forma de artigo na *RAMSP*[56] e base do livro homônimo,

---

53 *Revista do Arquivo Municipal de São Paulo*, a. 2, n. 16, 1935, p. 155-157.
54 Ver, neste volume, o trecho à p. 73, do texto de MA "O folclore no Brasil".
55 Carta de Mário de Andrade a Arthur Ramos, 20 de abril de 1936.
56 RAMOS, Arthur. As culturas negras. *Revista do Arquivo Municipal de São Paulo*, a. 3, n. 25, 1936, p. 113-128.

lançado em 1937, "obra excelente" de um dos autores mais citados na bibliografia comentada do autor de *Aspectos do folclore no Brasil*.

Quanto a Arthur Ramos, que possuía extensa rede de contatos com africanistas no exterior, já àquela altura se esforça em divulgar as pesquisas de Mário de Andrade em universidades americanas, como se lê no seguinte trecho:

> A Universidade de Fisk, que congrega agora um Seminário de Estudos Negros, pede, por meu intermédio, trabalhos de folclore musical, especialmente de música negra, no Brasil. Indiquei o seu Departamento. Também o professor Herzog, [da Universidade] de Colúmbia, deseja conhecer os seus trabalhos de folclore musical. Os endereços [...] são os seguintes [...].[57]

Se Mário de Andrade deu ou não prosseguimento ao contato, não se sabe; talvez lhe faltasse tempo, naquele início de 1938 marcado por turbulências políticas e atribuições que culminariam em sua exoneração do Departamento de Cultura no mês de maio.

À luz dos documentos inéditos contidos neste livro, a organizadora Angela Teodoro Grillo apresenta em seu texto introdutório uma visão detalhada dos preparativos enérgicos ao infeliz desfecho das manifestações previstas pelo Departamento de Cultura para celebrar condignamente o Cinquentenário da Abolição. Portanto, desnecessário recordar aqui o papel fundamental que caberia a Arthur Ramos naquela programação. Depois da experiência no Departamento, Mário de Andrade cai em profundo abatimento. Por quase três anos, segue-se um hiato nas trocas epistolares com Arthur Ramos.

Porém, assim como aos olhos de Roger Bastide ou de Pereda Valdés Mário de Andrade é um africanista, assim também parece aos olhos de Arthur Ramos e de outros especialistas no exterior. Durante sua temporada de ensino e pesquisa em universidades nos Estados Unidos, entre

---

57 Carta de Arthur Ramos a Mário de Andrade, 11 de janeiro de 1938.

1940 e 1941, o autor de *O negro na civilização brasileira* participou, ao lado de Richard Pattee e de Fernando Ortiz,[58] das reuniões preparatórias para um congresso a se realizar em Cuba em 1942. Mário não poderia faltar. Já de volta ao Brasil, em 1941 Arthur Ramos encarrega-se de adiantar ao amigo a disposição do comitê organizador:

> [V]ocê já ter sabido que os afro-americanistas das 3 Américas estão planejando reunir-se em Havana, em fev[ereiro] próximo. Seu nome está na lista da delegação brasileira. Foi pensado desde as conversas prévias, que tivemos, o Fernando Ortiz e o Richard Pattee, em Washington, em abril último.[59]

Mário de Andrade recebe, quase simultaneamente à carta de Arthur Ramos, um convite formal de Melville Herskovits para participar do evento.[60] Em consequência da guerra, o congresso seria adiado e o local transferido para o Haiti. Arthur Ramos volta a escrever para informar das mudanças e, conhecendo a resistência de Mário de Andrade em empreender esse tipo de viagem (ele jamais estivera no exterior), insiste: "[...] acabo de receber uma carta do secretário Dougherty anunciando o adiamento [do congresso] para março ou abril, tudo dependendo das possibilidades da guerra. Nestas condições, faço o maior empenho para que você reconsidere a sua ida [...]".[61] Porém, ao pedir ao amigo para voltar atrás na decisão tomada, é possível que o remetente já estivesse a par de que a resposta fora negativa ao telegrama de Richard Pattee,

---

58 Fernando Ortiz (1881-1969), historiador e antropólogo, precursor dos estudos sobre a cultura de origem africana em seu país, Cuba, e autor de obras seminais como *Contrapunteo cubano del tabaco y el azúcar*, na qual formulou o conceito de "transculturação", saudado por Bronislaw Malinowski como uma das maiores contribuições ao campo da antropologia cultural. Disponível em: <www.fundacionfernandoortiz.org>. Acesso em: 15 dez. 2017.

59 Carta de Arthur Ramos a Mário de Andrade, 9 de novembro de 1941.

60 Carta de Melville J. Herskovits a Mário de Andrade, 10 de novembro de 1941. Arquivo Mário de Andrade (IEB-USP).

61 Carta de Arthur Ramos a Mário de Andrade, 15 de janeiro de 1942.

enviado quase um mês antes, para Mário de Andrade confirmar em caráter de "urgência" sua participação no congresso, a fim de que pudesse tomar as devidas providências.[62] Através dessas mensagens, nota-se o empenho de três eminentes organizadores do excepcional congresso de afro-americanistas, excepcional por se realizar em plena guerra mundial, excepcional também por tentar promover o encontro em lugar emblemático como Cuba ou Haiti. Tratava-se, pois, de uma oportunidade única de ampliar e fortalecer uma rede de estudiosos que, em muitos casos, não se conheciam pessoalmente, ou só se conheciam por caminhos e ramais bibliográficos e epistolares. No final de janeiro de 1942, Mário desabafa e explica a Arthur Ramos as razões que o impediam de aceitar o convite, razões mais profundas do que a simples aversão a viagens:

> Também recebi comunicação de que o Congresso fora adiado e por sinal que fiquei num desespero rico. Você sabe o que é essa coisa da gente não ter vontade? É o meu caso: eu não tenho vontade mais de fazer viagem longa e não tenho vontade de ver os EE.UU. [Estados Unidos] nem suas colônias. Basta já estar numa delas [...] eu não tenho vontade nenhuma de voar pra aquelas bandas e agora, não caberia mentir, estava mesmo impossibilitado de ir. Mas se o Congresso se realizar em abril ou maio, terei que mentir, porque não vou mesmo. [...] Não pelo Congresso. Se ele fosse aqui, eu participava dele. Mas lá, eu não tenho vontade.[63]

Como se viu, ao longo deste ensaio, no período aqui enfocado os africanistas definiam-se não só pelos seus temas de estudo como por seu

---

62 Telegrama de Richard Pattee a Mário de Andrade, 20 de dezembro de 1941. Arquivo Mário de Andrade (IEB-USP). O tom do telegrama não deve ter estranhado a Mário de Andrade pois não provinha de um desconhecido. Na verdade, Richard Pattee, tradutor de Arthur Ramos em inglês, já havia entrado em contato através de cartas (em português e assinadas "Ricardo" Pattee) solicitando trabalhos sobre o negro no Brasil e colaboração numa enciclopédia da raça negra em preparo nos Estados Unidos

63 Carta de Mário de Andrade a Arthur Ramos, 31 de janeiro de 1942.

engajamento no combate às violências, físicas e psicológicas, contra o negro, às falácias do "preconceito racial", à opressão colonial. Eram habitados, como Nancy Cunard, por uma indignação, mas sobretudo movidos pelo anseio de valorizar povos e culturas negras, ressaltando suas contribuições em vários campos.

Em relação à condição do negro no Brasil, o posicionamento de Mário de Andrade é claro. Em "Linha de cor" (1939), ele condena taxativamente o comportamento do "ariano brasileiro" que "concebe o negro como ser inferior" e confessa o esforço por muitos anos empreendido para compreender os meandros do racismo no Brasil. Não desejava, "como em geral se tem feito" ficar "[n]a superfície". Conforme já apontou Angela Teodoro Grillo em trabalhos anteriores, Mário de Andrade distinguiu-se de pensadores coetâneos ao denunciar precocemente, recorrendo à imagem bíblico-literária, o que, nos anos 1970, Florestan Fernandes chamou de "mito da democracia racial":[64] aprofundar-se, pois "não há dúvida que por esta superfície poder-se-ia concluir que negros e brancos vivem entre nós naquela paz diluvial em que a corça e o tigre viveram na arca de Noé e na 'Queimada' de Castro Alves.".

Outras razões teriam alimentado em Mário de Andrade sua alma de africanista? N'"A superstição da cor preta", o autor introduz um dado pessoal, quando comenta já ter sido alvo do xingamento "Negro!", em virtude de sua "cor duvidosa". Pode-se enxergar, nessa aparente anedota, uma maneira sutil de dizer que há gotas de sangue africano em suas veias. Não se trata de afirmação fortuita, pois nada há de fortuito nos escritos de Mário de Andrade, que destrinça as raízes do preconceito no Brasil naquele texto publicado algumas semanas depois de ter sido exonerado do Departamento de Cultura e impedido de ver concluídas as festividades do Cinquentenário da Abolição. Mas além da "cor duvidosa", os traços de Mário de Andrade pareciam igualmente denunciar sua afrodescendência, herdada das avós "mulatas", de condição modesta, do lado materno e do lado paterno. Ele era "diferente" no seio da própria família,

---

64 FERNANDES, Florestan. *A integração do negro na sociedade de classes*, v. 1. São Paulo: Ática, 1978, p. 249-269.

já que seus pais e irmãos eram brancos. Havia inclusive rumores de que fosse filho adotivo.[65] O "bardo mestiço", como se autodenomina o poeta em "A meditação sobre o Tietê", sempre foi "consciente da miscigenação do povo brasileiro e da sua própria".[66] Daí, provavelmente, as motivações do africanista.

No primoroso ensaio "Mário, folclorista", presente neste volume, a autora considera Mário de Andrade inserido numa "tradição mundial dos estudos de folclore". Analogamente, arriscaríamos afirmar que ele se inscreve numa "rede de estudos africanistas", sobre a qual ainda há muito a dizer.

---

65 CASTRO, Moacir Werneck de. *Mário de Andrade:* exílio no Rio. Rio de Janeiro: Rocco, 1989, p. 56.
66 GRILLO, Angela Teodoro. *O losango negro na poesia de Mário de Andrade*. Tese de doutorado. Orientadora: Therezinha Apparecida Porto Ancona Lopez. Faculdade de Filosofia, Letras e Ciências Humanas, Universidade de São Paulo, 2016, p. 44.

Dossiê

dossia

Notas

Desta redação, pra ser publicada nos States, a pedido do Rubens e do Berrien, foram retirados os itens de critério de organização bibliográfica do fichário que estão nas pgs. 20, 21 e 22 que estão aqui.

Tambem foi retirado o ataque a Afranio Peixoto das pgs. 2 e 3, sendo a passagem modificada como vai nesta pg 2 que ficou substituindo portanto as pgs 2 e 3 do estudo.

Com isto concordei de bom gôsto mas protestei contra a retirada dos critérios do fichário.

Lembrete do autor sobre a publicação de "O folclore no Brasil".

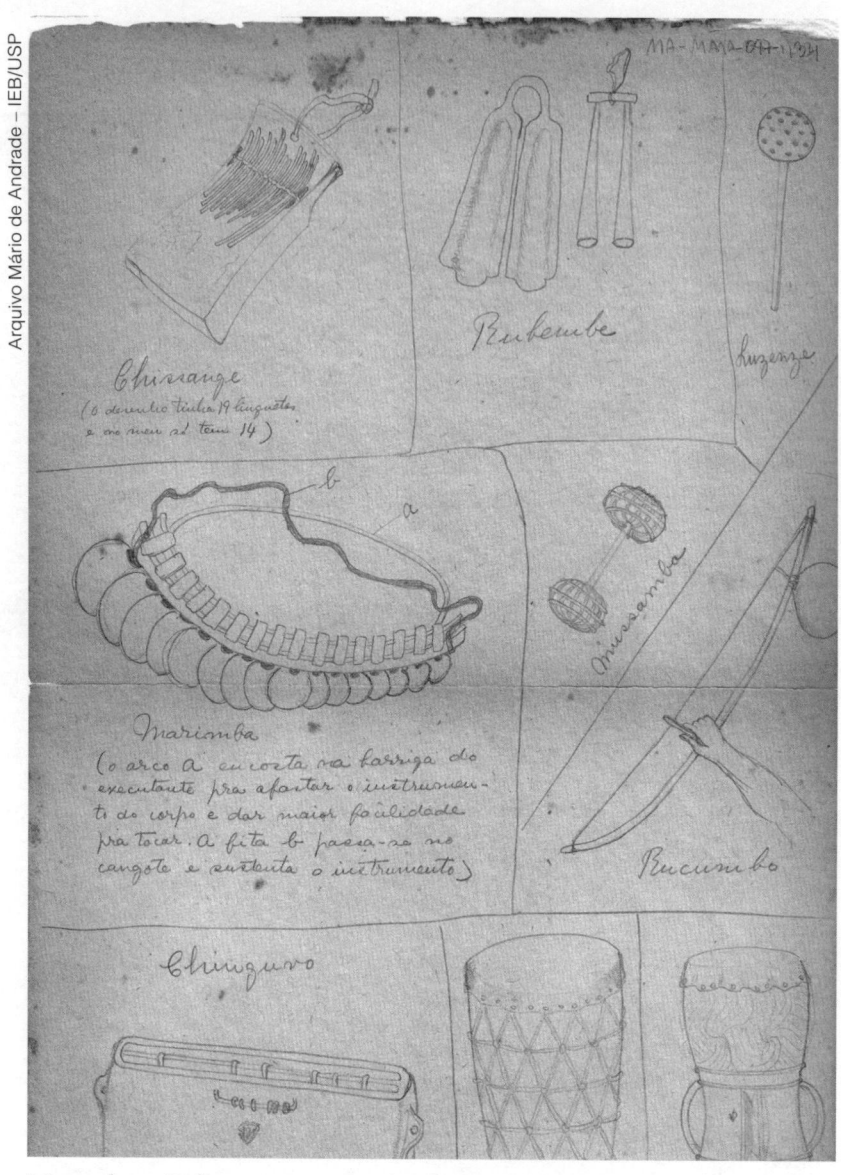

Nota de trabalho no manuscrito *Preto*. Instrumentos musicais das colônias africanas, copiados de *Ethnografia e história tradicional dos povos da Lunda*, de Henrique Augusto Dias de Carvalho (Lisboa: Imprensa Nacional, 1890).

Nota de trabalho no manuscrito *Preto*. Informação recolhida em C. Schlichthorst, Rio de Janeiro: *Wie es ist* (Hannover: Hahn, 1829).

PLANO PARA A COMEMORAÇÃO DO CINQUENTENÁRIO DA ABOLIÇÃO EM SÃO PAULO [1938]

1. Diretoria Expansão Cultural (com Sociedade de Etnografia e Folclore) três ou cinco conferências sobre Os Negros.
a) Toda a série por Arthur Ramos (bem pago)
b) Cinco conferências sendo "Os negros em São Paulo" por
Etnografia Negra – Roquette Pinto
Etnografia Negra – Arthur Ramos
Música Negra – Mário de Andrade
Abolição –

2. Expansão Cultural
a) Concurso de peças bandístas sobre a Abolição e concerto público [ao] ar livre.
b) Grande concerto sinfônico Música Negra dirigido por Souza Lima.
c) Exposição iconográfica afro-brasileira.

3. Biblioteca Pública

4. Parques Infantis
Reconstrução infantil do Bailado dos Congos.

5. Documentação Histórica e Social
a) Participar das conferências supracitadas.

b) Número especial *Revista do Arquivo* com as conferências supracitadas e mais o possível.

6. Turismo e Divertimentos Públicos
a) Participação no Concerto bandístico comemorativo.
b) Reconstrução, dia 13 de maio, semi-histórica, semifantasiosa dum cortejo de reis do Congo e coroação do Rei do Congo de São Paulo.
(Eleição do Rei do Congo de São Paulo.
Participação do cortejo as quatro congadas de Atibaia, os cordões carnavalescos negros, etc. com vestimentas fornecidas por nós, etc.
50 contos, elefantes, se houver etc.
Coroação pelo prefeito, se ele tiver coragem.
Ato de coroação na Praça da Sé, Coral Paulistano e Popular, banda, etc.)

Plano financeiro – CORTEJO

Chinita e a Kitty[1] (a 3:000$000)	6:000$000
Prêmios Rei e Rainha (a 1:000$000)	2:000$000
Roupas Rei-Rainha	1:000$000
Chinita e Kitty (roupa)	1:000$000
Corte dos Reis (25 pessoas à 250$000)	6:250$000
20 cordões (a 1:000$000)	20:000$000
4 congadas (a 5:000$000)	20:000$000
4 bandas 20 figuras (a 400$000)	1:600$000
sua indumentária	1:000$000
	58:850$000
Iluminação da Praça da Sé	
Altifalantes	00:000$000

---

[1] Nota da edição: Referência a Chinita Ullman (1904-1977) e Kitty Bodenheim (1912-2003), pioneiras da dança moderna no Brasil.

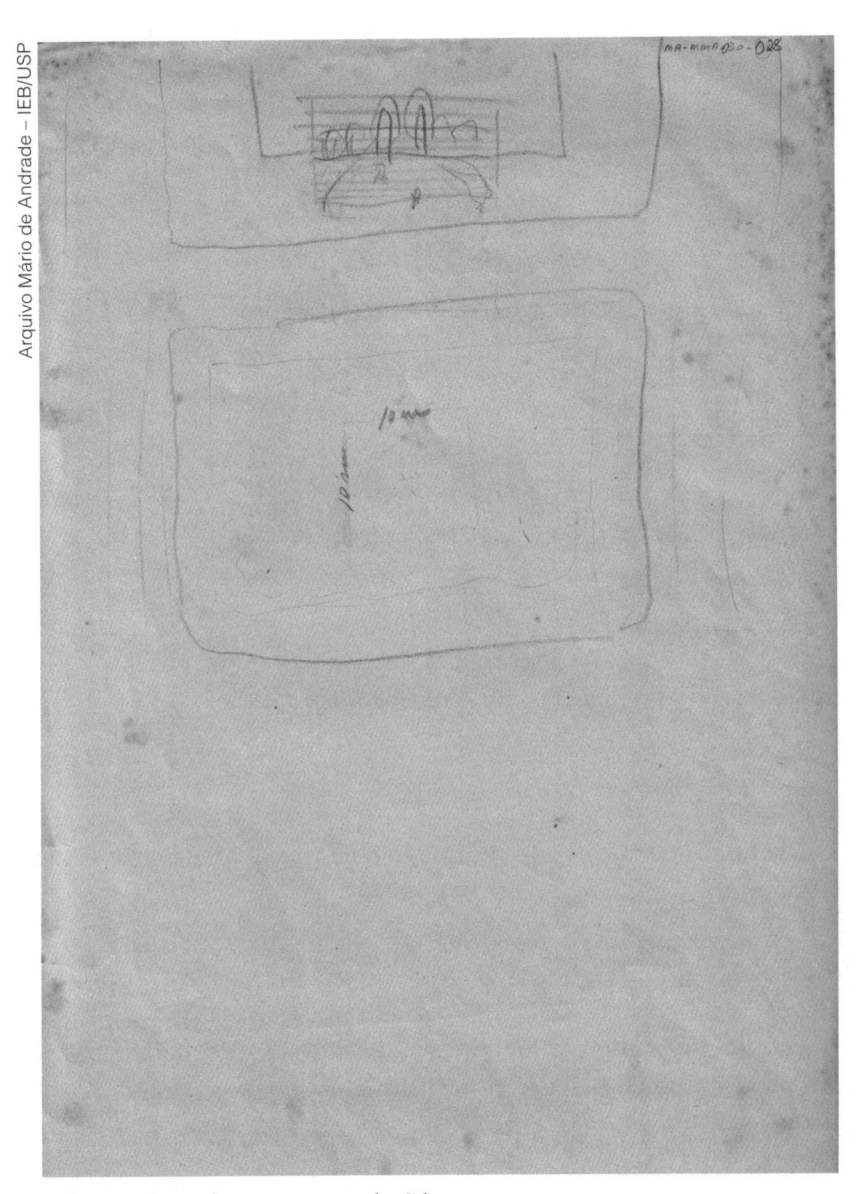

Plano para a comemoração do Cinquentenário da Abolição em São Paulo [1938]

Esboço do palco na praça da Sé.

DANÇAS

O Mameto dançará um Quimcumbre dança de combate que termina com a venda do negro escravizado (25,52)

CORTE

Secretário de Estado, Mestre de campo, arautos, damas de honor e açafatas (27,214)

Rei casaca verde, colete encarnado, calção amarelo
Rainha seda azul (Koster 1811, 27,215)

Coroação: Ajoelha-se o rei e recebe a coroa.

Manto do rei encarnado recamado de estrelas e meias-luas de latão. Luís Edmundo

---

Rainha "um merinaque estupendo, armado de barbatanas, e o manto pesadíssimo de belbute" Luís Edmundo

---

Quimboto (é o feiticeiro) Luís Edmundo
"nos braços braceletes e tem as pernas envoltas em peles de jaguar".

MÚSICAS

Nossa gente já tá livre
Taieiras (versão paulista)
Dança do Mameto: É hora de pegá e Sr. Getúlio Vargas
Dueto: Dança de Negro (Frutuoso)

PERSONAGENS

O rei do Congo
A rainha Ginga
As taieiras (3 rainhas)
A negra da Calunga
Mameto (filho do rei)
1 negro com máscara preta e sabre (marechal da corte)
Vários príncipes e princesas com 6 camareiros
Muitos estandartes.

INDUMENTÁRIA: capinhas vermelhas e roxas, enfeitadas com penas de avestruz. As caudas eram carregadas por pajens de ambos os sexos.
MÚSICOS: sapatos vermelhos e amarelos, meias pretas e brancas, calções amarelos e vermelhos e capinhas.

Luís Edmundo diz que o Mameto morre o Quimboto o faz ressurgir e então o Mameto casa com a Princesa (e também 34, 157).

Cuambis negros vestidos de penas (34,156) círculos de vistosas e compridas penas aos joelhos, à cintura, aos braços, e punhos, rico cocar de testeira vermelha, botina de cordovão enfeitada com fitas e calos e ao pescoço colares e colares (34,158).

Arauto lê a proclamação da coroação do rei.

———————

Indumentária geral (34, 369)
"calça e suspensório, de faixas encarnadas e azuis a tiracolo, cabeça adornada de penas, peito listrado de tiras vistosas."

———————

Quatro muanas (negrinhos) pulando e revirando, vestidos de penas e estojos coloridos, serviam de batedores ágeis, fazendo negaças, cantando e gritando (34, 370).

———————

Neuvangue (rei)
Nembanda (rainha)
Manafundos (príncipes)
Nantuafunos (escravos)

———————

Feiticeiro tem uma cobra.

———————

Os reis marcam de cruz a ata de coroação.

SUGESTÕES PARA A COMEMORAÇÃO DO CINQUENTENÁRIO DA ABOLIÇÃO [NA CAPITAL FEDERAL – 1938]

Para o programa cultural da comemoração do cinquentenário da Abolição, o Ministério da Educação e Saúde tratará de:

a) organizar uma lista de assuntos concernentes ao problema da escravidão e do abolicionismo e ao negro e sua influência na vida e na civilização brasileiras;

b) dirigir-se aos especialistas nos vários problemas do negro brasileiro, solicitando-lhes a feitura de monografias sobre os assuntos referidos no item anterior. Estas monografias deverão ter no máximo páginas datilografadas em papel ofício, seguidas de uma bibliografia completa do assunto estudado.

Rasura MA: acréscimo a grafite na lateral do item: "?".

c) promover a publicação de um ou mais volumes, com os trabalhos apresentados e um prefácio geral do sr. Ministro Gustavo Capanema;

d) promover uma série de conferências, na semana do cinquentenário da Abolição, realizadas por autores das monografias referidas. Estas conferências, realizadas no Instituto Nacional de Música, serão completadas pela execução de um programa musical, de compositores negros ou de músicas de influência negra;

e) realizar no dia 13 de maio uma grande sessão cívica, dentro do programa cultural da semana, presidida pelo sr. Ministro da Educação, e com a presença, na mesa, de abolicionistas vivos, residentes no Rio de Janeiro;

f) organizar uma exposição de objetos e assuntos negro-brasileiros, devidamente catalogados, durante a semana da comemoração, apelando para o concurso dos museus oficiais, Institutos Históricos e coleções particulares. Esta exposição constará de:

1º objetos de arte negro-brasileira: esculturas, trabalhos de metal, instrumentos de música, etc.

2º objetos de culto afro-brasileiro: documentário de macumbas em geral;

3º objetos de escravidão: instrumentos de captura e suplício, etc.;

4º gravuras antigas de tipos ou de cenas da escravidão, pinturas, esculturas... de artistas negros ou referentes a assuntos negro-brasileiros;

5º livros, monografias, revistas e demais documentos escritos, referentes a assuntos negro-brasileiros.

6º mapas, gráficos estatísticos, etc., mostrando a contribuição do negro à civilização brasileira.

g) fazer publicar notas jornalísticas curtas sobre os vários aspectos do problema do negro, para ilustração do público, em forma de *copy-rights* do Ministério da Educação, ou apelando para o concurso dos jornais da capital e dos Estados;

h) solicitar o concurso da Secretaria da Educação do Distrito Federal para a organização do programa a ser desenvolvido nas escolas públicas do Distrito Federal;

i) entrar em entendimento com o Departamento de Propaganda para a organização da parte propriamente de propaganda, em palestras curtas, pelo rádio, confiadas a estudiosos do problema do negro, e abordando as várias faces da questão.

Índice de assuntos relativos:

a) ao problema da escravidão e do Abolicionismo e

b) ao negro brasileiro e à sua influência na vida e na civilização brasileiras.

A) O problema da escravidão e do Abolicionismo
1 - História do tráfico de escravos no Novo Mundo.
2 - Povos negros entrados no Brasil.

Sugestões para a comemoração do Cinquentenário da Abolição
[na capital federal 1938]

3 - Navios negreiros. Mercados de escravos. Distribuição dos negros escravos no Brasil.

4 - O trabalho escravo. A escravidão urbana e a escravidão rural.

5 - Castigos do escravo. Instrumentos de suplício. O capitão do mato.

6 - O negro escravo e o trabalho nacional.

Rasura MA: Acréscimo a grafite na margem esquerda: "Assuntos há sob um só número que pela sua vastidão terão de ser desenvolvidos, em vários números, como o nº 19 da parte A. Também canto e dança não podem ir juntos em monografias pequenas. Etc.

7 - O negro escravo e o ciclo do açúcar.

8 - O negro escravo e o ciclo do café.

9 - O negro e o ciclo da mineração.

Rasura MA: Acréscimo a grafite: "aqui" e fio deslocando o item 9 para substituir o item 8.

10 - Paralelo econômico e cultural entre o negro e o índio brasileiro.

11 - Insurreições negras no Brasil.

12 - Os quilombos de Palmares.

13 - As juntas da alforria e o movimento pré-abolicionista.

14 - A repressão internacional ao tráfico de escravos.

15 - A atividade brasileira concernente ao tráfico de escravos. A abolição do tráfico e a questão inglesa.

16 - Sociedades emancipadoras no Brasil.

17 - Atividades parlamentares anteriores à Lei Áurea. A lei do ventre livre.

18 - A Lei Áurea.

19 - Figuras de abolicionistas no parlamento brasileiro.

20 - Os *leaders* negros da Abolição.

21 - A Abolição e a imprensa.

22 - Literatura da Abolição.

23 - Consequências econômicas da Abolição.

24 - Situação econômica e cultural do negro brasileiro.

Rasura MA: Acréscimo a grafite entre os itens 7 e 24:

"a) A contribuição O coeficiente negro na formação étnica brasileira.
b) Distribuição geográfica das raças e tribos negras no Brasil / c)".

B) influência do negro na vida e na civilização Brasileiras
1 - As culturas negras no mundo.
2 - As culturas negras introduzidas no Brasil.
3 - As sobrevivências religiosas do negro no Brasil: macumbas e candomblés.
4 - O sincretismo religioso. O catolicismo popular do Brasil e sua influência negra.
5 - Ritual de feitiçaria. Práticas mágicas do negro brasileiro.
6 - Sobrevivências artísticas: a música e os instrumentos de música de origem negra.
7 - O canto e a dança de influência negra.
8 - Pintura e escultura de influência negra.
Rasura MA: Acréscimo a grafite entre os itens 8 e 9: "Arquitetura popular brasileira e influência negra"
9 - A tradição oral. *Folk-lore* negro. Contos populares, provérbios e advinhas de origem negra.
10 - Festas populares. O ciclo das Congadas.
11 - Maracatus e reisados. O culto popular a N. S. do Rosário e São Benedito.
Rasura MA: Acréscimo a grafite entre os itens 11 e 12: "Indumentária de influência negra no Brasil - Tipos (Cecília Meireles)"
12 - Línguas africanas introduzidas no Brasil. Estudo de conjunto.
13 - Estudo comparativo sobre a influência do yoruba e do quimbundo na língua nacional.
14 - Antropologia do negro brasileiro. Tipos negros e sua filiação racial.
15 - O problema da mestiçagem no Brasil.
16 - A criança negra. O negro no meio escolar.
17 - O negro e o problema da alimentação no Brasil. A culinária afro-brasileira.

Sugestões para a comemoração do Cinquentenário da Abolição
[na capital federal 1938]

Rasuras MA:
- Acréscimo a grafite entre os números 6 e 17: "Pergunto se não se deverá estudar também o negro como elemento negativo da vida. Por ex. "O negro e a delinquência no Brasil"; "A degeneração do negro como valor social"; "Consequências sociais do Abolicionismo para o negro, na moral, na psicologia, na tradição";
- Acréscimo a grafite entre os itens 17 e 18: "O que devemos ao negro na psicologia nacional.".

18 - Aspectos psicopatológicos do negro brasileiro.
19 - Doenças africanas introduzidas no Brasil.
20 - O negro brasileiro nas letras e nas artes.
21 - O negro brasileiro na indústria, no comércio e na história militar do Brasil.
22 - O negro na política. Associações e movimentos negros contemporâneos.
23 - Estudos científicos sobre o negro brasileiro. A escola de Nina Rodrigues.

Nomes propostos para o estudo dos assuntos:

A) O problema da escravidão e do abolicionismo
1 - Affonso Taunay (Museu Ipiranga – São Paulo)
2 - Oliveira Viana.
Rasura MA: Acréscimo a tinta preta: "{" unindo os dois primeiros nomes.
3 - 4 - Pedro Calmon - Rio
Rasura MA: Acréscimo a tinta preta: "{" juntando Pedro Calmon ao item 3.
5 - Ademar Vidal (Rua Epitácio Pessoa, 554 – João Pessoa)
6 - Gilberto Freyre (Recife)
7 - Roberto Simonsen (São Paulo)
8 - Afonso Arinos de Mello Franco (Rio)
9 - A[rthur]. Ramos
10 - Alfredo Brandão (Avenida Thomaz Espinola – Maceió)

11 -
12 -
Rasura MA: Acréscimo a tinta preta: "{" seguido de supressão, a grafite: "Antenor

Nascentes".
13 -
14 - Rodolpho Garcia (Biblioteca Nacional – Rio)
Rasura MA: Acréscimo a tinta preta: "{" juntando Rodolpho Garcia ao item 13.
15 - Evaristo de Moraes (Rio)
16 -
Rasura MA: Acréscimo a tinta preta: "{" juntando Evaristo de Moraes ao item 16.
17 -
18 -
19 - Costa Rego (Rio)
20 - Manuel Bandeira (Rio)
21 - Bandeira de Mello (Rio)
22 -

B) A influência do negro na vida e na civilização brasileiras
1 -
2 - A[rthur]. Ramos
Rasura MA: Acréscimo a tinta preta: "{" juntando Arthur Ramos ao item 1.
3 - Edison Carneiro (Sodré, 89 – Bahia)
4 - Gonçalves Fernandes (Avenida Pedro I, 849 – João Pessoa)
5 - Luís da Câmara Cascudo (Natal)
6 - Mário de Andrade (Departamento de Cultura – São Paulo)
7 -
Rasura MA: Acréscimo a tinta preta: "{" juntando Mário de Andrade ao item 7.
8 - Rodrigo Mello Franco de Andrade (Rio)
9 - Lindolpho Gomes (Minas)

Sugestões para a comemoração do Cinquentenário da Abolição
[na capital federal 1938]

10 - Mário de Andrade (São Paulo)
11 - Samuel Campello (Recife)
12 - Jacques Raimundo (Colégio Pedro II - Rio)
13 - Renato Mendonça (Ministério Exterior)
Rasura MA: Acréscimo a grafite: "Antenor Nascentes"
14 - Roquette Pinto (Rio)
15 - Froes da Fonseca (Rio)
16 - Bastos de Ávila (Instituto de Pesquisas Educacionais - Rio)
17 - Josué de Castro (Rio)
18 - Cunha Lopes (Rio)
19 - Octavio de Freitas (Recife)
20 - Sérgio Buarque de Holanda (Rio)
21 -
Rasura MA: Acréscimo a grafite: "Eugenio de Castro"
22 - Frente Negra Brasileira (São Paulo)
23 - A[rthur]. Ramos.

[Datiloscrito original, fita tinta preta; rasuras a grafite e a tinta preta; assinatura "Mário de Andrade" na primeira página, a tinta preta; seis folhas de papel sulfite 21,7 cm × 32,8 cm].

BIBLIOGRAFIA DE MÁRIO DE ANDRADE PARA "ESTUDOS SOBRE O NEGRO"*

ABREU, S. Fróes. Sambaquis de Imbituba e Laguna Santa Catarina. Separata da *Revista da Sociedade de Geografia do Rio de Janeiro*. Rio de Janeiro: Papelaria Mello, 1928.

ADALBERT, Príncipe da Prússia. *Reise Seiner Königlichen Hoheit des Prinzen Adalbert von Preussen nach Brasilien. Nach dem Tagebuche Seiner Königlichen Hoheit mit höchster Genehmigung auszüglich bearbeitet und herausgegeben von H. Kletke*. Berlin: Hasselberg'sche Verlagshandlung, 1857.

ADRIÃO. José Maria. Retalhos de um adagiário. *Revista Lusitana*, n. 21. Lisboa, 1930, p. 33-57.

ALMEIDA, A. Paulino de. A tragédia de Caraguatatuba. *Revista do Arquivo Municipal de São Paulo*, a. 1, v. 12. São Paulo, 1935, p. 173-176.

ALMEIDA, Francisco José de Lacerda. *Diário de viagem do Dr. Francisco José de Lacerda Almeida pelas capitanias do Pará, Rio-negro, Mato Grosso, Cuiabá e S. Paulo*. São Paulo: Costa Silveira, 1841.

ALVES, Castro. *Obras completas*. v. 2. Rio de Janeiro: Livraria Francisco Alves, 1921.

AMARAL, Amadeu. Os ditados que de fato, se dizem. *Revista da Academia Brasileira de Letras*, a. 22, v. 37, n. 117. Rio de Janeiro, set. 1931, p. 5-13.

---

* Revista por Leandro Raniero Fernandes.

ANDRADE, Mário de. A superstição da cor preta. *Publicações médicas*. São Paulo, jun./jul. 1938, p. 63-68.

_____. Linha de cor. *O Estado de S. Paulo*. São Paulo, 29 mar. 1939.

ANTONIL, Andre João. *Cultura e opulência do Brazil por suas drogas e minas*. São Paulo: Companhia Melhoramentos, 1923.

AZEVEDO, Aluísio. *O cortiço*. Rio de Janeiro: Livraria Garnier, [19--].

_____. *O mulato*. Rio de Janeiro: Livraria Garnier, [19--].

AZEVEDO, Alvares de. *Obras*. v. 2. Rio de Janeiro: H. Garnier, [19--].

BARROSO, Gustavo. *Ao som da viola*: (Folk-lore). Rio de Janeiro: Livraria Editora Leite Ribeiro, 1921.

_____. *Aquém da Atlândida*. São Paulo: Companhia Editora Nacional, 1931.

BATALHA, Ladislau Estevão da Silva. *Costumes angoleses*. Lisboa: Nacional, 1890.

BATES, Henry Walter. *The naturalist on the river Amazons*. London: J.M. Dent; New York: E.P. Dutton, 1930.

BRAGA, Theophilo (Org.). *Parnaso português moderno*. Lisboa: Guimarães e C., 1877.

_____ (Org.). *Contos tradicionais do povo português*. Lisboa: J. A. Rodrigues & C., 1914.

_____. *Terra do sol*: (Natureza e costumes do Norte). Rio de Janeiro: Livraria Francisco Alves, 1930.

BRANCO, Manuel Bernardes. *Portugal e os estrangeiros*. v. 2. Lisboa: Livraria de A. M. Pereira, 1879.

BRAZIL, A. Americano do. *Cancioneiro de trovas do Brasil central*. São Paulo: Editora Monteiro Lobato, 1925.

BOMFIM, Manuel. *O Brasil na história*: deturpação das tradições, degradação política. Rio de Janeiro: Livraria Francisco Alves, 1931.

BURTON, Richard F. *Explorations of the Highlands of the Brazil*. v. 1. London: Tinsley Brothers, 1869.

CALAZANS, João. Sob mirada de Xangô. *Idéa* (Orgão Oficial do Centro Acadêmico Candido de Oliveira da Faculdade Nacional de Direito), a. 2. Rio de Janeiro, jan./set. 1937.

CALMON, Pedro. *Espírito da sociedade colonial*. São Paulo: Companhia Editora Nacional, 1935.

CAMARA, Paulo Perestrelo da. *Coleção de provérbios, adágios, rifões, anexins, sentenças morais e idiotismos da língua portuguesa*. Lisboa: Typ. Rollandiana, 1848.

CAMPOS, J. da Silva. *A voz dos campanários bahianos*. Bahia: Imprensa Oficial do Estado, 1936.

CARDOSO, Nuno Catharino. *Cancioneiro popular português e brasileiro*. Lisboa: Portugal-Brasil; Rio de Janeiro: Companhia Editora Americana, 1921.

CARTAS avulsas (1550- 1568). Rio de Janeiro: Officina Industrial Graphica, 1931.

CARVALHO, Henrique Augusto Dias de. *Ethnografia e história tradicional dos povos de Lunda*. Lisboa: Imprensa Nacional, 1890.

CARVALHO, José. *O matuto cearense e o caboclo do Pará*: contribuição ao folk-lore nacional. Belém: Oficinas Graphicas Jornal de Belém, 1930.

CARVALHO, Rodrigues de. Aspectos da influência africana na formação do Brasil. In: FREYRE, Gilberto et al. (Org.). *Novos estudos afro-brasileiros*. (Segundo tomo). Trabalhos apresentados ao 1º Congresso Afro-Brasileiro do Recife. Prefácio de Arthur Ramos. Rio de Janeiro: Civilização Brasileira, 1937. (Biblioteca de Divulgação Científica, v. 9.)

_____. *Cancioneiro do Norte*. 2ª ed. aum. Paraíba do Norte: Liv. São Paulo, 1928.

_____. Língua Nacional (I). *Revista Nova*, a. 1, n. 2. São Paulo: jun. 1931, p. 278-283.

CASCUDO, Luís da Câmara. *Vaqueiros e cantadores*: folclore poético do sertão de Pernambuco, Paraíba, Rio Grande do Norte e Ceará. Porto Alegre: Edição da Livraria do Globo, 1939.

CASTRO, Eugenio de. *Geografia linguística e cultura brasileira* (ensaio). Rio de Janeiro: Gráfica Sauer, 1937.

COLORIDGE-TAYLOR, Samuel (Org.). *Twenty-four negro melodies; transcribed for the piano by S. Coloridge-Taylor; with preface by Booker T.* Washington. Boston: O. Ditson, 1905.

COSTA, F. A. Pereira. Folk-lore Pernambucano. *Revista do Instituto Histórico e Geográfico Brasileiro*, tomo 70, parte 2. Rio de Janeiro, 1907, p. 7-641.

COUTO, Ribeiro. *Cabocla*. São Paulo: Companhia Editora Nacional, 1931.

CUNEY-HARE, Maud. *Negro Musicians and their Music.* Washington, D. C.: The Associated Publishers, Inc., 1936.

CURTIS, Natalie. *Songs and Tales from the Dark Continent.* New York: G. Schirmer, 1920.

DANZEL, Th. W. *Handbuch der präkolumbischen Kulturen in Lateinamerika.* Hamburg and Berlin: Hanseatische Verlagsanstalt, 1927.

DEBRET, Jean-Baptiste. *Viagem pitoresca e histórica ao Brasil.* v. 2. Tradução de Sergio Milliet. São Paulo: Livraria Martins, 1940.

D'HARCOURT, Raoul. Gestes rituels de fécudation dans l'ancien Pérou. *Journal de L'Americanistes*, tomo 28, fase 1, 1933, p. 25-33.

DIÁLOGOS *das grandezas do Brasil;* introdução de Capistrano de Abreu e notas de Rodolpho Garcia. Rio de Janeiro: Editora da Academia Brasileira de Letras, 1930.

EDMUNDO, Luis. O Rio de Janeiro no tempo dos vice-reis; 1763-1808. *Revista do Instituto Histórico e Geográfico Brasileiro*, tomo 109, v. 163. Rio de Janeiro: Imprensa Nacional, 1931.

EPISTOLÁRIO acadêmico: Carta de José Veríssimo à sua noiva. *Revista da Academia Brasileira de Letras*, a. 22, v. 37, n. 120. Rio de Janeiro, dez. 1931.

ESTUDOS afro-brasileiros. Trabalhos apresentados ao 1º Congresso Afro-Brasileiro reunido no Recife em 1934, prefácio de Roquette Pinto. v. 1. Rio de Janeiro: Ariel Editora, 1935.

EXPILLY, Charles. *Mulheres e costumes do Brasil.* Tradução de Gastão Penalva. São Paulo: Companhia Editora Nacional, 1935.

FAZENDA, José Vieira. Antiqualhas e memórias do Rio de Janeiro. *Revista do Instituto Histórico e Geográfico Brasileiro*, tomo 88, v. 142; tomo 89, v. 143. Rio de Janeiro, 1923-1924.

FERNANDES, Florestan. O negro na tradição oral: representações coletivas do negro – O ciclo da formação das raças. *O Estado de S. Paulo*. São Paulo, 15 jul. 1943.

_____. O negro na tradição oral: a superioridade biológica e a posição social do negro – Consequências. *O Estado de S. Paulo*. São Paulo, 22 jul. 1943.

FILHO, João Dorras. A influência social do negro brasileiro. *Revista do Arquivo Municipal de São Paulo*, a. 5, v. 51. São Paulo, 1938, p. 95-134.

FILHO MORAES, Mello. *Fatos e memórias*. Rio de Janeiro: H. Garnier, 1904.

FREYRE, Gilberto. *Casa-grande & senzala*. Rio de Janeiro: Maia & Shmidt Ltda, 1933.

_____. *Região e tradição*. Rio de Janeiro: Livraria José Olimpio, 1941.

FREYRE, Gilberto et al. (Org.). *Novos estudos afro-brasileiros*. (Segundo tomo). Trabalhos apresentados ao 1º Congresso Afro-Brasileiro do Recife. Prefácio de Arthur Ramos. Rio de Janeiro: Civilização Brasileira, 1937. (Biblioteca de Divulgação Científica, v. 9.)

FROBENIUS, Leo. *Das sterbende Afrika*. v. 1. München: O. C. Recht, 1923.

GABRIAC, Conte de. *Promenade à travers L'Amérique du Sud Nouvelle-Grenade, Équateur, Pérou, Brésil*. Paris: Michel Lévy Frères, 1868.

_____. *Serenatas e saraus*: coleção de autos populares, lundus, recitativos, modinhas, duetos, serenatas, barcarolas e outras produções brasileiras antigas e modernas. v. 3 – Hymnos. Rio de Janeiro: H. Garnier, 1902.

GALENO, Juvenal. *Lendas e canções populares*. Fortaleza: Gualter R. Silva – Editor, 1892.

GALLET, Luciano. *Estudos de folclore*. Rio de Janeiro: Carlos Whes & Cia, 1934.

GEST, D. von. Die Negerjuden New Yorks. *Der Querschnitt*, v. 6, n. 10. Berlin, Herausgeber, 1930, p. 397-398.

GOIAZ, João. Trovas Luzianas. *Revista da Academia Brasileira de Letras*, a. 24, v. 41, n. 134. Rio de Janeiro, fev. 1933, p. 182-205.

GOMES, Lindolfo. *Contos populares narrativas maravilhosas e lendárias, seguidas de cantigas de adormecer da tradição oral, no estado de Minas*. São Paulo: Companhia Melhoramentos, [19--].

GONÇALVES, Ruy. *História literária fluminense*. Rio de Janeiro: Barreto & Carbone, 1931.

GUENTHER, Konrad. *Das Antiliz Brasiliens*: natur und kultur einess sonnenlandes sein tier-und pflanzenleben. Leipzig: R.Voigtlanders, 1927.

GUIMARÃES, Renato Alves. Antonio Francisco Lisboa, o 'Aleijadinho'. *Revista do Instituto Histórico e Geográfico de São Paulo*. v. 38. São Paulo, 1930, p. 331-412.

GUISARD FILHO, Felix. Capítulos da História de Taubaté. *Revista do Instituto Histórico e Geográfico de São Paulo*, v. 28. São Paulo, 1930, p. 101-160.

HAARDT, Georges-Marie; AUDOUIN-DUBREUIL, Louis. *La croisière noire Expédition Citröen Centre-Afrique*. Paris: Librarie Plon, 1927.

HOVELACQUE, Abel. *Les nègres de l'Afrique sus-équatoriale*. Paris: Lecrosnier et Babé Libraire-éditeurs, 1889.

JACOB, Alfred. *L'Afrique Nouvelle*. Paris: Ed. Didier et Cie, 1862.

JUNG, Carl Gustav. O negro e o índio na conduta do americano. *Revista Pernambuco*. Recife, ago. 1937.

KRAPPE, Alexandre Haggerty. *The science of folk-lore*. London: Methuen, 1930.

LAMEGO FILHO, Alberto Ribeiro. *A planície do solar e da senzala*. Rio de Janeiro: Liv. Católica, 1934.

LAMENZA, Mario. *Proverbios*. Rio de Janeiro: Livraria H. Antunes, 1941.

LARANJEIRA, Joaquim. *A pequena história*. Rio de Janeiro: Graphica Excelsior, 1931.

LEITÃO, C. Mello. *Visitantes do Primeiro Império*. Prefácio Affonso de E.Taunay. São Paulo: Companhia Editora Nacional, 1934.

_____. Darwin e o Brasil. *Revista Nacional de Educação*, a. 1, n. 11-12. Rio de Janeiro, ago./set. 1933, p. 42-51.

LEITHOLD, Theodor von. *Meine ausfluckt nach brasilien oder reise von dort zurueck*. Berlim: Maurerschen Buchhandeung, 1820.

LEMOS, AlvaroV. *O Minho alegre e cantador*: quadras recolhidas de soldados em 1906 na região deViana do Castello. Coimbra: Minerva Central, 1926.

LÉVY-BRUHL, Lucien. *Les fonctions mentales dans les sociétés inférieurs*. Paris: Libraire Felix Alcan, 1928.

LIMA, Joseph Barbosa de. Ordens Régias (1721-1730). *Revista do Arquivo Municipal de São Paulo*, a. 1, v. 12. São Paulo, 1935, p. 85-134.

LIMA JUNIOR, Augusto de. *O Aleijadinho e a arte colonial*. Rio de Janeiro: Edição do Autor, 1942.

LISBOA, João Francisco. *Obras*. Lisboa: Typographia Mattos Moreira & Pinheiro, 1901.

LOPES, Raimundo. *O torrão maranhense*. Rio de Janeiro: Typ. do *Jornal do Commercio*, 1916.

MAGALHÃES, Basílio de. O povo brasileiro através do folclore. *Revista Cultura Política*, a. 1, n. 2. Rio de Janeiro, abr. 1941, p. 248-252.

MARTINS, Pe. Firmino. *Folklore do Concelho de Vinhais*. Coimbra: Imprensa da Universidade, 1928.

MATTOS, Gregório de. *Obras de Gregório de Matos*. Rio de Janeiro: Officina Industrial Gráphica, 1930.

MENDONÇA, Renato. *O Português do Brasil*. Rio de Janeiro: Civilização Brasileira, 1936.

MOTTA, Arthur. *História da literatura brasileira*. São Paulo: Companhia Editora Nacional, 1942.

MOTTA, Leonardo. *Cantadores*: Poesia e linguagem do sertao cearense. Rio de Janeiro: Livraria Castilho, 1921.

_____. *Sertão alegre*: poesia e linguagem do sertão nordestino. Belo Horizonte: Imprensa Oficial de Minas, 1928.

_____. Paremiolojia nacional. *Revista da Academia Brasileira de Letras*, a. 22, v. 35, n. 109. Rio de Janeiro, jan. 1930, p. 44-63.

_____. *No tempo de Lampião*. Rio de Janeiro: Off. Ind. Graphica, 1930.

_____. Filosofia popular brasileira. *Revista da Academia Brasileira de Letras*, a. 21, v. 34, n. 108. Rio de Janeiro, dez. 1930, p. 387-405.

MOURA, Paulo Cursino de. *São Paulo de outrora*: evocações da metrópole. São Paulo: Comp. Melhoramentos, 1932.

NEIVA, Artur Hehl. A política imigratória do Brasil no século XVI. *Cultura Política*, a. 2, n. 19. Rio de Janeiro, set. 1942, p. 128-141.

O NEGRO no Brasil. Trabalhos apresentados ao 2º Congresso Afro-brasileiro (Bahia). Rio de Janeiro: Civilização Brasileira, 1940.

OLIVEIRA, Sebastião Almeida. *Expressões do populário sertanejo*: vocabulários e superstições. São Paulo: Revista dos tribunais, 1940.

PASSOS, Zoroastro Vianna. *Em torno da história do Sabará*. Rio de Janeiro: Ministério da Educação e Saúde, 1940.

PEIXOTO, Julio Afrânio. *Miçangas*: poesia e folklore. São Paulo: Nacional, 1931.

PEIXOTO, Mário. *Mundéu*. Rio de Janeiro: Typ. São Benedito, 1931.

PEREIRA, A. Gomes. Tradições populares e linguagem de Villa Real. *Revista Lusitana*, n. 10. Lisboa, 1908, p. 191-237.

PFANDAL, Ludwig. *Spanische Kultur und Sittes*: des 16. und 17. Jahrunderts eine einführung in die blütezeit der spanischen Literatur und Kunst. Kempten: Josef Koesel/Friedrisch Pustet, 1924.

PIERSON, Donald. Os 'africanos' da Bahia. *Revista do Arquivo Municipal de São Paulo*, a. 7, v. 78. São Paulo, ago./set. 1941.

PINHO, Wanderley. Abolição do tráfico interprovincial de escravos (do livro a aparecer "Cotegipe e seu tempo"). *Jornal do Commercio*. Rio de Janeiro, 14 jun. 1936.

PINTO, E. Roquette. *Ensaios de antropologia brasiliana*. São Paulo: Editora Nacional, 1933.

PIRES, A. Thomaz. Investigações etnográficas. *Revista Lusitana*, n. 11. Lisboa, 1908, p. 248-267.

_____. *Cantos populares portugueses*. v. 4. Elvas: Tipologia Progresso, 1910.

PIRES, Cornélio. *Sambas e cateretês*: folclore paulista, modas de viola, recortados, quadrinhas, abecês etc. São Paulo: Unitas, s.d.

PORTO SEGURO, Visconde de. *História geral do Brasil*. 3ª ed. integral. São Paulo: Editora Melhoramentos, s.d.

PRADO, J. F. de Almeida. *Primeiros povoadores do Brasil*: 1500-1530. São Paulo: Nacional, 1935.

PRADO, Paulo. *Retrato do Brasil*: ensaio sobre a tristeza brasileira. São Paulo: Duprat – Mayença, 1928.

QUERINO, Manuel. *A Bahia de outr'ora*: vultos e fatos populares. Bahia: Livraria Econômica, 1922.

RAIMUNDO, Jacques. *Vocabulários indígenas de Venezuela*: da importância dos idiomas ameríndios nas relações com o português-brasileiro. Rio de Janeiro: Livraria Católica, 1934.

RAMOS, Alberto. O mulatismo. *Boletim de Ariel* – Mensário crítico-bibliográfico Letras, Artes e Ciências, a. 3, n. 2. Rio de Janeiro, nov. 1933.

RAMOS, Arthur. *O negro brasileiro:* ethografia religiosa e psicanálise. Rio de Janeiro: Civilização Brasileira, 1934.

REGO, José Lins do. *Menino de engenho*. Rio de Janeiro: Adersen-Editores, 1932.

_____. *Banguê*. Rio de Janeiro: J. Olímpio: 1934.

RIBEIRO, João. *Seleta clássica*. Rio de Janeiro: Livraria Francisco Alves, 1905.

RIBEIRO, José Diogo. Linguagem popular de Turquel. *Revista Lusitana*, n. 18. Lisboa, 1930, p. 87-244.

_____. Turquel folklórico. *Revista Lusitana,* n. 20. Lisboa, 1930, p. 54-80.

RIO, João do. *Fados, canções e danças de Portugal*. Rio de Janeiro: H. Garnier, 1909.

RODRIGUES, Nina. *Os africanos no Brasil*. São Paulo: Companhia Editora Nacional, 1932.

RODRIGUEZ MARÍN, Francisco (Org.). *Cantos populares espanoles*. Sevilla: Francisco Alvares, 1882.

ROMERO, Silvio. *Estudos sobre a poesia popular do Brazil*. Rio de Janeiro: Typ. Laemmert & C., 1888.

SAINT-HILAIRE, Augustin François César Prouvençal de. *Voyages dans les provinces de Rio de Janeiro et de Minas Gerais*. Paris: Grimbert et Dorez, 1830, v. 1.

SALES, O. P.; MARCO, M. (Comeno). *La Sacra Bibbia:* Il Vecchio Testamento. v. 1. Torino: Tipografia Del Sacro Cuore, 1919.

SALVADOR, Frei Vicente do. *História do Brasil (1500-1627)*. São Paulo: Weiszflog Irmãos, 1918.

SAMPAIO, A. J. de. Nomes vulgares de plantas da Amazônia. *Boletim do Museu Nacional*, v. 10. Rio de Janeiro, mar./jun./set./dez. 1934. (BMA)

SCHLICHTHORST, Carl. *Rio de Janeiro wie est ist; Beiträge zur Tages-und Sitten--Geschichte de Hauptstadt von Brasilien bis zum Sommer 1825 und über die Auswanderer dahin...* Braunschweig: F. Bieneg, 1829.

SCHUMACHER, P. H. *Beschreibung meiner reise von Hamburg nach Brasilien in juni 1824; nebst rachichten über Brasilien bis zum Sommer 1825 und über dic Auswanderer dahin.* Braunschweig: F. Bieneg, 1826.

SILVA, Ignacio Accioli de Cerqueira e. *Informação ou descripção topográfica e política do Rio de S. Francisco*. Rio de Janeiro: Typographia Franceza de Frederico Arevedson, 1860.

SILVEIRA, Valdomiro. *Nas serras e nas furnas*. São Paulo: Companhia Editora Nacional, s.d.

SMITH, Robert C. Alguns desenhos de arquitetura existentes no Arquivo Histórico Colonial Português. *Revista do Serviço do Patrimômio Histórico e Artístico Nacional*, n. 4. Rio de Janeiro, 1940.

SOARES, Urbano Canuto. Subsídios para o cancioneiro do arquipélago da Madeira. *Revista Lusitana*, n. 17I. Lisboa, 1914, p. 165-158.

SPIX, Johan Baptist von; MARTIUS, Carl Friedrich Philipp von. *Reise in Brasilien*. v. 1-3. München: Gedruckt bei M. Lindauer, 1823.

TAUNAY, Afonso de E. Frei Gaspar da Madre de Deus. *Revista do Instituto Geográfico de São Paulo*, n. 20. São Paulo, 1915.

_____. *Non ducor, duco notícias de S. Paulo*, 1565-1820. São Paulo: Typ. Ideal, 1924.

_____. *Rio de Janeiro de Antanho*: (1695-1831) Impressões de viajantes estrangeiros. Rio de Janeiro: Imprensa Nacional, 1925.

_____. *Na Bahia colonial (1610-1774)*. Rio de Janeiro: Imprensa Nacional, 1925.

_____. *Inocência*. Ilustrada por F. Richter. São Paulo: Melhoramentos, s.d.

_____. Cousas dos primeiros séculos do tráfico. *Jornal do Commercio*. Rio de Janeiro, 2 ago. 1936.

_____. Depoimentos de missionários dos séculos XVII e XVIII. *Jornal do Commercio*. Rio de Janeiro, 5 jul. 1936.

_____. Panorama Africano. *Jornal do Commercio*. Rio de Janeiro, 19 jul. 1936.

TEIXEIRA, José A. *Folklore goiano*: cancioneiro, lendas, superstições. São Paulo: Companhia Editora Nacional, 1941.

TIERSOT, Jean-Baptiste-Élisée-Julien. *Musiques pittorosques:* promenades musicales à l'exposition de 1889. Paris: Fischbacher, 1889.

TROVADOR: *Coleção de modinhas, recitativos, arias, lundús, etc.* v. 2. Rio de Janeiro: Livraria Popular de A. A. da Cruz Coutinho, 1876.

TYLOR, Edward Burnett. *La civilisation primitive*. v. 1. Paris: Alfred Costes, éditeurs, 1920.

URTEL, Hermann. *Beiträge zur portugiesischen Volkskunde*. Hamburg: Hamburgische Universität, 1928.

VASCONCELOS, J. Leite de. Canções de berço. *Revista Lusitana*, n. 10. Lisboa, 1907, p. 1-87.

_____. *Tradições populares de Portugal*. Coligidas e anotadas por J. Leite de Vasconcelos. Porto: Livraria Portuense, 1882.

WEECH, J. Friedrich von. *Reise über England uns Portugal nach Brasilien und den vereingten Staaten des La-Plata Stromes während den Jahren 1823 bis 1827*. v. 2. München: Fr. X. Auer, 1831.

WETHERELL, James. *Stray Notes from Bahia*: Being Extracts from Letters, &c., during a Residence of Fifteen Years. Liverpool: Webb and Hunt, 1860.

WHITE, Newman I. *American negro folk-songs*. Cambridge: Harvard University Press, 1928.

XIDIEH, Oswaldo Elias. Linha de cor e macumba. O *Estado de S. Paulo*. São Paulo, 21 out. 1944.

Diário de São Paulo:

Seção Inquérito – 24 jan. 1930, p. 7

    2 fev. 1930, p. 3

    6 fev. 1930, p. 6.

Fundos Villa-Lobos – Acervo Mário de Andrade, IEB-USP

Caboquinha (parte 2 – pasta 1 – caixa 1).

História de um pescador (pasta 2 – caixa 1).

Peleja do cego Aderaldo com José Pretinho do Tucum (pasta 5 – caixa 2).

Desafio de Manuel do Riachão com o Diabo (pasta 5 – caixa 2).

Moleque dengoso (pasta 5 – caixa 2).

Discussão de um padre com um creolo (pasta 5 – caixa 2).

O sertanejo orgulhoso e seus filhos na praça (pasta 12 – caixa 4).

Segunda parte da História do capitão José Satyro de Souza (pasta 15 – caixa 6).

Peleja de Joaquim Francisco e José Claudino (pasta 17 – caixa 6).

Gíria do Norte (pasta 17 – caixa 6).

Um motte (pasta 18 – caixa 7).

Romano e Ignácio da Catingueira (pasta 20 – caixa 7).

Mario de Andrade

A Superstição da
Côr Preta

(Exemplar meu, com anotações)

(in "Publicações Médicas"
junho de 1938)

VARIEDADES

Si qualquer de nós, Brasileiros, se zanga com alguem de côr duvidosa e quer insultá-lo, é frequente chamar-lhe:

— Negro!

Eu mesmo já tive que suportar êsse possivel insulto em minhas lutas artísticas, mas parece que êle não foi lá muito convincente nem conseguiu me destruir, pois que vou passando bem, muito obrigado.

Mas é certo que se insultamos alguem chamando-lhe "negro", tambem nos instantes de grande carícia, acarinhamos a pessoa amada chamando-lhe "meu negro", "meu nêgo", em que, aliás, socialmente falando, mais verdadeiro apôdo subsiste, o resíduo escravocrata do possessivo: negro sim, mas **meu**...

No Brasil não existe realmente uma linha-de-côr. Por felicidade, entre nós, negro que se ilustre póde galgar qualquer posição. Machado de Assis é o nosso principalíssimo e indiscutido clássico de lingua portuguesa e é preciso não esquecer que já tivemos Nilo Peçanha na presidencia da República.

Mas semelhante verdade não oculta a verdade maior de que o negro entre nós sofre daquela antinomia branco-européa que lembrei de início, e que herdamos por via ibérica(1). Isso talvez possa um bocado consolar o negro da maioria dos apodos que o cobrem. E' ver que o branco, o possivel branco o despreza ou insulta exclusivamente por superstição. Pela superstição primária e analfabeta de que a côr branca simboliza o Bem e a negra simboliza o Mal. Não é porque as culturas afro-negras sejam inferiores ás européas na conceituação do progresso ou na aplicação do individualismo; não é, muito menos, porque as civilizações negras sejam civilizações "naturais"; não foi inicialmente por nenhuma inferioridade técnica ou prática ou intelectual que o negro se viu depreciado ou limitado socialmente pelo branco: foi simplesmente por uma superstição de côr. Na realidade mais inicial: si o branco renega o negro e o insulta, é por simples e primária superstição.

Em quase todos ou todos os povos europeus, o qualificativo "negro", "preto", é dado ás coisas rúins, feias ou maléficas. E por isso nas superstições e feitiçarias européas e consequentemente nas americanas, a côr preta entra com largo jôgo. Já Leite de Vasconcelos o observou muito bem. Hermann Urtel, refletindo que seria porventura o aspeto exterior rebarbativo dos judeus que os tornou

(1) Aliás a simbologia Bem-Branco Mal-Preto ultrapassa a Europa e suas descendências e parece um pensamento primario bastante universal. A simbologia do preto nas grandes religiões é bastante complicada em sua interpretação mística e muitas vezes o preto parece simbolizar um principio genético, uma força benfazeja, e o Bem. Mas simboliza não o Bem em si que é proprio do branco, da luz divina ou solar, mas o Bem em fazer-se, uma força dinâmica indicadora de futuro, como das trevas da noite nasce o dia, ou do mal do inverno a primavera, ou do êrro da culpa a verdade da redenção. Fréderic Portal que estudou sinteticamente o assunto no seu livrinho "Des Couleurs Symboliques", mesmo verificando estas interpretações possiveis do preto, não deixa de reconhecer que está universalmente estabelecido em todas as grandes religiões que "o preto é o símbolo de tudo o que é mau ou que é falso".

Exemplar de trabalho de "A superstição da cor preta" exibindo acréscimo ao texto.

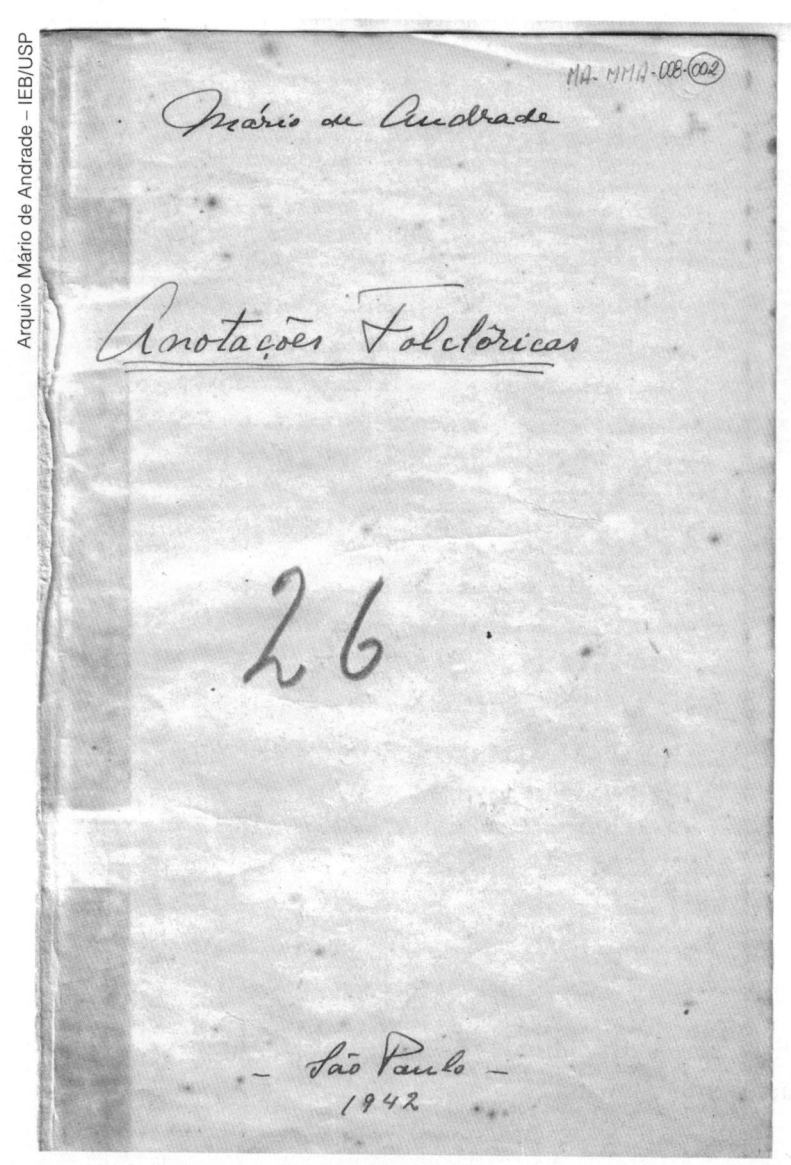

Manuscrito *Anotações folclóricas*, 1942.

Leia também de Mário de Andrade

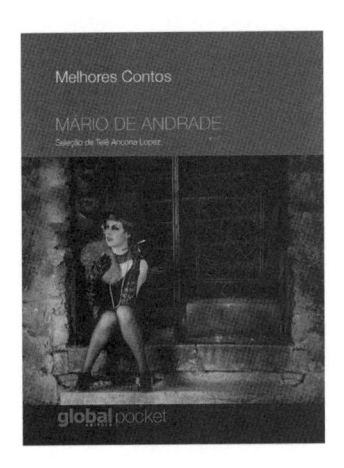

Melhores contos Mário de Andrade

Melhores contos Mário de Andrade traz os principais contos do autor, como "O Besouro e a Rosa", "Vestida de preto", "O Peru de Natal", "Frederico Paciência" e "Tempo da Camisolinha". Os contos de Mário têm o dom de revelar posturas e sentimentos que nos são extremamente familiares porque perenes, e talvez resida aí um dos motivos da eterna afeição dos leitores por esses contos.

A seleção e o prefácio desta edição são de Telê Ancona Lopez, professora emérita e responsável pela formação da Equipe Mário de Andrade do IEB-USP, instituição que guarda o acervo do autor. A primeira edição dos *Melhores contos Mário de Andrade* data de 1987 e havia sido também selecionada e prefaciada pela estudiosa. Para esta reedição do livro, agora no formato de bolso, Telê reescreveu o prefácio, debruçando-se novamente sobre os contos selecionados, reapresentando-os de forma renovada e com frescor magistral ao público. O estabelecimento do texto é assinado por Aline Nogueira Marques, que trabalhou na Equipe Mário de Andrade junto aos originais do autor.

Melhores poemas Mário de Andrade

Uma das personalidades literárias mais expressivas do Brasil no século XX, Mário de Andrade camuflou seu pensamento no processo poético por meio de símbolos, metáforas e substituições. Visando melhor desvendá-lo, reuniram-se aqui os poemas *Pauliceia desvairada, Losango Cáqui*, dentre outros, que revelam a realidade e a alma profunda do poeta.

A seleção desta antologia de poemas de Mário de Andrade é de autoria de Gilda de Mello e Souza, que foi uma célebre crítica literária e professora de Estética da Faculdade de Filosofia da Universidade de São Paulo. No prefácio, a estudiosa pontua que uma das referências do código poético de Mário "é o Brasil, que ele procura apreender em vários níveis, nas variações semânticas e sintáticas da língua, nos processos tradicionais da poética erudita e popular, nas imagens e metáforas que tira da realidade exterior: a cidade natal onde viveu, o mundo muito mais amplo da geografia, da história, da cultura complexa do país. E como a outra referência do código é o eu atormentado do artista, a poesia resulta numa realidade ao mesmo tempo selvagem e requintada, primitiva e racional, coletiva e secreta, que não se furta ao exame, mas está sempre disfarçada por trás da multiplicidade das máscaras".